《人文传承与区域社会发展研究丛书》编辑委员会

主 任 周新国

副主任 姚文放　谢寿光

委 员（以姓氏笔画为序）

　　　　王　绯　吴善中　佴荣本　周建超　周新国

　　　　姚文放　秦兴方　谢寿光　蒋鸿青

淮 扬 文 化 研 究 文 库

江苏省重点高校建设项目
"人文传承与区域社会发展"重点学科
"历史文化与区域社会发展"研究方向课题成果

人文传承与区域社会发展研究丛书
·淮扬文化研究文库·

LEGITIMACY AND THE SOCIAL RESPONSIBILITY
OF THE PRIVATE ENTREPRENEURS

合法性与民营企业主的社会责任

王晓燕 ◇ 著

社会科学文献出版社
SOCIAL SCIENCES ACADEMIC PRESS (CHINA)

总　　序

　　文化是构成国家综合国力的重要组成部分，文化作为软实力日益受到各国的高度重视。一个国家、一个民族的发展程度是与其文化的发展紧密联系的。当今世界，国家与国家之间的发展差距，不仅体现在经济和军事实力，更体现在文化发展水平上，这已为历史和现实所证明。

　　上世纪80年代以来，随着人们对地理人文空间因素的日益重视，我国人文社会科学学术领域出现了区域化研究的趋势。新世纪以来，区域文化的研究与开发较以往呈现出更加丰富的内涵和更加锐利的前进态势，围绕各大区域文化进行的文化学、人类学、政治学、经济学、社会学研究也不断深入进步。从理论与现实角度考察，面对经济全球化的浪潮，要实现区域经济的现代化发展必须高度重视和发挥区域文化的优势，挖掘区域文化的资源。

　　江苏历来是人文荟萃、文化昌盛之地。新世纪以来，为发扬优秀区域文化精髓，建设文化强省，促进全省各项事业又好又快地发展，江苏省人民政府制定了《江苏省2001～2010年文化大省建设规划纲要》，明确指出："江苏省在历史演进过程中，形成了吴文化、楚汉文化、淮扬文化、金陵文化等一批特色鲜明的地域文化以及一批具有全国影响的学术流派，要在加强研究、保护的基础上继承创新，赋予传统文化以新的生命力。"在此思想指导下，江苏各地纷纷提出建设文化大市、文化强市的目标，学术界率先行动，出版了一批区域文化研究的论著，江苏省教育厅则及时地批准成立了扬州大学"淮扬文化研究中心"等一批区域文化研究的重点基地，以推进区域文化的研究和深入发展。

江苏高校林立，各大学因其所处的具体地域不同，在某种意义上也归属于特定的区域文化。特定的区域文化始终对大学的文化形成和发展有着重要的影响。同样，大学所负载的学术、文化与社会责任也日益被推上了更高层次的战略平台。因此，研究、挖掘、整合区域文化使之与大学文化有机地融合，不仅对推动区域文化研究与发展，提高区域文化软实力、构建区域和谐社会、促进区域科学发展具有重要意义，而且，大学吸取特定区域文化精髓的过程，对创建大学自身的特色文化氛围、凝炼大学精神也具有重要意义。在某种程度上甚至可以说，一所缺乏文化传统和历史记忆的大学不是一所好大学；同样，一所没有文化底蕴和历史积淀的大学也绝非真正意义上的高水平大学。

哈佛大学前校长德里克·博克说过："无论是在城市还是乡镇，大学的文化、反世俗陈规的生活方式和朝气蓬勃的精神面貌，常常成为刺激周边社区的载体，同时也是他们赖以骄傲的源泉。"

扬州大学所处的苏中地区，是淮扬文化的核心区之一。作为淮扬文化区域唯一的省属重点综合性大学，扬州大学具有学科门类齐全、多学科交叉融合的显著特点。学校集中人文社会科学诸学科的精干力量，发挥融通互补、协同作战的优势，继承发扬以任中敏先生为代表的老一代学术大师的风范，对内涵丰富、底蕴深厚的中国传统文化包括区域文化进行多方面的综合研究，挖掘整理其丰厚资源并赋予时代精神，阐扬其独特蕴涵并寻找其与当前经济建设、社会建设、政治建设、文化变革相结合的生长点，以求对地方乃至全省经济社会发展作出积极的贡献。

江苏省人民政府在"九五"和"十五"期间对扬州大学进行重点投资建设的基础上，在"十一五"期间对扬州大学继续予以重点资助，主要培植能够体现学科交融、具有明显生长性且预期产生良好经济、社会效益的五大重点学科，其中包括从人文社会科学诸学科中凝炼而成的"人文传承与区域社会发展"重点学科。这一重点学科的凝成体现了将江苏优秀的古代文化与灿烂的现代文明有机交融、相得益彰、交相辉映和发扬光大的理念，符合扬州大学人文社会科学诸学科已有的专业背景、研究基础和今后的学科发展和学术追求。该重点学科包括"文学转型与区域社会发展"和"历史文化与区域社会发展"两个研究方向，其建设的标志性成果就是以任中敏先生别号命名的《半塘文库》和以区域名称命名的《淮扬文化研究文库》，总计50余种学术专著，计1500万字。"文库"是"十五"期间"扬、泰文化与'两个率先'"重点学科研究成果的新发展，汇集了扬州大学众多学者的智慧和学识，体现了社会各方面的关心和支持，可谓是一项规模宏大、影响深远、功在当代、利在千秋的大型文化工程。可以期待，"文库"的出版将对当前物质文明、政治文明、精神文明、社会文明和生态文明等"五个文明"建设，对构建和谐社会、促进区域科学发展起到积极有力的推动作用。

在人文传承与区域社会发展研究丛书出版之际，我们向始终支持和关心"人文传承与区域社会发展"重点学科建设的教育部社科司、江苏省教育厅的领导及专家表示衷心感谢，对负责定稿的中国社会科学院诸位专家学者表示衷心感谢！同时也衷心感谢社科文献出版社的领导和编辑为丛书出版付出的辛勤劳动！

扬州大学人文传承与区域社会
发展研究丛书编辑委员会
2010年12月

序

中国搞市场经济，作为一种社会实践，早已有之。史料表明，中国古代的契约和私有产权一直都很发达，而这恰是商品经济乃至市场经济运行的两大"基础构件"。当年，龚自珍（清代思想家、文学家）曾写过一篇名作《论私》，指出"夏有凉风，冬有燠日，天有私也"，从中可知"私"在中国传统社会是有正当性或合法性的。只要社会秩序安定，市场经济就会发展起来并不乏繁荣。比如两汉时期，以家为本位的私有制地主经济，经过长时间的充分发育，造就出高度繁华的城市和商品市场；又如宋朝，仅从《东京梦华录》和《清明上河图》，便能看到北宋京城开封市场经济的发达；再如1901年清廷推行新政后，鼓励开办民营企业，不久竟超越国内市场，出现了西方商人向中国工厂订货的"国际化"现象……

但是，长期作为统治阶级意识形态的儒家伦理，又注定了中国传统社会搞市场经济具有难以想象的脆弱性和不稳定性。按照"家""国"同构这一基于儒家伦理的体制安排，皇帝或皇权处于纲常等级的最高位，对"私"可实施绝对控制。也就是说，在"家法"之上悬有至高无上的"王法"，"国"可对"家"实行彻底管束。"私"或"私有产权"，始终不具备西方那种在法律保护下的神圣不可侵犯、不可剥夺的性质，而是随时都可能遭遇皇帝或皇权的"合法"干预。说"私"合法就合法，可获生存或发展；说"私"非法就非法，分秒之间便可被无情剿灭、剥夺；唯独皇帝或皇权才是永远的"合法"、唯一的"合法"。因此，一部中国经济史可以说是市场经济风雨飘摇的动荡史，时而正当（合法）时而不正当（不合法），其宏观体征即为"治乱相循"。

事实上，中华民族对"私"或"私有产权"的文化认知，可以说从未彻底过，因而市场经济的发展始终难以持续，这也正是千百年来"中国人勤劳而不富有"的根源所在。30多年前启动改革开放以来，执政党已在前所未有的广度和深度上承认了"私"或"私有产权"，但是，姓"公"姓"私"的纠结一而再、再而三地表明，"私"或"私有产权"在当代中国要获取牢固不破、毋庸置疑的合法地位，或许还将需踽踽前行很长一段路。然而，正因如此，才有了本书的价值以及恰逢时运。

在笔者看来，本书的亮点或创新点主要不在于理论视野开阔，比如恰当引用了新制度主义的合法性概念以及利益相关者理论；也不在于着重从经济合法性、社会合法性、政治合法性三个相互关联的层面逐一展开独到的深入分析；而是敏锐地抓出了一个关键问题，即民营企业主履行社会责任何以可为，也就是说，民营企业为何要比其他企业组织更重视社会责任的担当。这个问题非常具有"中国特色"，本质上是在新的历史条件下资本所有者如何获得永恒的合法性生存权，而不至于再度沦陷被任意拿捏、沉浮不定的传统命运之怪圈。

无论是对马克思经典著作的生硬搬用（如"雇工七人以上就存在剥削"），还是对"国有企业是共和国长子"的夸张宣传，以及不时浮现的"执政基础"之辩，都或显或隐地表明了一个挥之不去的历史阴影：民营企业似乎一如既往地缺乏名正言顺的"准生证"，缺乏理直气壮的正当性（合法性）。改革开放以来，历经几次修宪以及《物权法》的出台，民营企业已经获得了一定的法律地位、政治地位和市场地位，相对而言，社会地位却要薄弱得多。而"薄王治下"的重庆案例则从反面诠释了明文规定的法律地位等再亮眼，怎敌他人治霸道、横加蹂躏之凶险？！民营企业不仅依然是不堪一击，而且从舆论上唤起被"万夫所指""同仇敌忾"却很有社会基础；对于"私"或"私有产权"正当性（合理性）的社会认同，未必已完全规避了被逆转、被倾覆的厄运或风险。难怪很多有良知的人不无感叹：民营企业做得再大，在权势面前还是个"易碎品"！

这是一种怎样的悲情啊！好在本书的作者王晓燕教授作为中国民（私）营经济研究会的连任理事，也以应有的良知，由表及里、深入地把握事物本质，不吝为民营企业的合法性生存大声疾呼。作者显然注意到了问题的两面性或多面性，在强调外部环境（法律环境、政策环境、市场环境、社会环境）要不断优化的同时，也明确提出民营企业主自身的道德取向、行为取向、价值取向等方面的问题，而必须加强自我修为、自我约束、自我净化。正是由此出发，我们"读"出了作者论述民营企业主承担社会责任问题的现实意图和用心良苦。这就是说，在"企业一般"的意义上，民营企业承担社会责任与其他企业组织（外企、国企等）一样天经地义；而在"企业特殊"的意义上，民营企业承担社会责任，相对于其他企业组织，则更有一种分外强烈的试图赢得合法性认同的动机与目的——很多时候表现为"难言之隐"。

民营企业主承担社会责任，不可能一俊遮百丑，不可能以此救赎自身行列中的一切丑陋、昏乱、孽障乃至罪恶（比如坑蒙拐骗、假冒伪劣、官商勾结等），但是，如果不能在承担社会责任方面大力倡导，显现出更多的自觉、更多的正能量，那么，便更可能再度落下被围追堵截乃至"合法"清剿的话柄。这么思量，多少有点无奈，甚至有点讨巧或邀宠的味道！然而，这又是民营企业不可回避的严峻现实和生存困境。我们必须承认，在既定的意识形态框架下，处理劳动与资本之间的关系会更倾向于对后者过度警觉乃至

"描黑"。因此,用深化改革开放去开创一个全新的国家前景、民族前景,使之从历史深处的循环怪圈中彻底摆脱出来,实现整个社会长治久安的系统转型,这才是本书作者和读者们最为期待,也是最应期待的。

王忠明

2012 年 12 月

目　录

第一章　合法性与民营企业主的社会责任：研究的意义 ………… 1
　一　合法性的概念 ………………………………………… 2
　二　民营企业主社会责任的界定 ………………………… 8
　三　民营企业主履行社会责任的逻辑前提 …………… 10
　四　基于合法性追求的民营企业主社会责任 ………… 26
　五　研究框架 …………………………………………… 30

第二章　民营企业主履行社会责任追求经济合法性的
　　　　驱动机制 ………………………………………… 35
　一　内部利益相关者的需求 …………………………… 36
　二　外部利益相关者的需求 …………………………… 63
　三　企业主的价值观和个性特征 ……………………… 73

第三章　民营企业主履行社会责任追求社会合法性的
　　　　驱动机制 ………………………………………… 83
　一　内部利益相关者的需求 …………………………… 84
　二　外部利益相关者的需求 …………………………… 95
　三　企业主的价值观和伦理因素 ……………………… 123

第四章　民营企业主履行社会责任追求政治合法性的
　　　　驱动机制 ………………………………………… 142
　一　内部利益相关者的需求 …………………………… 144

二　外部利益相关者的需求……………………………… 156
　　三　民营企业主的理想和信念…………………………… 185

第五章　民营企业主履行社会责任追求合法性的困境……… 195
　　一　民营企业主履行社会责任追求合法性的外在困境…… 195
　　二　民营企业主履行社会责任追求合法性的内在困境…… 228

第六章　民营企业主履行社会责任获取合法性的目的………… 242
　　一　保持企业长期稳定发展……………………………… 243
　　二　推动社会进步………………………………………… 251

参考文献………………………………………………………… 264

后　记…………………………………………………………… 271

第一章
合法性与民营企业主的
社会责任：研究的意义

  中国经济的改革开放到如今已走到了一个新的拐点，经济体制改革进入攻坚阶段，经济发展方式迫切需要转变。中国的民营企业实际上也到了一个转型和升级换代的阶段，民营资本扎堆的劳动密集型行业，市场已经严重地供大于求，受到国际市场容量的限制。我国"十二五"的重要任务是谋划经济转型，从要素驱动的高增长大国向创新驱动的可持续发展强国转变，从低端产业向中高端产业转变，由粗放型向集约型发展方式转变。中国民营资本要进入资本密集型的产业，必须要完成自身生产关系的转变和调整，家族独资形态要转向资本多元化和社会化，在此条件下实行委托代理制。同时，民营企业主必须承担社会责任，在追求利润最大化的同时，兼顾相关者的利益，这样才能适应生产力和生产要素集中化的趋势，才能真正做大做强。民营企业主承担社会责任是民营企业和企业主自身发展走向成熟与完善的必然趋势，企业能做多大依赖于企业主承担的社会责任有多大。

  改革开放以后，中国打破了单一的公有制结构，形成了多元化的所有制结构，非公经济获得了新生。经过30多年的发展，民营经济实现了从"几乎绝迹"到"得到补充"，再到"重要组成部分"的重大跨越，民营经济日益成为中国经济的重要力量。与此同时，围绕民营经济的发展和民营企业主的行为的争论一直没有停止，围绕民营企业和企业主的社会责任也出现了各种意见。民营经济和民营企业主在原有的社会体制中并不存在，是改革开放政策的产物。改革开放以来，中国共产党对民营经济和民营企业主的认识不断深入，民营经济和民营企业主从一开始的不被认可到如今的各项权利受到保护，走过了一条漫长的路，这一过程既是民营企业主寻求外在认可的过程，也是中国共产党对民营经济和民营企业主正当性的赋予过程。

执政党对民营经济和民营企业主的宽容和意识形态上的认可，对民营经济和民营企业主的保护与规范，为民营经济的发展提供了重要的合法性来源。但现实生活中，一些民营企业主的意识形态和价值取向与执政党存在着较大的冲突，与社会的主流价值观往往背离，这使得民营经济和民营企业主的合法性不断受到挑战。尽管改革开放30多年来，不少民营企业主在党的路线方针指引下，通过诚实劳动和工作，通过合法经营，为发展社会主义社会的生产力和其他事业作出了贡献。但不能忽视的是，民营企业经营中出现的很多问题，造成民营经济和民营企业主的合法性危机。民营企业主需要重新审视自己的天职，树立正确的价值观，调整企业与社会的关系定位，在专注于企业发展、维护自身权利的同时，应该更多地承担社会责任，真正成为有中国特色社会主义事业建设者，这是走出合法性危机的理性选择。

本书将从新制度主义关于合法性和合法性机制的理论出发，结合实地研究的资料，对民营企业主的社会责任与合法性关系问题展开论述。

一　合法性的概念

韦伯最早提出了合法性的概念，他将合法性与社会的权威、政治制度相结合，指出在统治者与被统治者、领导者与被领导者之间不仅是一个"强迫"的机制，中间还存在另外一个机制，即合法性或公义性。韦伯所说的合法性中的"法"指的是法律和规范。他认为合法性是促使一些人服从某种命令的动机，客观上表现为服从这种命令的可能性，而不论这种命令是由统治者个人签发的，还是通过契约、协议产生的抽象的法律条文、规章或者命令。合法性是组织权力和结构存在的基础和前提，信念认同是组织秩序合理性的来源。正是个体认为某种秩序是一种合法秩序的信念认同构成了秩序存在的合理性，合法性才构成了韦伯对于权力来源和科层制讨论的核心概念。[1]

哈贝马斯强调合法性与政治制度的关系，他认为国家干预经济活动，为了把政治事务转变成"技术上的问题"，需要由科层制组织的专家们用各种技术手段来解决技术问题，结果出现了实际事务的"去政治化"，为了做到这一点，国家就宣传某种"专家统治意识"，这种专家统治意识的核心在于对"工具理性"的强调。所谓工具理性，是指"实现确定目标的手段的有效性标准，引导者对社会行动的评价以及人们解决问题的方法。"[2]

美国学者李普赛特在《政治人：政治的社会基础》一书中提出，"合法性是指政治系统使人们产生和坚持现存政治制度是社会的最适宜制度之信仰的能力"。

在此基础上，众多学者从组织和管理的角度对合法性问题进行了深入研究，在"韦伯式"理性组织与"权变理论"等早期制度主义学派相关研究的基础上，迈耶（Meyer）和罗万（Rowan）最早提出新制度主义理论，认为研究组织行为应该从组织环境的角度考虑，并强调应该考虑组织的制度环境，[3] 这一主张让人们开始关

---

[1] Weber M., 1968, *Economy and Society: An Interpretive Sociology*, 2 Vols. G. Roth and C. Wittich, Editors. Bedminister Press: New York.

[2] 姚大志：《哈贝马斯与政治合法性》，《同济大学学报》2005年第3期，第46~49页。

[3] Meyer J W, Rowen B. 1977, "Institutionalized Organizations: Formal Structure as Myth and Ceremony". *American Journal of Sociology*, 83 (2): 340-363.

注环境因素中长期被忽视的制度因素。

任何一个组织必须适应环境才能生存。按照新制度主义理论的观点，组织面对两种不同的环境：技术环境和制度环境。迈耶（Meyer）和斯科特（Scott）指出技术环境是那些被组织用于提供市场交换所需的产品和服务的工具性、职业性或任务性环境；制度环境则是组织为了从环境中取得合法性与支持，必须遵守的规则与必要条件。这两种环境对组织的要求是不一样的，技术环境要求组织有效率，即按最大化原则组织生产。制度环境则是一个组织所处的法律制度、文化期待、社会规范和观念制度等为人们"广为接受"的社会事实。①

1990年诺斯（North）提出：制度就是社会的博弈规则，即人类设计的塑造人类交互作用的众多正式与非正式的约束。② 1995年，斯科特（Scott）指出制度就是规章的、规范化的、可认知的架构和活动，这些认知架构和活动促使社会稳定并指导与约束人类的社会行为。其中，正式约束包括国家的规章制度、公正的决议及经济合约；非正式约束包括社会所认可的、文化和意识形态的行为规则。③ 制度化的信仰体系、规则和角色是个体和组织赖以生存和发展的基础。而社会制度代表了一个特定社会里人们所制定出来的和有组织的实践。此外，制度一经形成，就能深刻地塑造历史过程和个人生活，并影响其发展方向。④

萨奇曼（Suchman）将合法性看作一种社会认知或假设，是在一个由规范、信仰及价值观组成的社会系统内，某一实体的行动被其他社会行动者认为是正确、适当以及希求的。因此，合法性是社

---

① 周雪光：《组织社会学十讲》，社会科学文献出版社，2003，第72页。
② North D C. 1990, *Institutions, Institutional Change and Economic Performance*. Cambridge, MA: Cambridge University Press.
③ Scott W R. 1995, *Institutions and Organizations*. Thousand Oaks, CA: Sage.
④ 〔美〕安东尼·奥罗姆：《政治社会学导论》，上海世纪出版集团，2006，第4页。

会成员的一种价值判断与估计。① 在此基础上，萨奇曼指出合法性的几个本质特征：首先，合法性具有一般性，代表了对组织及其行为的总的评价。它能够超越个别的负面行为或事件，因此它不取决于特定的事件，而取决于由一系列事件所构成的历史过程。其次，合法性是一种假设和感知，它表明观察者对组织的一种反应，因此对它的占有是客观的，而它的产生是主观的。最后，合法性是社会构建的，合法性表明了一个合法实体的行为与某一社会集团共同信念的一致性。因此，合法性取决于整个社会集团的集体评价而不是个别观察者。②

上述研究显示，尽管学者们对合法性的认识不尽相同，但其核心都是组织的表现和行为是否符合和满足社会系统内制度规则、行业规范、大众价值等的判断。

组织的合法性从何而来？如何进行分类？组织的合法性是一种无形资源，对它的衡量往往是采用研究合法性来源这种近似估计的方式。迈耶和斯科特认为，合法性源于组织与其所在的环境的一致性。辛格（Singh）等人认为，合法性来源于组织的内部与外部。斯科特则认为组织的生存不仅取决于市场环境，而且取决于由规制、规范和文化认知共同构成的制度环境，而规制、规范和文化认知分别构成了合法性的三个来源。相应的合法性分为规制合法性、规范合法性和认知合法性三类。③ 由于合法性来自于人们对事物或行动是否符合规范和期望的一种认知，因此，将合法性分为规制合法性、规范合法性和认知合法性三种来源是目前被普遍采用的观点。与此类似，奥德里奇（Aldrich）和菲奥尔（Fiol）将合法性划分为

---

① Suchman M. C. 1995, "Managing Legitimacy: Strategic and Institutional Approaches". *Academy of Management Review*, 20 (3): 571–610.
② 张玉利、杜国臣：《创业的合法性悖论》，《中国软科学》2007年第10期。
③ Scott W. R. 1995, *Institutions and Organizations*. Thousand Oaks, CA: Sage.

社会政治合法性和认知合法性两类。① 关于合法性,理论界并没有统一的分类标准,学者们一般根据研究需要对合法性进行划分。

从制度理论的视角出发,毛瑞尔(Maurer)认为谋求组织合法性的过程(合法化)就是某一组织向同行或更高层次的体制正当化其存在权利的过程。② 合法性包括了对组织存在的接受性(acceptance)、适宜性(appropriateness)和希求性(desirability)的社会整体判断,代表了已有规范、信念、价值观等社会构建体系对某一组织或活动的存在所提供的解释程度,并为组织获取其生存和成长所需要的其他资源提供了可能。

新制度主义理论强调"合法性"机制的重要性。合法性机制是指那些诱使或迫使组织采纳具有合法性的组织机构和行为的观念力量。社会的法律制度、文化期待、观念制度成为人们广为接受的社会事实,具有强大的约束力量,规范着人们的行为。由于人的有限理性和外部环境的不确定性,在缺乏可供分析的信息的情况下,人们很难准确判断既定的行动是否能够达成目标、是否比其他的行动方案更佳。在这种情况下,人们只能以该项活动是否符合广为接受的规则、规范和价值观作为其判断标准。

合法性机制可以在多种层面发生作用。合法性机制不仅约束组织的行为,还可以帮助组织提高社会地位以得到社会认可,从而促进组织间的资源交往。合法性机制是制度环境要求组织必须服从的制度,组织应采用广为接受的组织形式和做法,而不管这些形式是否有助于提高组织的运作效率。

组织不仅是技术需要的产物,而且是制度环境的产物。各种组织同时生存在制度环境中,是制度化的组织。在社会学传统中,制度化既是某一社会关系和行动逐渐被视若当然而接受的现象学过

---

① Aldrich H. E, C. M. Fiol, 1994, "Fools Rush in? The Institutional Context of Industry Creation". *Academy of Management Review*, 19 (4): 545–670.

② Maurer J. G. 1971, *Readings in Organizational Theory: Open System Approaches*. New York: Random House.

程，也是某一事件的状态，在这种状态中，共同的认知确定了"什么是有意义的，何种行动是可能的"。[①]

组织的制度化过程即组织或个人不断地接受和采纳外界公认、赞许的形式、做法的过程。如果组织或个人的行为有悖于这些社会事实就会出现"合法性"危机，引起社会公愤，对组织发展造成极大困难。制度环境的压力往往导致组织行动者无法根据自身利益行动，并屈从于组织同构化的压力，作为自身合法化的途径。

总之，制度理论的逻辑是合法性及其对人的行为约束。合法性机制的本质是寻求"承认"，是寻求外在认可和正当性的赋予过程。组织合法性就是组织得到其所在环境中的社会行动者的认可。但并非任何人都可以赋予组织以合法性，只有特定的参与者才有条件赋予组织合法性，而其中最重要之一就是那些能对组织行使权力的政府代理人。

需要指出的是，韦伯和哈贝马斯论述的合法性统治表现为被统治者对统治者的认可（"下"对"上"的承认）。而近几年文化多元主义的视野把承认延伸到群体与群体之间的认可（平行的承认）；环境对组织、群体的认可；统治者对被统治群体的认可（"上"对"下"的承认）。这种关系构成了一个共同体内异质文化群体的"承认的政治"，具有特定文化的群体通过这种过程获得自己的合法性。

虽然合法性来源于组织所处的社会系统对它的认同和接受，但是组织依然可以采取一定的战略来主动地获取。履行社会责任就是民营企业和企业主争取组织合法性的一个重要战略。因此，我们有必要从民营企业和企业主积极争取合法性的角度，去研究民营企业和民营企业主各种履行社会责任的动机及行为。

[①] 〔美〕沃尔特·W. 鲍威尔、保罗·J. 迪马吉奥主编《组织分析的新制度主义》，上海人民出版社，2008，第10页。

二 民营企业主社会责任的界定

(一) 企业社会责任概念的提出

"企业社会责任"的概念，是由英国学者欧利文·谢尔顿于1923年最早提出来的。而博文（H. R. Bowen）被认为是开创了现代企业社会责任研究领域的开拓者。因为看到大型公司所拥有的权力及其经营活动对社会所造成的重大影响，博文于1953年在其著作《商人的社会责任》中指出："商人有义务按照社会所期望的目标和价值，来制定政策、进行决策或采取某些行动。"这是关于商人社会责任的最初定义，从此开创了企业和商人社会责任研究的领域，他因此被誉为"企业社会责任之父"。

关于企业社会责任，存在各种各样的定义。例如：英国国际工商领袖论坛认为：所谓企业社会责任指"企业运营应该公开透明，符合伦理道德，尊重劳工社群，保护自然环境，从而既能为股东又能为全社会持续创造价值"。美国经济发展委员会在1971年将企业社会责任定义为"三个中心圈"。内圈代表企业的基本责任，是为实现经济职能的有效运行而产生的基本责任。中间圈代表企业的相关责任，是指企业在实施经济职能时，对其行为可能影响的社会和环境变化承担责任，是企业以感知变化的社会价值和期望的方式执行经济职能而产生的尊重社会价值观和关注重大问题的相关责任。外圈则包括企业更大范围地推动社会进步的其他无形责任。

美国管理学家阿奇·卡罗尔（Archie Carroll）曾用金字塔来描述企业应该承担的社会责任，塔基是企业的经济责任，塔的中间部分往上依次是法律责任和伦理责任，塔尖是慈善责任。在《当代社会中的商业：框架与议题》中，约翰逊（Johnson）分析了四种关于企业社会责任的定义。第一种是传统观点，即企业的管理人员应该能够平衡各种利益关系，不仅顾及股东的最大利益，还应该兼顾雇员、供应商、交易商、当地社区和国家的利益；第二种是利润最大化观点，即企业能够通过实施社会责任项目来提高利润；第三种是效用最大化观点，即企业追求多重目标而不仅是利润最大化；第四种是社会责任的文义观点，即企业具有一系列动态的目标和责任，企业要像有道德的公民一样进行选择和实现。约翰逊认为，这四种定义实际上是从不同的角度相互补充企业社会责任的概念。①

我国学者陈迅和韩亚琴根据企业与社会责任关系的紧密程度把企业社会责任分为三个层次：一是基本的企业社会责任，包括对股东负责、善待员工；二是中级企业社会责任，包括对消费者负责、服从政府领导、搞好与社区的关系、保护环境；三是高级企业社会责任，包括积极慈善捐助、热心公益事业等。②

近年来，我国学术界和企业界较多关注企业层面的社会责任的内涵和实现方式，取得了相应的成果，但仍未形成一个统一的概念，企业社会责任应包含的内容也不尽相同。而且，已有的研究很少涉及民营企业主的社会责任，更缺少对民营企业主涉足政治层面的社会责任的剖析。

（二）企业主社会责任的界定

企业主社会责任与企业社会责任是两个不同层面的概念，各自具有独特的内涵和实现方式。改革开放30多年来，民营企业主成为中国社会经济发展的推动力量，他们的行为受到社会越来越多的关注，其中，社会责任已经成为衡量企业主是否受尊敬的重要指标。

随着和谐社会及可持续发展观念的提出，学者们开始关注和谐社会、可持续发展与企业社会责任的研究。学者们认为企业主如果能够将社会责任因素作为企业重要的决策变量，将在很大程度上决定着企业的可持续成长与和谐社会的建设。关于企业主社会责任的实质和内容，黄泽民认为企业主的社会责任是由其社会角色、现代

---

① 郑若娟：《西方企业社会责任理论研究进展——基于概念演进的视角》，《国外社会科学》2006年第2期。
② 陈迅、韩亚琴：《企业社会责任分级模型及其应用》，《中国工业经济》2005年第9期。

社会生产形式、社会生产力发展规律所决定的，不以人们的意志为转移。企业主社会责任的实质归根到底是顺应社会生产力的发展要求。① 张铭业认为企业主应有"职业责任"和"社会责任"。② 李洪彦认为企业主社会责任就是指作为特殊群体的一群社会个体所应承担的与之相关联的社会义务。③ 李君如认为企业主的社会责任是办好企业，多提供就业机会，多缴税收，为解放和发展社会生产力作出贡献。④

目前国内学者对于企业主社会责任的研究内容单一而零散，主要的研究集中在关于企业主社会责任导向和企业主社会责任的驱动因素上，也有涉及企业主社会责任与企业家精神、社会地位等因素的相互关系的研究。而从合法性角度对民营企业主社会责任的研究几近空白。笔者以为合法性是中国民营企业主履行社会责任的重要驱动因素，同时也是其担当社会责任的目的。因此，我们将从合法性的角度研究民营企业主的社会责任。

三 民营企业主履行社会责任的逻辑前提

2007年中央经济工作会议上，胡锦涛总书记明确提出"引导企业树立现代经营理念，切实承担起社会责任"的战略要求，表明企业社会责任问题已经成为我国经济、社会发展的重大问题之一。享受改革开放成果、先富起来的民营企业主应该承担怎样的责任，他们在经济、社会、政治各个领域承担责任的动机的逻辑前提是什么？从民营企业和民营企业主合法性问题的由来和演变中我们

---

① 黄泽民：《基于总和生产力观点的企业家社会责任——实质与基本属性》，《生产力研究》2004年第6期。
② 张铭业：《国家利益至上——论企业家的社会责任》，《企业研究》2005年第7期。
③ 李洪彦：《企业家与企业社会责任》，《商业文化》2006年第8期。
④ 王晶晶、杨洁珊：《企业家社会责任研究现状及未来展望》，《河南工业大学学报》（社会科学版）2010年第3期。

或许能找到答案。

戴维·米勒和韦农·波格丹认为,"任何一种人类社会的复杂形态都面临一个合法性的问题"。[①] 按照美国学者斯科特的观点,组织的生存不仅取决于市场环境,而且取决于由法规(regulation)、规范(norms)和文化认知(cultural-cognition)共同构成的制度环境,而法规、规范和文化认知构成了合法性的三个来源。合法性机制的本质是寻求"承认",是寻求外在认可和正当性的赋予过程。民营经济在中国风雨几十年,从合法性的角度看经历了反复曲折的过程。

(一) 从新中国成立到改革开放前民营经济的合法性逐渐丧失

从新中国成立到改革开放前,在推行工业化以及国民经济体系恢复的过程中,国家对社会进行了全面控制,包括对社会主流意识形态和社会结构的支配。民营经济和民营企业主阶层经历了从鼓励发展到被消灭的过程,其合法性也经历了既存到丧失的过程。而这一时期民营经济和民营企业主阶层的合法性主要取决于中国共产党围绕民营经济发展制定的一系列纲领和政策及其实施。

新中国成立前夕,中国共产党领导制定了《共同纲领》,并将其作为新中国成立初期的施政纲领。《共同纲领》集中反映了当时中国共产党和全国人民关于新中国社会经济制度、经济政策和发展方向的思想精华。在新中国还没有宪法的情况下,它起着国家根本大法的作用。《共同纲领》规定:国营经济、合作社经济、农民和手工业者的个体经济、私人资本主义经济、国家资本主义经济成分并存,在国营经济的领导下分工合作、各得其所,以促进整个社会经济的发展。

新中国成立后,执政党面临现实而紧迫的任务,为了重建遭到破坏的经济,恢复国民经济和提高社会生产力,为了建立一个未来

---

① 戴维·米勒、韦农·波格丹:《布莱克维尔政治学百科全书》,中国政法大学出版社,2002,第349页。

经济发展的基础,中国共产党在大力发展国营经济的前提下,国家认可私营企业主和私营经济的存在,通过既限制又利用的政策,鼓励私营企业主扩大经营。但私营经济的经营受到严格的限制,价格、工资和工作条件由国家确定,并依赖国家分配原料进行生产,靠国家的产品销售渠道批发和零售,表现为国家资本主义的一种形式。在这种政策下,私营工商业还是经历了一个短暂的繁荣时期。到1953年,私营企业的数量从12.3万个增长到15万个,私营企业中工人的数量从164.4万增加到223.1万,私营企业的产量大约占中国工业产量的37%。[①]

1950年12月29日,政务院第65次政务会议讨论并通过了由中央私营企业局起草、制定的《私营企业暂行条例》。该条例的宗旨是,根据中国人民政治协商会议《共同纲领》的经济政策的规定,在国营经济的领导下,鼓励并扶助有利于国计民生的私营企业。《私营企业暂行条例》是中国共产党掌握政权之后,对私营经济颁布的第一个制度性法规,它解决了私营经济发展的两个基本问题,即如何发扬有益于国计民生的私营工商业的积极性,以发展国民经济;如何使私营企业按新民主主义的轨道发展,而不按照普通资本主义的轨道发展。

1951年开始的"三反"和"五反"运动,目的是打击少数不法资本家的"五毒"行为,但在公私关系、劳资关系以及社会经济生活方面也产生了一些消极影响,导致私营工商业的萎缩。因此,"三反"和"五反"运动后,工商业政策面临重大调整。1952年11月12日,中共中央发布了《关于调整商业的指示》,这次调整工作的重点在于解决商业方面公私关系存在的问题。这次调整是新中国成立后的第二次工商业调整,是对"三反"和"五反"运动所造成的消极影响的一次修正。1952年6月6日,

---

[①] 〔美〕莫里斯·梅斯纳:《毛泽东的中国及其发展》,社会科学文献出版社,1992,第106页。

在"三反"和"五反"运动即将结束的时候,毛泽东提出:"在打倒地主阶级和官僚资产阶级以后,中国内部的主要矛盾即是工人阶级与民族资产阶级的矛盾,故不应再将民族资产阶级称为中间阶级。"[①]

在1952年11月3日的会议上,毛泽东提出要消灭资产阶级,消灭资本主义工商业。1953年,中国共产党提出过渡时期总路线,其实质是使生产资料的社会主义所有制成为我国国家和社会的唯一经济基础。1953~1956年,中国仅仅用了4年的时间就完成了对农业、手工业和资本主义工商业的社会主义改造,实现了生产资料私有制向社会主义公有制的转变。此后,私营经济和其他各类非公有制经济基本成为历史。

1956年,国家开始实行生产资料私有制的社会主义改造,逐步实行由新民主主义到社会主义的过渡。在这次社会主义改造运动中,所有大规模的工商企业都国有化了,剩下来的小私营企业数量虽多但日益过时而且在经济上无足轻重,如个体手工业者和工匠、小店主和小商贩经营的企业,其经营者在改革前不是被视为"投机倒把"分子就是"地下黑工厂"主,私营企业在中国大陆不复存在,工商业者作为社会主义的异己力量成为国家利用、限制和改造的对象,私营企业主作为一个社会群体,随着剥削制度一起消失。

随着我国三大改造的基本完成和后来的反右斗争扩大化,在"大跃进"和后来的"文化大革命"运动中,受极左思潮和政策的影响,中国共产党更加倾向于追求"一大二公"的所有制结构,采取了一系列铲除私有经济的政策措施,而且在思想和意识形态领域开展了一系列清除私有观念的运动。"文化大革命"时期,私营经济被摆到与公有制经济完全对立的位置,私营企业主遭到批判、

---

① 毛泽东对《关于民主党派工作的决定(草稿)》的批语,手稿,1952年6月6日。《毛泽东文集》(第6卷),人民出版社,1999,第231页。

改造和打击，至改革开放前，个体经济、私营经济活动和私营企业主被扫除殆尽。

（二）改革开放后民营经济的合法性获得重生

由于民营企业和企业主在原有的社会体制中并不存在，它们是在改革开放之后产生的，是改革开放政策的产物，这就产生了极大的合法性来源问题。考虑到民营经济在中国的发展实际，这一时期党和国家对私人经营行为的宽容和意识形态上的认可，是民营企业生存和企业主经营成功的合法性的主要来源。

1. 执政党对民营经济和民营企业主的宽容和经济地位的确认

改革开放后，执政党对民营经济和民营企业主的宽容和经济地位的确认，构成民营经济和民营企业主合法性的主要来源之一。

中国共产党对民营经济和民营企业主的认识经历了一个较大的转变，从改革开放前的消灭到鼓励私营经济的发展。执政党对民营经济和民营企业主认识的转变，构成了民营经济和民营企业认知合法性的来源。

中国共产党十一届三中全会召开前夕，1978年3月国务院在批转关于全国工商局长会议的报告中指出："为了方便群众生活，并解决一部分人的就业问题，可以根据实际情况在城镇恢复和发展一部分个体经济。"① 此时关于恢复和发展个体经济的规定主要是迫于就业压力，并非思想认识上的突破。1978年12月，中国共产党十一届三中全会召开，这次会议从我国社会生产力发展的实际情况出发，提出让"少数人通过诚实劳动先富起来"，规定"社员自留地、家庭副业和集市贸易是社会主义经济的必要补充部分。"② 这次会议是中国共产党历史上的一次重要转折，极大

---

① 李学明：《邓小平非公有制经济理论研究》，四川人民出版社，2001，第276页。
② 中共中央文献研究室编：《十一届三中全会以来党的历次全国代表大会中央全会重要文献选编》（上），中央文献出版社，1997，第2页。

地促进了人们的思想解放，推动了社会生产力的发展，私营经济获得新生。

十一届三中全会后，为调动各方人士的积极性，邓小平提出要重新使用原工商业者，为经济建设服务。这表明中国共产党对原工商业者态度的转变和之后对个体私营经济政策的调整。1979 年 9 月 26 日，中共中央统战部、中共中央组织部、国家计委党组、国家劳动局党组、全国总工会党组制定了《关于对原工商业者的若干具体政策的规定》，提出：不在原工商业者中具体划分谁是自食其力的劳动者，谁是拥护社会主义的爱国者；今后不再称呼他们为"资本家""私方人员""资产阶级工商业者"；对于在职的原工商业者，政治上应与干部、工人一视同仁，可以参加工会，可以担任各级领导职务。

1982 年，中国共产党第十二次全国代表大会召开，会上提出："由于我国生产力发展水平总的来说还比较低，又很不平衡，在很长时期内需要多种经济形式的同时并存"；① 1987 年，中国共产党召开第十三次全国代表大会，会议指出："私营经济一定程度的发展，有利于促进生产、活跃市场，扩大就业，更好地满足人民多方面的生活需要，是公有制经济必要的和有益的补充"。② 党的十二大和十三大从社会主义初级阶段社会生产力发展的实际出发，论述了发展私营经济、允许私营企业主存在的必要性，这是执政党对私营经济和私营企业主认识的一次重大转变。

1989 年之后，面对西方一些国家在政治、经济、文化、外交等方面的所谓"制裁"，党内和部分干部群众对一些重大问题产生了歧见，发生了姓"资"姓"社"的争论，在这种形势下，私营经济的发展一度受挫。1992 年初，邓小平发表"南方讲话"，提出"三个有利于"标准，坚持社会主义市场经济发展方向。南方讲话

---

① 《十二大以来重要文献选编》（上），人民出版社，1986，第 20 页。
② 《十三大以来重要文献选编》（上），人民出版社，1991，第 32 页。

解决了一系列困扰人们思想的重大认识问题，促进了人们的思想解放，推动了改革开放的进程，民营经济的发展迎来了春天。

1992年10月，中国共产党第十四次全国代表大会召开。大会指出："我国经济体制改革的目标是建立社会主义市场经济体制"，"社会主义市场经济体制是同社会主义基本制度结合在一起的。在所有制结构上，以公有制包括全民所有制和集体所有制为主体，个体经济、私营经济、外资经济为补充，多种经济成分长期共同发展。"① 自此，我国明确开始了建立社会主义市场经济的进程。社会主义市场经济体制改革目标的确立，突破了以计划经济和市场经济作为划分社会主义和资本主义两种经济制度标准的观念束缚，彻底解决了计划与市场的关系问题，对约定俗成的观念和范式提出了挑战。

1997年9月，中国共产党第十五次代表大会召开。十五大报告指出："公有制为主体、多种所有制经济共同发展，是我国社会主义初级阶段的一项基本经济制度。"② "非公有制经济是我国社会主义市场经济的重要组成部分。对个体、私营等非公有制经济要继续鼓励、引导，使之健康发展。"③ 十五大报告把非公有制经济表述为"社会主义市场经济的重要组成部分"，确立了私营经济和民营企业主的经济地位。

2. 执政党对民营经济和民营企业主意识形态上的认可和政治地位的确认

改革开放后，执政党对民营经济和民营企业主意识形态上的认可和政治地位的确认，构成民营经济和民营企业主合法性的主要来源之一。

---

① 中央文献研究室编：《中共十三届四中全会以来历次全国代表大会中央全会重要文献选编》，中央文献出版社，2002，第157页。
② 《十五大以来重要文献选编》（上），人民出版社，2000，第20页。
③ 《十五大以来重要文献选编》（上），人民出版社，2000，第22页。

改革开放以来，民营经济不断发展壮大，民营企业主大量增加。他们中间有的原来就是共产党员，还有相当一部分人积极向党组织靠近，希望加入中国共产党。这就产生了如何看待他们的党员身份和民营企业主到底能不能入党的问题。这个问题是关系到党的建设和发展方向的根本问题，从而引起了社会各界的广泛关注和争论。

改革开放初期，非公经济在中国是作为主流经济形式的"异己力量"出现的。由于其建立在生产资料私有制和雇佣劳动基础之上，在意识形态的深层次上，私营企业带有的剥削性质与共产党所追求的公有制目标直接冲突。正因为如此，共产党一方面高度期待其在经济领域发挥促进生产力发展的作用；另一方面，在1989年，中共中央组织部文件仍明确规定私营企业主不能加入共产党："我们党是工人阶级的先锋队。私营企业主同工人之间实际上存在着剥削与被剥削的关系，不能吸收私营企业主入党。已经是党员的私营企业主，除应模范地遵守国家政策法令、依法经营、照章纳税外，还必须坚持党的理想和宗旨，严格履行党员义务，自觉接受党组织的监督；在企业的收入分配方面，领取作为经营管理者应得的收入，而把企业税后利润的绝大部分用作生产发展基金，增加社会财富，发展公共事业；要平等对待工人，尊重工人的合法权益。做不到这些的，不能再当党员。"① 这一政策主张代表了当时共产党对民营企业主政治特征的认识，也反映了当时一部分人对民营企业主的政治影响的担忧。当时，一部分人认为，从政治后果上看吸收民营企业主加入共产党，将可能导致共产党的阶级性质蜕变，"越来越多的私营企业主加入共产党，共产党必然要代表私营企业主群体的利益，逐步演变为戴着共产党帽子的资产阶级政党"，这将直接在共产党内引起思想混乱，破坏全党团结和统一的基础，造成共

---

① 中共中央文献研究室编:《十三大以来重要文献选编》（中），人民出版社，1991，第598页。

产党的分裂。①

关于民营企业主不能加入共产党的规定，实际上是一个相当灵活的政策提法。从浅层意义上理解，它是指共产党不能吸收已是民营企业主的人加入；从深层意义上理解，它是指共产党内不能有民营企业主，已经入党的要劝其退党。实际上，后一条基本上没有付诸实施。但这样的规定却引起了民营企业主的强烈反感和不平。在中国，不能参加执政党就意味着失去在政治上发展的可能性。因此，有政治抱负的民营企业主大多积极争取加入中国共产党。

面对这些争论，中共中央及时作出反应。2001年7月1日，江泽民在庆祝中国共产党成立80周年大会上发表重要讲话，指出根据国际国内形势的变化和党面临的历史任务，我们"必须坚持党的工人阶级先锋队的性质，始终保持党的先进性，同时要根据经济发展和社会进步的实际，不断增强党的阶级基础和扩大党的群众基础，不断提高党的社会影响力。""看一个政党是否先进，是不是工人阶级的先锋队，主要应看它的理论和纲领是不是马克思主义的，是不是代表社会发展的正确方向，是不是代表最广大人民的根本利益。"讲话分析了中国社会阶层的巨大变化，"改革开放以来，我国的社会阶层构成发生了新的变化，出现了民营科技企业的创业人员和技术人员、受聘于外资企业的管理技术人员、个体户、私营企业主、中介组织的从业人员、自由职业人员等社会阶层。而且，许多人在不同所有制、不同行业、不同地域之间流动频繁，人们的职业、身份经常变动。这种变化还会继续下去。"②"在党的路线方针指引下，这些新的社会阶层中的广大人员，通过诚实劳动和工作，通过合法经营，为发展社会主义社会的生产力和其他事业作出

---

① 冯宝兴：《我们究竟要建成一个什么党？——评一些地方擅自吸收私企老板加入共产党》，《真理的追求》2000年第12期。
② 江泽民：《在庆祝中国共产党成立八十周年大会上的讲话》，《论三个代表》，中央文献出版社，2001，第169页。

了贡献。他们与工人、农民、知识分子、干部和解放军指战员团结在一起，他们也是有中国特色社会主义事业的建设者。"① 这次会议是中国共产党在历史上首次对民营企业主的社会地位和本质属性作出科学的论断，具有重大的理论意义和现实意义。

2002年11月，中国共产党第十六次代表大会召开，大会指出："必须毫不动摇地巩固和发展公有制经济，必须毫不动摇地鼓励、支持和引导非公有制经济发展"，② "要把承认党的纲领和章程、自觉为党的路线和纲领而奋斗、经过长期考验、符合党员条件的其他社会阶层的先进分子吸收到党内来，增强党在全社会的影响力和凝聚力"。③ 十六大确认了民营企业主的社会属性，十六大新通过的党章明确民营企业主中的优秀分子可以加入共产党，吸收优秀民营企业主入党，有利于扩大和增强党的群众基础、巩固中国共产党的执政地位。同时，提高了民营企业主的政治地位，使他们以更大的积极性参与国家的政治、经济和社会生活。

3. 执政党对民营经济和民营企业主的保护与规范

民营企业是改革开放以后出现的新的企业组织形式，而企业的生存不仅取决于市场环境，而且取决于由法规构成的制度环境。从1988年的《私营企业暂行条例》开始，国家立法机关进行了一系列有关民营企业的立法，包括《公司法》《合伙企业法》《个人独资企业法》等，逐渐形成了有关民营企业的法律体系，构成了民营经济和民营企业合法性的来源之一。

1987年10月党的十三大正式承认私营经济的地位，明确提出要发展私营经济，同时指出党对私营经济的基本政策是鼓励、保

---

① 江泽民：《在庆祝中国共产党成立八十周年大会上的讲话》，《论三个代表》，中央文献出版社，2001，第169页。
② 江泽民：《全面建设小康社会，开创中国特色社会主义事业新局面》，《人民日报》2002年11月18日。
③ 江泽民：《全面建设小康社会，开创中国特色社会主义事业新局面》，《人民日报》2002年11月18日。

护、引导、监督和管理。这是我国民营经济发展的一个重要转折点，民营经济的发展获得了认知合法性。由于民营企业的立法尚属空白，民营企业的存在仍缺乏法规上的合法性。

1988年4月，第七届全国人民代表大会第一次会议通过《中华人民共和国宪法修正案》，以国家根本大法的形式确立了私营经济的合法性。修改后的宪法规定："国家允许私营经济在法律规定的范围内存在和发展，私营经济是社会主义公有制经济的补充，国家保护私营经济的合法权利和利益，对私营经济进行引导、监督和管理。"这就为民营企业立法奠定了基础，开始了民营企业的立法进程。自此，民营经济和民营企业的发展获得了法规上的合法性。

1988年7月《中华人民共和国私营企业暂行条例》发布。暂行条例对私营企业作了质的规定："私营企业是指企业资产属于私人所有，雇工在8人以上的营利性经济组织。"[①] 对私营经济的经营范围作了规定和限制，条例为促进私营企业健康发展、规范政府对私营企业的管理与监督发挥了积极作用。

1993年12月20日，第八届全国人大常委会召开第五次会议，会议通过了《公司法草案》，新中国第一部公司法诞生。《公司法》颁布实施后，于1999年、2004年和2005年三次修订。新《公司法》拓宽了企业进入市场的渠道，降低了公司准入条件，强化了对股东利益的保护，使股东的出资方式更加灵活，公司治理结构更为完善，股东、债权人的合法权益得到有效的保护。

随着我国合伙企业的迅速发展，1997年2月23日，第八届全国人大常委会第二十四次会议审议通过《中华人民共和国合伙企业法（草案）》。这是一部旨在规范市场主体行为的法律，对于确立合伙企业的法律地位、规范其设立与经营、鼓励民间资本投资发挥了积极作用。《合伙企业法》施行后，2004年和2006年针对存

---

① 《中华人民共和国私营企业暂行条例》，人民出版社，1988，第2页。

在的问题又进行了修订。2006年8月,第十届全国人大常委会第二十三次会议审议通过了《合伙企业法(修订草案)》。修订后的《合伙企业法》突出了合伙企业的主体地位,调整了合伙企业内外部关系的基本内容,同时作了大量的突破性规定,发展了我国的合伙企业法律制度。

为了鼓励私人投资创业,1999年8月30日,第九届全国人大常委会第十一次会议通过了《个人独资企业法》。有效地规范个人独资企业行为,保护投资人、债权人和职工的合法权益,引导个人独资企业健康发展,维护社会经济秩序,促进社会主义市场经济的发展。

通过立法对民营企业的经营行为进行保护与规范,是民营企业健康发展的必要条件。同时,有关民营企业的法律体系的建立和完善,是民营企业获取法规合法性的重要来源。

党的十七大报告进一步提出"两个平等"的理念,即毫不动摇地巩固和发展公有制经济,毫不动摇地鼓励、支持、引导非公有制经济发展,坚持平等保护物权,形成各种所有制经济平等竞争、相互促进的新格局。

改革开放以来,中国共产党对民营经济和民营企业主的认识不断深入,民营企业和企业主从一开始的不被认可到如今的各项权利受到保护与规范,走过了一条漫长的路,这一过程既是民营企业主寻求外在认可的过程,也是中国共产党对民营经济和民营企业主正当性的赋予过程。

(三)民营企业主的意识形态和价值取向使其合法性不断受到挑战

社会规范产生一种共享的观念与思维,可以对企业的生存与发展起着至关重要的影响和作用。任何企业都生活在制度环境里,如果它想得到社会的承认,为公众所接受,就必然要认同与接受社会共有的意识形态、价值观念与思维方式。一般来说,民营企业所展示的意识形态和价值观与社会所认同的意识形态价值观念体系的一致性越高，其存在的合法性也就越高。因此，民营企业为了在其价值观中体现社会规范的一致性，也一定会采纳与模仿那些具有合法性的观念与思维方式。

2012年6月，我们在江苏省某市对民营企业主的思想状况进行了问卷抽样调查。调查显示，民营企业主对"我国坚持马克思主义指导思想"的认同程度较高，"非常认同"的占33.78%，"比较认同"的占44.89%，"不大认同"的有1.56%，"非常不认同"的仅占0.66%（见表1-1）。

表1-1　对我国坚持马克思主义指导思想的认同

认同程度	频数（人）	百分比（%）
非常认同	152	33.78
比较认同	202	44.89
一般	86	19.11
不大认同	7	1.56
非常不认同	3	0.66
合计	450	100

调查发现，民营企业主对"我国坚持中国特色社会主义共同理想"的认同程度也较高，"非常认同"占34.00%，"比较认同"占43.56%，"不大认同"的有2.00%，"非常不认同"的仅占0.66%，两者累计仅占2.66%（见表1-2）。

表1-2　对我国坚持中国特色社会主义共同理想的认同

认同程度	频数（人）	百分比（%）
非常认同	153	34.00
比较认同	196	43.56
一般	89	19.78
不大认同	9	2.00
非常不认同	3	0.66
合计	450	100

民营企业主价值认同总体是积极向上的，但在实际的经营活动中却有所偏差。现实生活中，民营企业主的意识形态和价值取向与执政党存在着较大的冲突，与社会的主流价值观往往存在背离，这就使得民营经济和民营企业主的合法性不断受到挑战。

客观上，民营企业主的意识形态和对私利的追求与共产党的宗旨有着根本的区别。改革开放初期，非公经济在中国是作为主流经济形式的"异己力量"出现的。由于其建立在生产资料私有制和雇佣劳动基础之上，在意识形态的深层次上，民营企业带有的剥削性质与共产党所追求的公有制目标直接冲突。民营企业主促进了现存社会结构和观念的变革，有意无意地充当了社会的推动者。但他们对利益的取向和意识形态也威胁着现有的制度。民营企业主更多地从实用而非意识形态的角度解释金钱、绩效和收入差异，以绩效为导向。

企业战略的制定取决于它的定位，企业的定位则取决于企业主核心价值观的选择。调查发现，民营企业主的个人价值选择比较集中地趋于"实用主义"，占比为45.33%，高居首位；第二位为"共产主义"，占比为15.56%；第三位是"集体主义"，占比为11.33%。虽然选择"共产主义"和"集体主义"的人数分别位居第二、三位，但累计为26.89%，未及占首位的"实用主义"，见表1-3。应该承认，这个调查结果比较真实地反映了民营企业主追逐实利的个人价值观和意识形态，见表1-3。

值得注意的是，从不同政治面貌看个人价值的选择会暴露出一些问题，中国共产党党员价值选择也是最倾向于"实用主义"，占全体被调查共产党员的40.59%。而"共产主义"受到冷落，被调查的共产党员中，只有19.93%的人将其作为个人最倾向的价值选择，这种选择偏离了他们入党时的宗旨。

表1-3　民营企业主的个人价值选择

价值类型	频数（人）	百分比（%）
实用主义	204	45.33
共产主义	70	15.56
集体主义	51	11.33
理想主义	49	10.89
自由主义	36	8.00
享乐主义	12	2.67
英雄主义	11	2.44
其他	7	1.56
个人主义	5	1.11
功利主义	5	1.11
合计	450	100

民营企业普遍存在产品导向，企业主热衷投资，实业空心化，背离企业家的精神。这种政治观念与经济利益的联系导致对主流意识形态的冲击，导向政治上的实用主义，对共产党组织产生了很大的压力。

民营企业和企业主的成长经历了不同的发展阶段，对于不同时期存在的问题，他们有自身的逻辑和理解。原始积累初期的违规行为在他们看来是无法逾越的阶段。他们自认为这种违规行为有着合法的社会基础——为政府解决就业问题。这一观点实际上反映了民营企业主追逐实利的观念和意识形态。

改革开放以来，国家与民营企业主的关系决定着这个阶层的社会意识，形塑了民营企业主阶层专有的特征：一是普遍关心自己在社会结构中的政治地位，关心自己的命运；二是普遍关心自己的合法权益，尤其是合法的私有财产的安全。因此，国家加强对私营经济活动的调控，常会遭到民营企业主的抵触。在意识形态和价值取向上，两者又存在着明显的差异。这就给民营经济的合法性带来了挑战。

与此同时，制度对民营经济和民营企业主经济地位、政治地位的规定与民营企业主在现实中的处境之间的落差，也造成了合法性困境。

（四）民营企业主社会责任的缺失导致其合法性下降

改革开放30多年来，民营经济取得长足发展，为国家作出贡献，为社会创造了极大的财富。与此同时，民营企业经营中出现的很多问题造成了民营经济的合法性危机。这些问题包括生产假冒伪劣产品、牟取暴利、偷税漏税、环境污染，行贿国家行政官员，大搞钱权交易，败坏社会风气，与黑势力勾结为非作歹等。近年来一些重大的社会事件暴露出一些民营企业没有承担起相应的社会责任，在劳工权益、环境保护、廉政经营等方面存在较大的欠缺。有的甚至无视《劳动法》，不依法与职工签订规范的劳动合同，恶意拖欠克扣工人工资，侵害职工的合法权益。

道格拉斯·诺斯认为，制度是规范人的行为的规则。在社会转型过程中，相关的法律、制度不健全，存在各种漏洞。在规制不健全的情况下，一些民营企业主往往会钻政策空子和法律漏洞以牟取财富，而不是从市场竞争、企业战略、企业经营上下功夫。

民营企业合法性获得的三种机制之一是强制性机制。包括向国家缴纳税收、办理员工的保险，民营企业必须遵守国家政府制定的法律、条令，不然就会受到处罚。违反这些规则和规定就会受到内外质疑，失去合法性而难以生存。

民营企业主作为公民，应当履行每个公民所应履行的社会责任，而其作为特殊的公民——富人，一举一动对社会的影响更大。但现实生活中，在诸如诚信、奉献等社会公德方面，民营企业主存在的问题也比较多。

除此之外，中国民营企业主阶层出现的时间较短，很多企业主还在围绕着发财致富转，没有主动承担社会责任的意识。长期游离于体制之外，使他们普遍缺乏归属感，责任感不强。加之民营企业主来源多样，他们的世界观、价值取向和文化素养参差不齐，其中一些人难免出现社会责任缺失的问题。这一切都导致民营经济和民营企业主的合法性危机。

四 基于合法性追求的民营企业主社会责任

中国的改革已经进行了 30 多年，经济体制和社会生活的许多方面都发生了巨大的变化，但国家仍然在很大程度上控制着一些重要的社会资源，存在着一个既不同于计划体制又不同于市场体制的资源配置系统，承担着现阶段的资源配置。改革开放以来，民营企业已经成长为推动国民经济发展的重要力量，尽管已经获得了较多的"自由流动资源"和"自由活动空间"，但由于法律和行政上的进入障碍、信贷和融资限制、法律保护制度不完善等诸多问题在一定程度上的存在，民营企业一直未能享受与国有企业的同等待遇，获取经济资源的途径仍部分地为政治所控制。由于转型经济中政府对私有产权的保护不足和执法的一定随意性，加上政府对稀缺资源的控制和在发展地方经济中的主导作用，从而造成民营企业外部经营环境的不确定性，与天生具有合法性的国有企业相比，民营企业获取合法性的动机更为强烈。

企业生存和发展的合法性问题的提出，实际上指出了制度因素对于企业活动的影响作用。这种制度性影响是任何组织生存和发展中所无法回避的。正由于民营经济和民营企业主在成长过程中受到种种制度、政策的规制，所以，这个群体比其他群体更注重制度的影响。作为一个社会细胞，在社会这个有机体的内部，需要关注其他部分（利益相关者）的需求并加以满足。民营企业在发展过程中，政策的扶持和自身的努力是成长的重要因素，而社会的认同也是决定一家企业生死的基本要素。

林毅夫认为：社会责任，其实不仅是一个富有文化理念的企业的道德理想，是企业成为社会良心维护者的自觉行动，而且也是企业获得社会承认的有效途径。① 民营企业和企业主需要不断争取合法性，履行社会责任就成为一个重要的路径。

合法性是一个内涵丰富的概念，始终服务于所阐述概念的语境。合法性是一个多维的概念，可以在多种场合使用。合法性的概念也被用来研究企业的经营合法性，它关注的是商业活动的适当性和伦理标准。合法性理论的核心是社会契约，它意味着一个企业的生存依赖于公司在"社会接受的限度和习俗之内"运作的程度。② 戴维斯（Davis）认为，通过社会契约社会委托给商业大量的社会资源以实现它的目标，商业被期望作为明智的托管人为社会管理这些资源。③ 这种契约既体现在明确表达的法律之中，也体现在隐含的习俗和惯例中。萨奇曼将合法性看作一种社会认知或假设，是在一个由规范、信仰及价值观组成的社会系统内，某一实体的行动被其他社会行动者认为是正确、适当以及希求的。因此，合法性是社会成员的一种价值判断与估计。这里包含了规范、信仰及价值观组成的社会系统构成了组织的制度环境。组织合法性就是组织得到其所在环境中的社会行动者的认可。从利益相关者理论出发，这里的制度环境指的是各类利益相关者。简单地说，所谓企业的合法性就是企业的行为要符合各利益相关者的期望，从而获得各利益相关者对企业的认可。

利益相关者的概念最早由美国学者伊戈尔·安索夫1965年在《公司战略》一书中提出，安索夫④认为，要制定出一个理想的企

---

① 民经周：《中国民营科技与经济》2008年第02/03期。
② Brown N, C. Deegan. 1998, "The Pubic Disclosure of Environmental Performance Information-A Dual Test of Media Agenda Setting Theory and Legitimacy Theory". Accounting and Business Research, 29 (1): 24 41.
③ Davis K, An Expanded View of the Social Responsibility of Business. T L. Beauchamy, N E Bowie, 1983, Ethical Theory and Business. 2nd edition Englewood Cliffs, N. L: Prentice Hall, 94-97.
④ 贾生华、陈宏辉：《利益相关者的界定方法述评》，《外国经济与管理》2002年第5期。

业目标，就必须综合平衡考虑企业的诸多利益相关者之间相互冲突的索取权，他们可能包括管理人员、工人、股东、供应商及分销商。1984年，诺贝尔经济学奖获得者、新古典主义经济学之父米尔顿·弗里曼①在《战略管理——利益相关者方式》一书中指出，利益相关者是指那些能够影响企业战略目标的实现，或者能够被企业实施战略目标的过程所影响的个人或团体。克莱森认为，那些对企业过去、现在或未来的活动享有或者主张所有权、权利或利益的自然人或社会团体属于利益相关者。一般地，这些利益相关者包括股东、管理人员、普通员工、顾客、供应商、销售商、银行、政府、社区、媒体、环保团体等。②

利益相关者的分类多种多样，弗里曼将企业利益相关者分为拥有所有权的利益相关者、对企业有经济依赖性的利益相关者和对企业有社会利益关系的利益相关者。弗雷德里克（Frederick）将利益相关者分为直接和间接利益相关者，前者是指与企业直接发生市场交易关系的利益相关者，包括股东、企业员工、债权人、供应商等；后者是与企业发生非市场关系的利益相关者，包括中央政府、地方政府、社会活动团体、媒体、一般公众等。③

利益相关者理论强调企业在追求盈利性目标的同时还应最大限度地增加对股东利益之外的其他社会利益者的考虑。明确企业的利益相关者是践行合法性理论的基础，只有明确企业的利益相关者，才能协调各个利益相关者之间的关系，做到统筹兼顾。因此，合法性不是企业自身所具有的属性，而是由利益相关者授予或者加于企

---

① R. E. Freeman, 1984, *Strategic Management: a Stakeholder approach.* Boston: Pitman Press.
② 冯巨章：《企业社会责任观的演进：合法性的视角》，《现代管理科学》2006年第8期。
③ 龙文凤、王克稳：《基于社会责任和合法性视角的民营企业文化建设》，《武汉商业服务学院学报》2011年第2期。

业的。① 合法性证明了一个企业在社会体系中的角色是正当的,有助于吸引资源和利益相关者的持续支持。②

企业的经营合法性问题是企业生存和发展中无法回避的问题。企业要生存和发展,仅凭效率和绩效是不够的,企业的经营目的和手段还必须与社会的期望、价值观相一致,在社会体系中的角色被认为是正当的,即得到社会的认可,也就具有了合法性。合法性对于企业来说是一种稀缺而又十分重要的资源,因为它能够使企业接近和动员支撑其成长所需的其他各种资源,如资金、技术、人力资源、市场等。③ 合法性来源于社会化的制度结构,是一种能够帮助组织获取发展所需稀缺资源的重要资源。企业要发展,就必须拥有足够数量的资源,要想拥有所需的资源,就必须具备足够的合法性,以吸引资源和利益相关者的持续支持。因此,对企业主来说,兼顾企业内外部利益相关者的需求,履行相关职责,以获取组织合法性是企业成长的关键。缺乏合法性,一个企业积累资源和实现目标的能力就会大大降低。

当前社会形势下,许多民营企业的生存出现问题,其中一个重要原因就是缺乏组织的合法性。改革开放以后,中国社会便开始面对社会制度的大规模转变以及由此所带来的冲突。传统规则不断瓦解,新的规则不断重构,制度合法性的结构也在发生着重大的转变。由此带来的变化,正如美国学者詹姆斯·马奇(James March)和约翰·奥尔森(John Olsen)所指出的:"我们在这个世界中所观察到的和发现的,与当代各种理论要求我们所研究的是不一致的"。组织和政治变迁的研究常常指出,他们的发现与理性—行动者模型或功能主义的解释存在着尖锐的对立。比如,一个组织聘请

---

① Perrow C. 1970, *Organizational Analysis: A Sociological View*. Belmont, CA: Wordsworth.
② Parsons T. 1960, *Structure and Process in Modern Societies*. Glencoe, IL: Free Press.
③ M. A. Zimmerman and G. J. Zeitz. 2002, "Beyond Survival: Achieving New Venture Growth by Building Legitimacy". *Academy of Management Review*, (27).

专家不是为了获得建议，而是为了标示其合法性。①

企业主的社会责任作为一种复杂的现象，它的担当不仅取决于企业和企业主自身所具备的经济基础，还取决于它所面对的社会化的制度结构。社会化的制度结构要求企业社会责任能够符合处于这个制度系统之内的各利益相关者的社会期望和认知，能够得到他们的认可和接受。可以认为，在复杂动态的制度环境中，民营企业主承担社会责任，不仅是为了满足利益相关者的需要，更重要的是为了获取资源、能力和竞争优势等经济资源和价值，也是为了获得社会认可和政治地位等合法性资源和价值。民营企业的发展依赖于适当的社会责任担当，从而有效地获取合法性与资源资本。

五 研究框架

西方学者在企业的经营合法性管理方面已经建立了比较完善的理论体系。但是中国的民营企业和企业主是如何通过企业的实践，尤其是社会责任的承担获得合法性的，相关的研究甚少。西方的理论是否能够解释中国民营企业的实践？这些问题的回答还需要进一步的研究。

本书将从新制度主义关于合法性和合法性机制的理论和利益相关者的理论入手，引申出一组分析民营企业主履行社会责任动因和行为的操作概念，结合在江苏某市进行的问卷抽样调查和深入访谈资料，分别从经济合法性、社会合法性、政治合法性的层面解释民营企业主何以能够在背离效率机制的情况下履行社会责任。

根据新制度主义的分析视角，民营企业主履行社会责任的动力是获取合法性，合法性意味着企业和企业主的行为要符合各利益相关者的期望，从而获得各利益相关者的认可。企业的利益相关者可分为内部和外部两个不同的部分，企业内部利益相关者和外部利益

---

① 〔美〕沃尔特·W. 鲍威尔、保罗·J. 迪马吉奥主编《组织分析的新制度主义》，上海人民出版社，2008，第3页。

相关者的期望和认可,即企业面临的内部与外部合法性要求,是企业和企业主履行社会责任的合法性驱动因素。

具体地,民营企业主承担社会责任的动机和行为在民营企业实践中是一个动态的发展过程,是一个受到各种因素驱动的过程。这些影响因素可以归结为企业内部、外部环境以及企业主个人因素三类。企业内部因素为与企业财务绩效紧密关联的社会绩效因素、与权利义务相关的契约因素、与价值观和伦理行为相关的伦理因素等,构成了内部利益相关者的合法性需求;外部因素表现为外部环境宏观因素,构成了外部利益相关者的合法性需求;此外,企业主的个人因素包括价值观和个性特征,也是企业主履行社会责任的重要动力。企业面对的内外部利益相关者的期望和认可与企业主的价值观和个性特征共同构成了民营企业主履行社会责任追求合法性的驱动机制。

民营企业主承担社会责任的行为受到包括内部利益相关者和外部利益相关者等合法性需求驱动力量的驱使,而偏离效率机制。民营企业主社会责任动机的演变过程既是基于企业主自身的自我意识的理性决策过程,也是对外部期望和压力作出响应的过程。因此,民营企业主承担社会责任的动机和行为,可以理解为是企业和企业主为了获得合法性而作出的一种理性选择。

民营企业主对社会责任的认知和实践是一个发展的过程,综合文献分析和实地研究,从获得合法性的角度出发,我们注意到民营企业主社会责任主要在三个层面展开:经济领域、社会领域和政治领域。伴随着企业发展的不同态势和企业主的境界,相应地分为三个不同的阶段。

第一阶段,企业主仅仅关注企业自身发展和股东及员工利益,关注由此产生的企业社会责任,意识到遵守国家法律和行业准则,满足股东、员工和客户的利益,是参与市场竞争的必要条件,将履行社会责任视为获得经营合法性的途径,以获得参与市场竞争的资源和机会,实现企业的利润最大化。这个阶段的企业主社会责任基本没有超出经营管理范围。受制于企业的规模和绩效，没有能力承担经营以外的社会责任，或者没有意识到面向社会履行责任的内在价值。这个阶段获得的合法性称之为经营合法性或经济合法性。

第二阶段，随着企业规模的扩大、企业主境界的提高以及企业社会责任活动对企业经营所产生的积极影响，企业主对于社会责任有了进一步的认识和实践。企业主开始考虑满足社区、公众这些利益相关者的期待和需求，调整企业与社会的发展关系，作为一个社会存在的组织，承担相应的职责要求，使得企业的绩效与社会的期待能够相互协调，企业的行为合乎社会规范，将企业的利益与社会利益结合起来，以提高企业的社会形象和竞争力，获得企业发展的社会资本。通过面向社会履行社会责任，使得企业的生存和发展得到社会的认可，获得社会给予的合法性。这个阶段获得的合法性称之为社会合法性。

第三阶段，民营企业主作为非公经济的利益代表，在经济实力扩大后需要并努力寻求保护其各项利益的政治后盾，进一步拓展企业的生存和发展空间，获得各利益相关者的认可。一方面，需要将企业价值定位与意识形态、国家推崇的价值（如社会主义核心价值观）尽量保持一致；将企业的发展目标与国家目标尤其是中心任务，如经济建设一致；使企业的行为符合政治体制和国家政策（如统一战线、维护稳定）的要求。另一方面，民营企业主通过正式和非正式的政治参与方式表达经济和政治方面的诉求，表达其阶层意识和合法权益，不断谋取更大的政策空间，影响政治系统的决策过程。与此同时，随着市场主体意识的增强，一部分民营企业主基于推动社会进步的理想和信念，积极寻求实现其政治愿望和利益要求的民主渠道及参与公众事务的方式。在民营企业主看来，上述作为也是他们在政治领域履行社会责任的具体表现，由此获得的合法性称之为政治合法性。

基于以上分析，我们构建了分析框架，如图 1-1 所示。其逻辑含义是：民营企业主所面临的内外部利益相关者的需求、企业主自身的价值观和个性特征驱使企业主为了获得生存和发展所需的各种资源对组织的合法性产生了需求，这些合法性资源主要来源于企业在经济、社会和政治领域的合法性，为了能够得到这些合法性资源，企业主将根据利益相关者的不同要求和自身的价值取向采取相应的获取方式，即在经济、社会和政治领域采取不同的社会责任担当。当企业和企业主在经济、社会和政治领域拥有了合法性资源，就能够有效地进行资源动员，实现企业长期稳定发展，最终推动社会进步。

合法性需求的驱动因素	合法性的构成	合法性资源的获取路径	获取合法性的目的
内部利益相关者的需求 外部利益相关者的需求 企业主价值观和个性特征	经济合法性 社会合法性 政治合法性	履行社会责任	保持企业长期稳定发展 推动社会进步

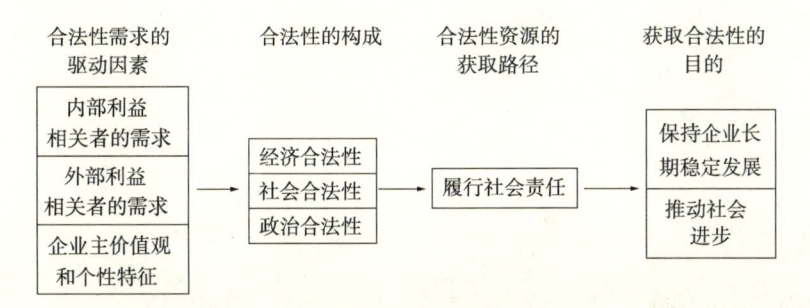

图 1-1　民营企业主履行社会责任追求合法性的分析框架

这一模型描述在合法性机制作用下民营企业主社会责任的发展过程。民营企业主通过在经济、社会和政治领域履行社会责任追求合法性。他们在具体履行社会责任追求合法性的过程中一般遵循着这样一种逻辑顺序：经济合法性→社会合法性→政治合法性。最终使得民营企业主社会责任成为实现企业长期稳定发展、推动社会进步的重要路径。

民营企业主履行社会责任追求的合法性包括经济合法性、社会合法性和政治合法性，三者是不可分割的。但必须指出的是，这只是一种逻辑顺序，在时间—空间上，并非每个民营企业主都会遵守这种顺序，在受到合法性机制的作用时依次走完全过程。实际上一个民营企业和企业主可能只在其中的一个领域获得了合法性，也可能在两个或三个领域获得了合法性。也就是说，一些企业和企业主只获得了有限的合法性，另一些企业和企业主则获得了比较充分的合法性。一些民营企业主专注于经济领域的合法性，另一些民营企业主追求社会领域的合法性，还有一些民营企业主同时也追求政治领域的合法性。

第二章
民营企业主履行社会责任追求经济合法性的驱动机制

　　从新制度主义的理论出发，企业的生存和成功有赖于其构成要素，而不是完全依赖于对有效的协作和生产活动的有效协调与控制。在制度环境中，企业的成功仅依赖于经营技术是不充分的，企业并不仅是因为产品的数量和质量而获得利润，是因为企业拥有正确的结构和行为。

　　在新制度主义看来，组织在某种程度上都是同时嵌植于关系与制度背景之中的，所以组织既关注协调与控制活动，也关注对自身的合法性说明。民营企业的经营活动同样也受到制度环境的影响，有着社会嵌入性。正如美国学者格拉诺维特所指出的，经济活动是嵌入在具体的社会关系之中的，只有在具体的社会关系中，我们才能理解具体的经济活动、它们的内容和形式。①

　　在一个高度完善和发达的制度环境中，企业与这些环境实现了同形，因此获得合法性和必要的资源，从而得以生存下来。这部分地取决于环境过程和一个组织的领导者影响这些过程的能力，部分

---

① 周雪光：《组织社会学十讲》，社会科学文献出版社，2003，第121页。

地取决于一个组织遵守环境制度并因此变得合法的能力。

民营企业无论规模大小，处于不同的成长阶段都会在不同程度上受到合法性问题的影响。以追求经济合法性为基本内容的企业主社会责任是企业市场经营中必不可少的。基于经营合法性而承担的社会责任，代表着企业和企业主的基本责任，是为实现经济职能的有效运行而产生的基本责任，包括为股东创造价值、关心员工的权益、对政府依法纳税、解决就业等。内外部利益相关者的合法性需求和企业主的价值观与个性特征，共同构成了民营企业主在经济领域追求经营合法性而承担社会责任的合法性驱动机制。

一　内部利益相关者的需求

内部利益相关者的合法性需求是构成民营企业和企业主追求经营合法性而承担社会责任的合法性驱动因素，一是与企业财务绩效紧密关联的社会绩效因素，包括企业生存、企业绩效、企业规模、产品的定位和创新等；二是与权利义务相关的契约因素，包括满足员工生存和发展需要，关心员工福利，稳定员工队伍，获得员工的支持，协调好内部员工的角色分工，打造合理的企业治理结构等。

（一）与企业财务绩效紧密关联的社会绩效因素

与企业财务绩效紧密关联的社会绩效因素包括企业生存、企业的绩效和规模、产品定位和技术创新等。

1. 企业生存

在实地研究中，论及社会责任，民营企业主们都首先强调要做好自己的本职工作，办好企业。企业主郑智的观点非常具有代表性：

> 我觉得一个企业家的社会责任首先应该是把自己的事情做好，把自己的企业做好。每个企业员工的后面就是一个家庭，他个人稳定了，他的家庭稳定了，他的孩子能够读书了、能够成长了，这是一部分的社会责任。所以，第一要把自己的企业

做好。为什么呢？我的企业 16 年了，当初创业的员工有的还跟着我。我对他们说：你们知道吗？我每次看到你们就觉得肩上的担子非常沉重，你们把一家子都托付给我了，几代都托付给我了。我觉得我在做的也是一份社会责任。我只要把我自己的企业做好了，实际上也是一点一点地在尽社会责任。

我经常说，男人应该怎么样？最好的男人是征服自然的科学家，还有一种是征服社会的，最差的才是去征服女人。我们就做一点实实在在的事情。作为一个企业家也好，作为一个社会人也好，做好自己的事情就是在尽一份社会责任。

企业的态势不同，一个企业在可以影响社会的情况下，应把握顺应社会的规律。

民营企业主常盛也表达了类似的观点：

企业的社会责任是首先把公司做好，这就是对社会的一个贡献。如果同时让公司的人员生活得好，这些人员的家庭生活得好，然后再为社会作出一些贡献。这是我的责任，这是我首先必须做到的。

被访的企业主们普遍认为只要在自己的岗位上尽心尽力，就是在尽社会责任。从事资本投资的民营企业主杨彩云认为：

存在的就是合理的。所以，从职业来讲，没有高低贵贱之分，只有你在自己的岗位上能不能把工作做好，有没有心甘情愿地去做。对我来讲，人活着，实现他自己的价值，就已足矣。目标可以定，标杆可以立，关键是你要奋力向前跑，你跑多远，只要尽力了即可。我的社会责任就是帮助更多的企业，帮助政府的基础建设。我曾经服务于一个城市的开发区，给他们融资几十亿元，解决了老百姓拆迁安置的问题，解决了地方财政的困难。那种成就感确实是打心眼儿里感到欣慰。当看到很多老百姓在财政局门口堵门的时候,财政局局长在里面抽烟,很郁闷。而当我们把这个喜讯带给他的时候,当老百姓流着眼泪表示感谢的时候,我觉得之前所吃的苦都不算什么了。

对我们来讲,既然愿意做,就不要计较自己的辛苦,应该以苦为乐。只有具备这种精神,才能战胜所有的困难。否则,人是最脆弱的,人是最容易被自己打倒的。在困难的情况下,如果没有一个强有力的精神支撑你,人是很容易被打倒的。我身边服务的企业家,如果有一个人带动一帮跟他志同道合的人一起创业,同时,又带动几百、几千个员工一起创业,这个人本身就具备了一定的社会责任。这是肯定的,毫无疑问的。只是每个人在自己的岗位上所表现的形式不一样而已。

2008年后的国际金融危机、国内经济结构调整、产业转型升级引发了一些中小企业的生存危机。企业主郑智谈到了他的一次遭遇,我们可以从中感悟他的责任心:

> 2007年,我刚开始转向美国市场的时候,第一张订单是通过一位浙江代理认识了美国五月服装公司的代理,对方给我们企业下了24个集装箱的订单,产品价值三千多万元。我们8个集装箱到美国后,才发现对方是个骗子,不付钱,货物到手已骗了国内很多企业。我找了美国的一些朋友,在美国注册了一家公司,收回货物,最终把8个集装箱的服装在纽约第七大道卖掉了。虽然我把货物要回来卖掉了,但损失了一千多万元,厂里还停工4个月。处理了这件事后,我从美国回来的第一件事是给员工加工资,其实,那时我已经倒挂了。但我要把这个企业保留下来。258个员工只是听说此事,我也没告诉他们究竟发生了什么。我在银行贷了两千多万元。几年前,我曾经拿到过一块地,如果把那块地卖掉,值差不多一个亿,我可

以活得很滋润。但是除了那些缝制工别的企业要以外,其他那些工人谁要?那些跟了我十几年的工人,他们住在厂里的宿舍里,都会失业。所以,当一个企业顺利的时候,企业主讲社会责任比较容易,但到了要破产的时候就比较难了。

这么大的事情下来,不欠职工的钱,就是我自己欠银行的钱。这个负担蛮重的。不过,没关系,只要我活着,因为我现在的固定资产不断地在增加。其实,我那时就可以把企业关掉,这些欠的债就都可以没有了。

当时,你说我非常明白地说自己是有一份社会责任心吗?不是,是出自一个人的善良之心,一个人不能只顾自己,是出于公德、出于对公众负责的心理。一个人在一定的程度上,他能承受得了的时候,他是有良心的。他承受不了的时候,他就没有良心了。如果在很多人都承受不了的时候,你还在坚持,就是履行社会责任。

就像我一样,何必把自己的别墅抵押给银行?何必承受这么多的负担?但我想的是这些跟你走了十多年的员工。在我的企业里有很多人用一个词来形容他们与我的关系:追随。我太舍不得他们了。也正是因为我对他们的爱,对在这个产业里面辛勤劳动的人的爱,我才能坚持。

中国民营企业主多为第一代企业主,虽然没有经历过金融危机,但是一直处于"艰难"的经营状态,因为民营企业都是从弱小的状态发展起来的。因此,这些企业对危机的反应比较迅速。

很多组织生活中存在的持续稳定性和重复性(即制度),不能简单地根据个人利益最大化的行动者概念来解释,而应根据另一种观点来解释。这种观点认为,组织生活中的实践做法之所以是持续性的,是因为它们具有被视为当然现象而得到认可和接受的特征,以及其在某种程度上在自我维持的结构中再生产其自身的特征。①一些民营企业主履行社会责任的实践亦是如此。因为要保留自己一手创办的企业,企业主郑智宁愿向银行借贷,也要发给员工工资。洛克认为,"上帝扎根在人类心中和镂刻在他的天性上的最根本和最强烈的要求,就是保存自己的要求,这就是每一个人具有支配万物以维持个人生存与供给个人使用的权利的基础。"②

按照制度理论,如果要想成功地存在下去的话,新的组织形式就必须尽快确立其合法性。迈耶和罗恩发现,在美国学校、医院和福利性组织等之所以表现出相当强的生存能力,完全因为它们与其制度环境是相适应和相配合的,并被吸收成为环境本身的一部分。同样,当组织背离仪式神话的要求时就会遭到失败。那些重要的结构采用了与环境不同的新形式的组织,即使会获得技术的绩效,也会因为丧失了合法性而付出相当沉重的代价。③

一般情况下,企业决策者总是追求决策结果利益的最大化。这种情形的企业决策是行动者在结果逻辑指导下所从事的一种利益"算计"。所谓结果逻辑,是指行动者特定的偏好是行为的动机,利益是行动的目标。④ 但在实地研究中,经常发现与这一逻辑不符的现象。诸如为什么办企业?为什么遇到困难还要坚持?实地研究中,企业主张恩全谈道:

> 我和太太已过了60岁,我们的年龄越来越大,身体、精力肯定走下坡,最终将老去,将消亡。而企业随着形势的发

---

① 〔美〕沃尔特·W. 鲍威尔、保罗·J. 迪马吉奥主编《组织分析的新制度主义》,上海人民出版社,2008,第11页。
② 〔英〕洛克:《政府论》(上篇),商务印书馆出版,1982,第76页。
③ 〔美〕沃尔特·W. 鲍威尔、保罗·J. 迪马吉奥主编《组织分析的新制度主义》,上海人民出版社,2008,第58页。
④ Kjell Goldmann, 2005, Appropriateness and Consequences: The Logic of Neo-Institutionalism, Governance, *An International Journal of Policy and Administration*, Vol. 18, No. 1, p. 44.

展、随着企业的发展、随着员工的需求,它会走上坡,销售额年年在增加,企业一步一个脚印地在发展。企业在上升,而主导这个企业的人在走下坡。这是个尖锐的矛盾,是个剪刀差。从 2006 年我们尝试引进职业经理人,我和我太太在公司占股份的 92% 以上,纯粹是私营企业。如果直系亲属中没有人接班,这个企业最后究竟怎么办?我越来越感到我们这个企业有它的个性,一般的企业都有自己的儿女、兄弟等接班,而我不是,几乎没有直系亲属接班。企业也不是小到随时可以歇业关门,它已经作为一个规模企业,几百个员工,一年向国家缴几百万的税收,全国有上千个经销商靠你的产品生存,不由得你不行使社会责任。

当企业的性质发生变化时,民营企业主的社会责任感和心态也会随之发生变化,这一现象值得深思。访谈中,企业主常盛告知一家大型国企有意向收购他的企业,于是便产生了下面的问题:

> 如果我现在是国企总经理,心态肯定有变化。作为民营企业,我现在的做法是很多事情自己能做就做,能省则省。但要是被国企收购了,就不会这么想。现在这个公司是股份公司,我所有的分成都不拿,我所有的吃喝都不报,如果国企收购了我的企业,我还会这么做吗?肯定不会这么做。思想意识就会发生变化。所有人都这样,从一把手到下面的办事人员。
>
> 民营经济不断壮大,这么发展下去,我认为社会逐渐走向像美国、欧洲一样。企业私有化,我认为这不是什么坏事,企业私有化,能够把企业搞好,使它的创新能力发挥得更好,这对社会也是尽一种责任。但是国家必须把握的东西它把握在自己手里面。我认为这对国家有有利的一面。投入同样的资本,国有企业创新能力肯定赶不上民营企业,它的发展潜力肯定赶不上民营企业。国有企业的机制没有民营企业灵活,它的心

态、责任心没有那么强烈。而且，国有企业的领导是任命的，是人际关系，尤其是与领导的关系，也许一个人从没有搞过企业经营，但也去坐那个位置。

一些实力很强的国有企业为什么效率不及装备落后的民营中小企业？从民营企业主可能的身份变化所带来的社会责任感的失落，我们或许可以从中找到答案。

2. 企业的绩效和规模

整合了制度化神话的组织会更具合法性，更可能取得成功，并更有可能生存下来。那些结构要素没有被环境制度化的组织更有可能失败，因为没有获得环境赋予合法性权威的复杂组织，必须通过绩效和效率来证明自己的正当性。①

企业经营内在风险和不确定性构成了企业主能够获取超额回报的基础，但也同时增加了企业利益相关者对企业活动合法性认可的难度。而在企业发展的过程中，企业主在追求绩效的同时，不得不考虑制度和合法性的约束。因此，企业绩效高的企业相应地就会更多地履行社会责任，以提高合法性。一般企业绩效与企业和企业主的社会责任存在显著的关系，绩效较高的企业一般表现出较高的社会责任，因为经营绩效的提升使得企业和企业主有能力和资源担当更多的社会责任。当然，我们也看到有的企业绩效较高，在社会责任上却较少担当。

在访谈中，企业主钱顺和告诉笔者：

> 我相信责任是溢出的部分，是溢出的，不是我天生就有责任。现在大家所谈的责任，是首先把企业自身做好。我母亲讲，当你有一瓶水，你先自己喝一口；当你有两瓶水，可以分

---

① 〔美〕沃尔特·W. 鲍威尔、保罗·J. 迪马吉奥主编《组织分析的新制度主义》，上海人民出版社，2008，第66页。

一瓶给别人；当你有更多的水的时候，你分出 1/3 给大家喝。这样的分水，是把员工的福利进一步提高，然后再多做一些善事。这一切凭兴趣做，不要勉强，勉强就不好了，不能为了大谈迎合某些社会责任而忘了自己主要的责任。

企业主的社会责任，只能通过企业的稳健经营，通过公司良好的财务状况来实现，任何忽略公司利润的所谓企业主责任，都是失职，都是错位，都得不到企业内外部环境的认可。

社会责任水平与企业规模也显著相关，随着企业规模的扩大，企业更容易被公众及社会各界所关注，为了获得良好的声望与降低政治成本，它们会主动承担起社会责任的职责。规模越大，企业的社会责任发展水平越高。《2011年企业社会责任报告蓝皮书》披露，企业规模过千亿元人民币的企业社会责任发展水平领先。其中，营业收入超过一万亿元的三家企业社会责任发展水平领先，营业收入在一千亿元到一万亿元之间的企业处于追赶阶段；营业收入在五百亿元到一千亿元的企业多属起步阶段。

实地研究中，笔者发现随着企业规模的扩大和民营企业主的成长，民营企业主的社会责任呈阶段性的发展过程。访谈中笔者与企业主何京有这样一段对话：

笔者：你是否有一种感觉，做企业的背后不但是个人的问题，实际也是一个国家、社会的担当在里面？

何：肯定有。

笔者：是一种自觉的意识？是自己以前就有？还是企业做到现在才有？

何：以前肯定不会有这种想法，随着不断的成长，企业到了一定阶段，企业主的思想境界与想法是不一样的。以前没饭吃的时候，只要把肚子吃饱就行，他考虑不到企业或国家的层面，随着企业规模的扩大，企业不断地向前迈进，他考虑的问题就不一样了。

美国学者朱克尔（Zucker）认为企业对制度环境的适应提升了制度环境对企业的正面评价，促进了资源的流动，从而增加了企业生存的机会，但同时会降低企业的效率。[1] 万通董事长冯仑认为："中国民营企业要突破增长极限，必须要坚守自己的贞操，不争论，不讨论，不要想太舒服，可以适当降低增长速度和效率。"[2] 重要的是，我们必须解释合法性对收益——产出的影响，而不能只看到成本方面。

事实上，效率并不一定与合法性相排斥，其关系主要取决于环境特点。美国学者约瑟夫·格拉斯契维茨认为，商业组织会受到短期利益的驱动；但是如果它们考虑适当的和系列的动机，它们就会采取服务于集体利益而不是个人利益的策略。因此，我们的关注点是：在组织场域中，程序或规则系统主要不是由外部权威建立的，也主要不是从更大的文化中引入的，而是由场域参与者和行动者系统地建立或创造的，并导致行动者追求集体的目标。[3]

访谈中，企业主常盛谈了他的看法：

> 国有垄断企业会因为部门利益之争，让一个项目瘫痪6年，民营企业不可能，它要产生效益。国有企业利用国家资源，享受的是某些私人利益群体，它能搞得好吗？它不是把企业当作一辈子的事去干的，心态不同，他干一届，干几年就走了，他考虑什么？他会考虑企业100年以后是什么样？他不会

---

[1] Zucker L. G, 1987, "Institutional Theories of Organization", *Annual Review Sociology* (13): 64-443.
[2] 《保育钧论黄光裕案：原罪不属于民企而属于公权力》，《民营经济内参》2010年5月7日。
[3] 〔美〕沃尔特·W. 鲍威尔、保罗·J. 迪马吉奥主编《组织分析的新制度主义》，上海人民出版社，2008，第315页。

的，与民营企业不一样。我们不说 100 年，至少要看到我 60 岁时企业什么样，往哪个方向发展。我必须要做下去。我们做企业的时候，肯定不是考虑短期的利益，肯定会考虑长期的发展。

国有企业与民营企业重要的区别在于，国有企业可以不创造财富也能享受，民营企业要获得一个地位就要创造财富；国有企业出问题，没有人真正承担，民营企业出了问题要自己承担后果。所以，国有企业最大的问题是不承担损失的责任，而民营企业有了损失必须自己担当。

3. 产品定位和技术创新

产品的定位反映了企业生产的价值取向，一个企业可以通过为当地带来新产品和新技术等好处而获得合法性。实地研究中，企业主何京介绍了自己对产品选择的想法：

> 从开始做企业，我给自己的定位是做对社会有益的事，不做对社会有害的事。比如，做电池可能更赚钱，利润更高，但会影响环境，就不做。我的定位是不做有害环境的产品。很简单，如果我花两千万元投产电池，两年就收回来了，没有风险，也没有任何技术障碍。我追求的价值是，我希望我能为社会作出贡献。今后，人家谈起我个人时，（认为）这个人是为社会作出贡献的人，而不是给社会带来很多危害的人，不是个土包子，光为了挣钱而挣钱的人。当然，作为商人，肯定考虑挣钱，但我挣钱，要有我该挣的钱，不该我挣的钱不去挣它。挣钱是商人的目的。
>
> 做企业是为了挣钱、为了利润，要不然企业生存不下去，后面所有东西都实现不了。我做企业是为了挣钱，不是完全为了社会，没有那么高的境界。但对社会有危害的钱、不该我挣的钱，我肯定不会去挣。挣的钱有一部分肯定是回馈社会的。

在进行产品定位时，不少企业主更多考虑的是社会责任，访谈中，企业主喻文介绍说：

> 我做的土特产，生意不是太好，但它是地方文化对外宣传的一个窗口，我们要做好。我对员工说，你们不是营业员，而是城市的一个形象，是城市的一个代表。每天接触的是全世界的人，最多的时候，一天接待30个旅游团。跟你说实话，我们这个土特产卖场是市政府与旅游局规定不对本地市民，专门接待旅游团队。因为本地旅游业还不是那么好，虽然门市这一块亏本，但我们还得做下去，我们用另一块去补它，为了培育这个市场，为了地方文化的对外拓展。旅游局局长告诉我本地有好多人开过，半年就撑不下去，关门了。我们开了一年了，因为我们有出口贸易这一块。另外，我们在着手开发带有地方文化色彩的产品。做到现在，有时真的不仅仅是做企业赚钱，是做一种责任。我有责任把本地的土特产做下去，有责任发展地方文化。本地的旅游不是太好，产品不是太好，缺少对外的产品，怎样把具有地方特色的产品作出来。本地没有一个产品在全国叫得响，我就挖掘这一块。我有时自己花钱去调研，把产品作出来以后，能得到政府的支持就可以了。作为本地人，要保护挖掘当地的文化，把它发扬光大。老祖宗留下这么多好东西，现在能拿出去的很少。

在新产品和新技术发展的过程中，一些企业尽管拥有创新性较强的产品或服务，尽管在技术上拥有明显优势，却往往由于某些非技术性的因素而得不到消费者和市场的认可。访谈中，企业主方永健介绍了他的企业新产品在开发和投放市场过程中的一波三折：

> 产品越便宜、越简单、越普通、越实惠，与老百姓越接近，就越会产生好的效果。我们的产品开发了五年。这两年才

有这个想法。搞这个产品，不断地研发，一开始觉得这个产品功能很好，是不是有市场，实际上，你的想法与市场是两码事。我们一开始的想法是产品智能化一点，科技含量高一点，但是它自然就成本高了，价位高了，而且智能化在使用上给老百姓带来困难，所以，产品好但卖不出去。搞技术的人的思维与市场常常是两种思路。比如，照相机有高端的，那是专业人士用的，99%的相机是傻瓜机，肯定是傻瓜机销得好，它适合普通老百姓消费。

这是我去年（2011年）下半年理解出来的。于是，我对产品进行了革新，革新后确实发生天翻地覆的变化，现在开发产品的思路就是这样：首先，是老百姓用，用起来很方便、很简单，减少一些环节，减少它的故障率；其次，价格要降，越低越好。这两点不能突破，产品就叫好不叫卖。我们以前的产品，老百姓都想要，但不想掏钱。一是价位高，二是使用起来不方便，专业性太强。所以，一部分人用了说好。大部分人觉得好，但不买。这个问题一直解决不了。其实，越简单的东西越难开发，产品越复杂还较好开发，产品从复杂到简单是个困难的过程。

企业对产品的设计和定位主要是为了获取最大利润，但企业在谋取自身利益的同时，也会主动和自觉地为客户服务，希望客户获益，达到双赢。而得到客户的认可，可以提高产品的合法性。

在新技术和新产品开发的过程中，消费者因为缺乏相关的信息和知识，缺乏对新技术和新产品的理解，从而造成了企业创新活动认知合法性的缺失。[①] 认知合法性的缺失不利于新产品的推广，限制了消费者群体的增加，使企业无法实现销售增长，进而影响到企

---

① Aldrich H. E, C. M. Fiol, 1994, "Fools Rush in? The Institutional Context of Industry Creation". *Academy of Management Review*, 19 (4): 545-670.

业的生存和成长。开发新产品往往需要付出更多的努力去培植潜在的消费者。为了提高新产品的合法性，需要整合相关的资源，诸如取得决策部门的支持、协调与政府部门的关系、通过行业协会疏通、参与集体行动等。

访谈中得知，方永健和他的企业近年来做了大量工作，包括与政府决策部门保持密切联系、聘请政府官员做企业顾问、与有关单位联谊、参与社区文明创建活动，等等，不断提高其产品的被认可度。当然，更重要的是，正如方永健自己所总结的：

> 产品要与市场结合，与外面的环境结合。产品的创新方向不能错。以前与高校合作，他们始终追求功能的完善，导致成本不断增加。越完美，成本越高。后来，我们改变思路，发现产品越简单，性能越稳定。成本下降了2/3，现在老百姓用买普通插座的钱就可以买我的节能产品。
>
> 产品最终要适合大部分人的心理价格。我们的产品，一百元左右的东西，只能做销量。我现在把产品嫁接到工业上，用于电机保护。工厂一年节电可达10%~30%，最高达40%。节能是国家倡导的、社会需要的，传统的产品（例如数控机床）与节能挂钩，附加值增加了，竞争力增强了。我们的产品适合90%以上的机械行业。
>
> 发改委一位领导的话提醒了我，他说，我们国家最重要的是电机用电没办法控制，投资太大，如果哪个能把这个做出来，那么这是一个历史性的贡献。我们公司有这个技术，但没有用在大功率机器上，以前一直用于缝纫机上。我花了一个月的时间把产品拿出来了，很简单，把参数放大就行了。以前也想到过，但没有重点去做，他的话提醒了我。社会上有很多同类产品，但性能不稳定、不成熟，我们的产品已经做了五六年了。

企业的技术创新、产品升级必须把握市场的需求，让顾客充分了解新产品为他们带来的价值，使他们认识到产品创新是合理并被他们所期待的，这样才有利于消费者接受新产品。企业通过开发更契合消费者需求的新产品，为消费者创造更多的价值，通过比竞争对手更快地把握市场商机，将新产品投放市场，获得开发市场先机，实现企业发展。但是，新产品合法性的意义在于消费者是否认同新产品的信誉，是否购买企业所提供的产品与服务。新产品的市场合法性有助于实现交易，获得消费者认同，实现企业的经济效益。而市场合法性的获取离不开企业为实现与消费者的有效沟通所付出的努力。只有消费者认同，企业的新产品价值才能得以实现，新产品合法性的最终体现是消费者能否与企业达成交易。

对一个成熟企业而言，其合法性是依据其市场份额、商业信誉和品牌价值的长期积累，因此，市场相关利益者和社会大众对其企业战略实施的接受程度较高。尽管如此，对于成熟企业来说，也需要将更多的精力和资源投入到现有合法性的维持或提升上。访谈中，企业主赵晨光谈了他的看法：

> 海尔集团老总张瑞敏说了两句话，对我触动很大。他说，我们平时都讲失败是成功之母，有时候成功是失败之母。有的企业发展了，有时候得意忘形，认为自己成功了，不去创新了，用过去的老经验、老办法，适应不了现在的形势。所以，张瑞敏说没有成功的企业，只有时代的企业。要不断地跟上时代。我非常赞同张瑞敏讲的，没有成功的企业，只有时代的企业。只有跟着时代的步伐，把社会责任跟创新发展更好地结合，企业才能上升。

访谈中，企业主高平表达了类似的观点：

> 任何成功都没有标准，我们这样的企业最大的问题还是进

一步研究怎么才能发展得更快，所以不可能有止境。我们企业家要攀登一座山峰的话，我认为永远没有山顶。世界五百强企业都没有到顶，因为它们没有顶。不可能停下来，永远没有企业发展的山顶。对我们来说，也同样，也需要不断地发展，压力很大。比如，公司团队，现在是六个缸的发动机，由于市场需要变成八个缸，而由于磨合问题八个缸还不如六个缸有效。从外部来看，尽管我们发展的空间很大，还需要研究一些策略和战略才能更加优化地发展。除非离开这个企业，一个企业家停不下来。说一个企业成功，只能说在某个阶段解决了某些问题。

美国著名管理学家彼德·德鲁克认为，市场经济是一种开拓进取型的经济，因而创新是一种最宝贵的企业家精神。很多人都称赞乔布斯是一位高"魂商"的企业领袖人物，正如《魂商》一书中所言："魂商能够让他更具有创新思维和创造能力，并超越所有的条文框架去玩一种'无限'游戏，体验到人生的爱与从容，获得灵魂上的达境，从而不断提高人生效率，获得成功。"其实，乔布斯"魂商"的形成和提升主要是源于其参禅悟道的修行。他表示："我所看重的不是产品的市场，制造出世界上最好的个人计算机才是我毕生的追求。人生很短，能够做的事情也有限，因此将每一个产品做到精彩绝伦才是最重要的。"这种无与伦比的苹果文化软实力，正是构成苹果产品核心竞争力的关键所在。[①] 比较而言，中国的民营企业主，在短缺经济时代获得了原始积累，如今需要核心竞争力，参与市场竞争，提高合法性。

对一些不知名的小企业或新创企业而言，所面对的外部环境并没有天然的认可和支持，尤其是对新创企业而言，天然存在市场新

---

① 王保蕾：《乔布斯传》（*Steve Jobs*），电子工业出版社，2011，第138页。

进入缺陷,也没有现成的商业模式和规律可循,为获取市场竞争优势的创业导向战略的实施更易于导致企业的合法性危机。社会心理学的研究证实,在高度不确定性和模糊性的情境下,人的决策更加依赖于对过去信息的掌握和经验的判断,按照已有的惯性行事,这种认知倾向也导致了新企业合法性的劣势。因此,它们要想获得合法性必须主动打造为后来者所接受和遵守的合法性机制,建立一种全新的商业模式。在这种商业模式中,企业的成长速度和市场覆盖面,而不是利润率成为投资者衡量公司价值的主要标准。

(二) 与权利义务相关的契约因素

这里主要指满足员工的权益需要,包括解决员工的生存问题;关心员工福利;满足员工发展的需要;与员工共享价值观,以获得员工的支持;协调好内部员工的角色分工;打造合理的企业治理结构等。

经营活动的成功必须获取企业内部的支持,但经营活动可能与企业内部原有的人员组合、组织结构和核心价值观发生冲突。于是,满足企业内部员工的需要、平衡员工之间的关系、协调与管理层的核心价值观和目标,这些就成了企业主获取合法性的驱动因素和来源。

1. 满足员工生存需要,关心员工福利

在访谈中,企业主杨彩云认为:

> 企业能够经营好,能够生存下去,并且有盈利,不仅给国家增加税收,更能让员工过上好日子。这本身就是一种责任。因为,你肩负的不是一个人吃好、喝好、睡好,而是公司的所有员工,当所有员工的生计成为企业老板重托的时候,就是社会责任。

访谈中,企业主孙东海介绍道:

我们一直想把企业做强，我们企业准备上市。现在有很多上市公司有虚假的东西，我们一定按照上市的要求做，不搞虚假的东西。上市以后，要有更强的责任，要为所有股民负责。这个企业不是我的，是整个股民的。每天为股民分得钱，你才真是一个伟大的人物。股民分了钱，你心里就像工人领了工资一样。我对中层管理人员讲，要始终将工人的工资收入放在首位，工人拿到钱，证明你是一个好领导，证明你把他管理教育好了。工资一降，就象征企业在衰退。我们一直想把这个企业做大做强，为国家多做一点贡献。

办企业追求的是什么？来自农村的企业主施海涛谈及自己的追求时说：

我做生意赚钱，第一是为了让我的孩子受到好的教育；第二是为了员工的利益，让那些从公司开张就跟着我干的员工日子越过越好；第三是为了社会。

访谈中，企业主赵晨光谈了他的想法：

你说企业谁是打工的，真正的高级打工者是董事长，是总经理，那是最辛苦的。你说你到我这儿上班，你是打工者吗？真正的打工者是老板。企业搞好了，大家才有饭吃。

伴随着第一代企业主的原始资本积累的初步完成，人们对企业的使命与价值观问题的思考才刚刚开始。办企业究竟是为了什么？还有哪些精神因素能够长远地支撑企业不断做大、做强？在实地研究中，企业主张恩全谈了自己的想法。

一个企业老板，当他成为一个企业家的时候，他为什么要办企业，我感觉到，他个人的能力或者是天资、资源，可能比其他人高一点、多一点，也就是在这个社会上，你养活自己、养活你的家庭绰绰有余，这个时候，作为一个企业家，办一个企业，有几十个人、几百个人、几千个人、几万个人，就是把你多余的能量释放出来，解决其他人的问题。我现在越来越强调，我们公司还在健康地发展，尽管不是做得非常强、非常大，为什么还办这个厂？就是为厂里的员工谋取福利，为大家谋取一个饭碗，它不是为了解决个人的问题，而是解决公司员工的问题，因为他们有个希望，只要在公司一天，他就是公司的员工，他们的很多问题都希望公司来帮他们解决。当然，员工的层次也不一样，有的就是打工、养家糊口，有的也是想借打工来实现自己的理想和抱负。有的人可能做不了创业者、做不了老板，但他可能是优秀的管理人员、优秀的技术人员，他不具备创业的思维和才能，但他能在一个相对能干的老板的领导之下，发挥他的价值，他需要一个平台，那你就为他提供平台。企业家为什么要办厂，就是为跟着他干的一批人谋求福利，谋求他们想要得到的东西。

实地研究中，某民办医院院长孙尚友谈道：

医院有将近400人，我觉得最大的责任是首先把职工带好，把队伍带好，让他们有个好的工作环境，这很重要。倘若没有这个，大家恐怕都谈不上什么责任。倘若我们空泛地谈责任，给你20个工人，你能不能发他们工资，给他们福利，你能不能养活他们。我一直强调，倘若你没有把员工的利益照顾好，你就谈不上履行了责任。倘若企业连职工的福利都没照顾好，你就是失职。我们职工的社会保险都在缴，工资逐步在涨，这很重要。

员工的权益需要是一个组织的合法的结构要素，必须得到满足。忽视环境中合法的结构要素的组织，以及独创一套结构要素的组织，不能就其活动向人们提供可接受的合法性解释，这类组织更有可能被指责为疏忽的、非理性的或者是多余的；这样的指责，无论是来自组织内部参与者、外部支持者还是政府，都可能使这类组织付出实在的代价。

2. 满足员工求发展的需要，稳定员工队伍

当今社会，民营企业的员工构成和需求有了很大变化，"80后""90后"新生代产业工人已成为制造业中的主导力量，与"60后""70后"工人相比，新生代对精神方面的追求日益明显，他们正从单纯谋生转向追求幸福感与归属感，从忍耐坚持转向追求平等，其精神支柱也从承担家庭责任转向实现自我价值。这一转变让民营企业主感到很大的压力，也对其管理方式提出了挑战。实地研究中，一位从事服装外贸生产的企业主董思源告诉笔者，尽管发生金融危机，但他的企业生产依然红火，来自国外的订单应接不暇。但在这繁荣的生产形势背后潜藏着巨大的危机，用这位企业主的话讲，"20天之内，我的企业说倒就倒"。究其原因，是因为用工问题。"现在的员工都是'80后''90后'，不愿意吃苦，叫他加班不愿意，给钱也不干，再逼他，就走人。"其实，这里还有一个重要原因，就是雇员对企业的不认可。所以，企业必须要同时为股东和雇员的利益着想，让员工对企业有一种归属感，形成凝聚力，这样才能使企业得以发展。同样从事外贸加工的企业主陈维儒分析道：

> 这几年提社会责任，这是一个企业家必须考虑、必须面对的问题。其中也有两种情况，一是很多的企业是朴素地、自然地去做；二是一些企业为了留住员工，为了员工有凝聚力、向心力，为了最终把企业办好，做了大量的工作，我们企业也不例外。

企业主善待员工还在于，人才对于企业竞争力的重要性。人才的管理也给企业主带来很大的压力，企业主不得不采取各种办法迎合人才的实际需求。实地研究中，企业主林斌提到：

> 像我们这种高科技企业，必须要有一流的人才，否则就做不出一流的产品，就没有竞争力。但一流的人才想法也多。所以，我现在拼命去读书，不谈驾驭，为的是更好地相处，感到压力很大。人才层次高了，企业风险就大了，研发投入也很大，竞争激烈。

企业主李荣德同样也遇到类似的苦恼：

> 企业要不断发展才能留住人才，如果企业不发展，身边的人马上就跑了。因为他没事干，不是光拿钱的问题，他还得干事。什么人会跑，是干得好的人。每个企业中挑大梁的就那么几个人，20%的人做80%的事。不要看这个企业多大，干事的就那么几个人。就那几个人抓住了，整个企业就不用担心了。这部分人是需要做事业的，所以企业就要不断地发展，不断地壮大。

企业主们遇到的挑战和烦恼正如黄怒波所说，我们每天要面对理论解决实践的问题，就是怎么让员工跟着企业一块发展、创造，推动社会的进步，这是企业老板最大的问题。[①] 谈到自己企业员工的发展，企业主田思源介绍道：

> 我们的业务员从进企业到出去，就像变了个人。开始，他

[①] 黄怒波：《人力资源是企业核心竞争力》，《民营经济内参》2012年2月17日。

觉得就是来赚钱的，一年工资、待遇要达到 10 万元、20 万元。但是，第一年这样，第二年、第三年就改变了。像我们许多业务员就不把这放在第一了，第一就是怎样作出业绩来，然后再来拿回报。我做得越多，回报越高，而不是向你要这个钱，这是两种观念。

这种变化也是企业倡导的。当然，赚钱是最终的动力，如果一个刚来（公司）的人对钱都不感兴趣，那他做什么事都无所谓。每月拿一千元和两千元感觉是一样的，那他就做不好事情。这是原始动力，但原始动力是表面的，不可能持续很久，因为有的人到了一定程度，比如，一年赚 10 万元就满足了，积极性就不高了，动力不能持久。能持久的是什么呢？就是让他觉得，他的参与把企业与产品消费者联系的纽带的核心的东西慢慢地挖出来，他达到一定层次后，慢慢追求的就不一样了，层次不一样了，他觉得我每天在做一些好事。让他觉得，我卖一个产品是在做一件好事，就像行善一样。

员工的需求在不断增长，给员工发展创造空间，满足他们的要求，才能获得合法性，企业才能有较大的发展。在此情形下，企业主们也采取了种种应对措施。访谈中，企业主李荣德的做法是不断扩大企业规模，"因为企业员工的工资要不断增长，每个人的工作位置要不断增长，这就要求企业的规模不断扩张。"

企业主林斌从事的是高科技电子行业，他的做法是加大科技投入。

像我们电子技术行业，有个规律，一个人工作三年，他为企业作出贡献，他自己学到了东西，很多人不愿再待下去了，虽然你一切都做得很好，他希望能跳到一个更高层次的公司去，才能学到更多的东西。三四年下来，他觉得在你的企业已经学不到东西了，他想跳。所以，我们必须不断创新，搞研发，给技术人才提供更大的空间。

企业主方永健则考虑的是如何在企业发展的同时，提升员工素质。

> 说到社会责任，我觉得不要喊空口号，首先对自己的员工要有交代。从人才培养的角度，把所有的员工培养成合格的人，这是一个漫长的过程，不是简单的事。其次，所有的员工在你的企业，以前没有住房，现在有住房，没车子的有车子了，他的目标一个个实现，提供充分的条件让他们发展自己，这就是社会责任。一个人收入安稳了，小家庭安稳了，几个家庭安稳了，所以说社会责任不是做多大的事情，让本公司的员工收入越高，层次越高，产生的作用是长远的，包括对后代的影响。责任不在大小，实实在在地体现在平时的细节中。进入我们公司，让员工产生了一些改变，改变子女的出路，改变家庭，改变社会。这就是社会责任，不一定非要赞助多少钱，那是为了做宣传，不一定起到好的作用，救的是急，救的不是人，给人30万元开刀，救了一条命，不一定救得了这个人。所以，社会责任不分大小。

访谈中，企业主彭庆均介绍了自己的做法：

> 我们改变以往侧重技能的培训，而侧重素质的培训，因为技能学起来很快。我们年终发了几本书，国学方面的，小孩子念的，比如《弟子规》，让职工回去教育孩子，教育孩子的过程就是教育他自己。因为职工很难教育，你跟他讲大道理，职工层次低一点，追求的是利益第一；其次，职工素质低，管理上不能太严，因为招工困难。实际上，严了更难管。越严，越跟你抵触。难管的有两部分人，一种是刚毕业的小年轻，第二

是老职工，一些四五十岁的老职工，他也做事情，说多了就暗地里抵抗，这些老职工也是好不容易培养出来的。所以，我们现在教育职工，制度要改变，制度奖惩的同时也要从心理上感化他，用这些东西慢慢诱导、引导他，让他觉得想做坏事，但又不好意思。管理光有制度不行，现在求职的地方多了，必须要有人性化管理。有时候，对员工一两句话，体现对他的尊重，有的员工说："我不要这一千块钱，你只要给我说两句好话就行了。"当然，各个人的管理方法不一样。

企业主俞祥华经营饭店 20 年，在用人方面有独到之处。按照有关规定，饭店纳税达到一定数额时，可享受一个农转非户口指标，利用这一政策，饭店陆续解决了一批员工的户口问题。现在，挂靠在他自家户口簿上的员工达 8 个。谈到这些情况，俞祥华很自豪："一般饭店经常遇到的厨师跳槽问题，在我这儿根本不存在。与其他酒店用工相比，尽管工资不高，但他们赶都赶不走。"

经济学家张维迎曾经说过，市场本身是一种力量，个人幸福首先要让别人幸福。你是企业，你要给客户创造价值；老板要让员工幸福。员工是自由人，只有他觉得在你这里干得好，才会留下来。[①]

3. 打造企业文化，与员工共享价值观

一个成功的企业少不了一个成功的领袖，也少不了一种优秀的企业文化，而企业文化不同于企业利益，它并非来自广大群众的创造——乔布斯对苹果文化的成功实践便充分证明了该命题的正确性与可行性。乔布斯是美国苹果公司的缔造者，而且他在缔造苹果企业的同时，也将自己的灵魂一同注入了苹果的机体之中。因此，在许多人眼里，苹果是一个有灵魂的企业，而乔布斯就是苹果企业的

---

① 张维迎：《对市场要有真正理解和信心》，《民营经济内参》2010 年 9 月 17 日。

精神领袖。①

希望集团的刘永好提出了像军队、像家庭、像学校这样的企业理念。所谓像军队，这个企业一定要有执行力；像家庭，我们要关爱我们的员工，让他们感觉到回家的温暖；要像学校一样培养我们的员工，继续学习，不断进步，使得企业管理有用武之才。② 这可以理解为希望集团能够不断发展壮大的原因之一。

访谈中，企业主吉祥华分析了中国中小企业失败的原因，认为与企业文化有很大的关系。

> 企业家实际就是某个企业的灵魂。为什么中国有很多企业一个老总倒下去，整个企业就垮了。除非你发展到最后制度化、规模化了，中小企业几乎都是这样。因为企业是跟人的，每个企业都有企业文化，除非你能把企业文化根深蒂固地根植在每个人的心里，哪怕他将来走了，新的人来，也能把这种文化继承下去。

谈到自己成功的做法时，企业主杨彩云介绍说：

> 在企业文化的元素里，再加入一种爱，也是我的实际经历。也因为用爱心对他们，拯救了一个企业家，企业家拯救了他身边所有的人，也拯救了企业。我永远愿意做仆人，做企业家的仆人。

企业内部的合法性追求，也包括企业主要是企业主的价值观是否被员工认可和支持，某种程度上决定着企业的成败。访谈中，企

---

① 王保蘅：《乔布斯传》，电子工业出版社，2011，第137页。
② 刘永好：《新希望：10年领导力培训造就企业30年不倒》，《民营经济内参》，2012年1月6日。

业主李荣德谈道:

> 我们好多时候深感身边没人才,你跑得很快,但后面的人都跟丢了。自己的观念、理念,你要带着团队跟你一起跑的时候,没有办法,你得坐下来,慢慢疏通,引导大家。我上周带着我的高层团队 13 人去上海学习,学营销。我们在汇聚(培训公司)投了 600 万元。我亲自坐在那儿,陪大家一起听。倒不是说自己不懂,而是要按照人家讲的模式回来以后疏导他们,因为我自己对他们讲的时候,非常吃力,非常累,而且他们的抗拒心理比较重。

星巴克公司的董事长、创始人霍华德·舒尔茨认为,今天,你创建一个公司,你肩负的责任,就是要让你接触的每一个人都能建立信任感,要负有道德感地做事。如果你不能超越客户的期望,就无法打造一个好的公司。但是,为了要达到甚至超越他们的期望,你必须首先超越员工的期望——无论是多么小的公司。我建议你不要走捷径,最重要的是吸引那些与你有相同价值观的人。你在这个社会里真正为了钱去创业,那是很肤浅的目标,而且往往这些创业者不会取得成功。一个创业者的背后一定要有他的理念和价值观,而他最大的成功是人们可以分享他的这种理念和价值观。所以,我相信一个公司要实现真正可持续的发展,一定要找到一个平衡,也就是在利益追求和社会责任方面找到平衡。[①]

而现实社会中,为什么出现这么多劳资冲突,在中坤集团董事长黄怒波看来,背后的因素就是,社会对于道德,对于共享的东西已经越来越有需求了。[②]

[①] 霍华德·舒尔茨:《创业者的背后要有理念和价值观》,《民营经济内参》,2009 年 11 月 27 日。

[②] 黄怒波:《人力资源是企业核心竞争力》,《民营经济内参》2012 年 2 月 17 日。

4. 协调内部员工的角色分工，打造合理的企业治理结构

协调好内部员工的角色分工，最主要的是处理好企业主与职业经理人的关系。按照市场的发展规律，中小企业随着规模的扩大和法规的完善，企业的规章和管理必然走向现代化。发展和壮大民营企业的重要举措就是打破封闭的"家族制"结构，健全"现代化职业经理人制度"。虽说大多数父辈会把企业传给子女，但应依靠现代企业管理制度去管理企业，要有合理的内部管理机制，让职业经理人发挥聪明才智。职业经理人代表着企业经营的未来发展方向，违背这个规律，企业生存的合法性将受到挑战。实地研究中，企业主张恩全介绍了他的经验：

> 像我们这样的民营企业创业老板，没有直系亲属接班的，又不甘心自己的公司随着自己的消亡而消亡。用什么办法呢？我在春节提出总经理轮值制，在我现有的副总里面，大家轮流做总经理。每人执政一年，无论干得好坏，只干一年。做得非常差，只要不是违背公司的利益，都让你把这一年勉强维持下来。我感觉，对某些人来说，没有给他岗位，他的潜能就发挥不出来。
>
> 按照我的安排，三到五年，也就是说，我至少会挑选三人做公司的接班人，他们目前先从总经理做起。这样可以比较前任、后任，有个参照物。通过3~5年下来，我想，会出现三种情况，也只可出现三种情况：第一，因为不是把公司的发展压在一个人身上，通过三个人或五个人的比较以后，无论是我还是公司的管理层、公司的员工，乃至于政府、媒体、行业，对这个公司会有一个评价。经过比较，会出现一个比较优秀的，因为是比较出来的，不是一个人执政后分析出来的，谁最优秀，谁继任公司的主要领导人。这是一种最理想的状况。把私营企业交给一个没有产权的CEO去管理，当然要选择最可靠、最优秀的。这种可靠和优秀要通过比较和鉴别，怎么比较和鉴别？用研究的方式。要有一个过程，可能3~5年。第二

种情况，3年或5年轮值下来以后，各有千秋，很难说谁绝对优秀。只要他们愿意在公司干下去，就把这三人固定成一个集体领导班子、一个团队，继续轮值下去，每一轮看到前任失误的地方，到了他这一任会调整、纠偏。第三种情况，利益所驱使，个性所驱使，大家不是合作，而是勾心斗角，争权夺势，结党营私搞帮派，相互拆台。如果出现这种情况，我在也好，不在也好，这个企业就再也没有希望了。与其等我死后，大家争这个权、争这个财，我在世的时候就把这个公司向政府申请歇业，不要再搞了。我最后几年安度晚年。

现实中太多了，勾心斗角、争权夺势，有什么好奇怪。如果经受不了这种心理的落差，权位的更迭经受不了，面子过不去，或者捣蛋拆台，这样的人趁早不要让他去做。

我管不了其他企业，管不了国家社会，究竟是国进还是民退，就这么一个自己带大的孩子（企业），将来它怎么样？在你未闭眼之前，就能知道它将来怎么样，不要等眼睛闭了还不知道将来孩子（企业）怎么样。所以，决定采用这么一个制度创新。

当一位企业主想要创业时，他必须思考的第一个问题是：如何利用他所拥有的资源成功地经营一个企业。在这种情况下，他很可能设法向其家族成员求取帮助，并从可靠的亲人或朋友中寻找创业伙伴，构成其企业的核心成员。台湾社会心理学家黄光国研究发现，在这样的文化影响之下，台湾所建立的典型企业组织大都是所谓的"家族企业"。倘若企业经营顺利，企业规模不断增大，企业主便可能进一步地考虑：如何从劳动力市场上招募够资格的员工来为他工作。这是华人社会中"家族企业"或"中小企业"成立的基本逻辑。① 事实上，今天的民营企业发展同样体现着这种逻辑。

---

① 黄光国：《儒家关系主义——文化反思与典范重建》，北京大学出版社，2006，第194页。

第一代民营企业主依靠胆识、抓住机遇，成功地淘到了第一桶金，并利用各种资源把企业做到了一定的程度。但一些企业随着规模的扩大，并没有建立起有效的组织执行系统，在环境发生突变时往往容易遭致系统的崩溃。对那些即将上市或已经上市的民营企业来说，组织架构和管理制度调整的难度之大，也是他们面临的最大的人力资源挑战。

如何打造一个有效的组织架构，关键是企业主和企业要有一个正确的价值定位。在正确价值观的引领下，生产出符合市场需求的产品；当企业的产品获得市场的认可，企业主的价值观可以引领他创造有效的公司治理结构，继而再由这个组织去推动一批专业的经理人不断创造出新的产品，拥有更大的市场份额，不断应对市场变化作出正确的决策。所以，企业主的成功最终体现在创造巨大的组织，并由这个组织创造巨大的公司价值。因此，一个企业主的真正能力不仅仅是创造产品，而是创造出一个高效组织。正如华为集团董事长任正非所总结的："我刚来深圳还准备从事技术工作，或者搞点科研的，如果我选择这条路，早已被时代抛在垃圾堆里了。我后来明白，一个人不管如何努力，永远也赶不上时代的步伐，更何况知识爆炸的时代。只有组织起数十人、数百人、数千人一同奋斗，你站在这上面，才摸得到时代的脚。"[1] 万通集团董事长冯仑认为，长期以来，政商关系、财产安全和可持续发展是困扰民营企业的三大基本问题，很多创业者付出了巨大努力，却没能找到一把可以同时打开这三把锁的钥匙。万能钥匙就是：一定价值观下的治理结构。[2]

二 外部利益相关者的需求

在经营活动中，企业面对的外部利益相关者构成了外部制度压

---

[1] 任正非：《CEO轮值制度有利于企业均衡成长》，《民营经济内参》2012年1月6日。
[2] 冯仑：《今天我们怎样民企?》，《新财经》2011年第2期。

力，成为企业主履行社会责任追求合法性的驱动机制。外部利益相关者很多，但在企业的经营过程中，主要面对的是政府规制和客户的需求。

（一）政府规制

政府规制主要指国家或政府所制定的法律、法规和政策等，专业机构和行业协会所制定的行业从业规则包括行业标准和规范，用以对企业的社会经济活动进行干预和约束，排除可能导致市场失灵的诸多因素，实现资源配置的最优化，并推动企业履行社会责任。政府规制是国家或政府，在企业行为与社会共同目标不一致时，所采取的纠偏措施和行为限制。政府规制系统拥有对所辖企业的制裁权，如果企业的行为完全符合这些规章制度，那么企业在其外部利益相关者眼里也就相应具备了合法性。

从制度主义的观点看，采用了适当形式的组织之所以绩效很好，不是因为这些组织形式是最有效的，而是因为这些组织形式对于从资源的合法占有的组织那里获取资源而言是高效的。组织之所以遵从制度要求，首先是因为这样就可以接近和获得资源，而不是因为这样可以直接提高生产效率。[①]

为了获得参与全球市场竞争的资格和能力，树立国际声誉并提高品牌的影响力，企业要遵守各种区域性或全球性的准则或标准。企业按照这些政策和法律规章制度以及标准规范的要求进行经营运作，企业将按照控制企业运营所需关键资源的组织要求来规范经营行为。企业如果遵守机构投资者所提出的标准和原则。它就获得运营许可和其他资源，获得了相应的合法性资源。同时，它可以向企业的各个利益相关者表明，它是一个遵纪守法的企业。

在中国民营企业发展的过程中，在企业的生产、营销甚至战略活动中，政府持续地起着宏观调控的作用，不仅体现在法律、法规

---

① 〔美〕沃尔特·W. 鲍威尔、保罗·J. 迪马吉奥主编《组织分析的新制度主义》，上海人民出版社，2008，第265页。

和政策的制定上，例如，政府可能会颁布法令来限制行业垄断，调整行业准入门槛，地方政府可能对产业布局进行重新规划。还表现在政府对关键资源（如土地等）的控制和行政审批上，政府是企业最大的供应商，控制着所有重要原材料、能源和信贷资金，以及对企业进行范围广泛的干预和规制等。作为企业最大的客户，政府即使不直接采购，通过地方保护和歧视性市场进入规则，政府仍然可以限制一个企业产品的市场范围。而民营企业本身由于自我监管的局限性，企业无法把社会目标置于利润最大化之上。因此，政府管制成为影响企业社会责任的重要制度性因素，政府在引导企业参与社会责任上发挥着首要作用。而政府管制的手段和程序如果建立在与企业和其他利益相关者协调一致的基础上，将取得较好的实际效果。

改革开放以来，我国在社会责任相关立法方面已经取得了一定进展，颁布了一系列对企业行为有重大影响力的法律法规和政策，在各类立法主体颁布的法律文件中，都有涉及企业社会责任内容的相关法律规范，对企业经济行为的社会影响设立了严格的限制，包括《公司法》《产品质量法》《合同法》《自然资源保护法》《劳动法》《税法》《消费者权益保护法》《公益事业捐赠法》等，引导企业在经营活动中，诚实守信，接受政府和社会公众的监督，摆脱过时的片面强调股东利益最大化的理念，承担社会责任。在实际监管中对违反国家有关法律法规的企业依法给予处罚，而且不断加大处罚力度。

政府所制定的这些法律法规和标准规范不仅要求行业内的企业严格遵守，而且也为行业外的利益相关者所熟悉和认可。将企业置身于政府行政执法和管理的控制范围内，也受到各方利益相关者包括普通消费者的制约和舆论影响。企业一旦违反相应的标准规范，将受到政府行政执法和管理部门的查处，遭受利益相关者的压力和抵制。与其他企业形成鲜明的对比，不为各方所接受，就无法获得相应的合法性资源。

访谈中，企业主田思源认为：

> 企业有自己的发展规律，不能违背。"道"的东西不能违反，短期内可以打擦边球，就像我们跟工商税务打交道，有时候打擦边球，那是为了弥补暂时的困难，长远的不能这样做。一两年偷税漏税打擦边球可以，长期不能靠这个来发展。企业正常运转了，上了轨道了，就必须规范自己。允许自己犯错误，在一定的阶段。如果一开始百分百地规范，在中国的环境下，企业搞不起来。我们企业现在慢慢规范了，能不违法的、能不违章的，尽量不要违章，按照规律来做。搞企业不是为了冒那么大的风险，最后自己来承担责任，没有那个必要。

政府规制对企业的生存和发展非常重要，如果没有因此而获得的规制合法性，企业将很难通过合法的途径寻求所需的资源。例如，如果一个企业达不到银行贷款所规定的各项标准，它就不能够从银行获得所需的资金投入。从事资本投资运作的企业主杨彩云深有体会：

> 做这个工作，需要很高的专业性，专业性很重要，每个企业的个性不一样，每个金融产品的运用度也不一样。不能触犯国家法律，也不能让企业破坏了它的制度，更不能弄虚作假，就需要有经验比较丰富、具有专业的金融知识的人来帮他应付。还有，我们要了解企业自己的生存实况。所以，我们服务一个企业，不能用废寝忘食来形容的话，至少我们每个行业都要接触，我接触一个企业就必须了解这个行业，就是这样一个延伸链。对我们来讲，工作永远是海绵，要吸水。永远要学习，永远没有尽头的时候。

如果企业不符合国家的有关政策规定，它的生存甚至就会出现问题。例如，1988年《中华人民共和国私营企业暂行条例》发布后，私营企业如雨后春笋般涌现，但不允许独资，很多私企戴上国企的帽子。后来为了获得优惠政策，又纷纷戴上外资帽子。因此，在当代中国城市中，各种不同的政府机构对于很多企业活动具有共同的管辖权，而不同政府机构的责任划分常常是不清晰的。在这种情况下，在中国很多场域中的组织会逐渐设立复杂的结构，以使它们至少可以仪式性地遵从外部的要求，同时又可以保护它们自己的核心活动。[①]

在当前的经营环境中，为了获得政府和其他重要的利益相关者的支持，保证经营活动的顺利进行，最常用的一种获得经营合法性的方式是与政府或者政府官员想方设法地取得联系，建立共生关系。访谈中，据企业主方永健介绍，他们公司生产的产品虽然符合国家倡导的理念，是社会所需要的，但还需要得到政府的认可，才能得到推广和运用。于是，他们为了争取产品经营的合法性，做了很多工作。

> 某部委的一位领导，从当科员开始，我们跟了他5年，不停地让他试用我们的产品……他现在把我们的产品列入政府"十二五"规划中，也纳入政府采购目录，这个产品已正式进入市场。

通过这样的结盟，利益相关者的利益和企业的利益实现了一致，从而促使他们支持企业的经营。中国正处于经济转型期，现有的行政管理体制以及不完善的市场经济，使政府手中掌握着权力和大量的资源。处于体制外、社会边缘、缺乏法律保护的民营企业为了获得关键资源，避免政府对企业经营活动的干预，保护企业，采

[①] 〔美〕沃尔特·W. 鲍威尔、保罗·J. 迪马吉奥主编《组织分析的新制度主义》，上海人民出版社，2008，中文版序言第3页。

取了与政府官员结盟的策略。他们经常使用的方法是给予当地有影响力的政府官员或者他们的机构某种企业内部的利益,以换取他们对企业的保护和支持。因此,一位企业主介绍说"我每到一个地方发展,就到政府谈业务,把政府官员聘作我的顾问。"面对类似情形,实地研究中,从事电子产品生产的企业主高平不以为然:

> 从我们的角度看,做房地产不能算是做企业,因为它们不是依靠高科技、充足的资金或者高效率,纯粹是靠关系获得利润,这只是在中国才有的现象。房地产商与银行结合,再利用政府相关部门的关系拿块地,就做起来了,与传统意义上的企业并不是一致的。在中国官本位观念很强,所以获得土地的机会也是一种个人行为。例如,哪个领导可以决定把这块地给你,尽管土地拍卖,但那是定向拍卖。建筑腐败问题很普遍,建委可以把参加竞标的人透露给某个人,让他去找那几家竞标单位,给他们好处,就可以中标。这是中国目前转型必然遇到的问题,不奇怪。法制不健全,政府有很大的权力,所以在这种情况下,就很难做事了。

(二) 客户的需要和认可

由于环境主要是客户的需要和认可使企业产生了跨越场域边界的迫切需求,企业的结构要素才得以扩散;那些使自己的结构要素与环境同形的企业,才能与其他组织在技术和信息交流上相互依赖。

新制度主义理论认为,与环境的制度性同形,对于组织有着一些关键的影响。(1) 组织会整合一些具有外部合法性,但不具有直接经济或生产绩效的要素。(2) 组织会运用外部的或仪式性的评估标准来确定结构要素的价值。(3) 组织通过对外部的已经确立的制度的依赖,减少组织的动荡和维持组织的稳定性。这说明组织结构的制度性同形,促进了组织的成功和生存。把具有外部合法性的要素整合进正式结构中,增加了内部成员与外部支持者对组织的情感依附或忠诚。①

访谈中,企业主们不约而同地表达了他们类似的想法,从事房地产开发的企业主李荣德认为:

> 要对用户负责,顾客是我们的上帝,我们的公司坐落在本乡本土,不像外来公司,做一个项目,赚一笔钱,就走了。对用户负责,就要对产品和售后服务负责;否则,企业不能在此长期做。

从事房地产开发和物业管理的企业主赵晨光谈了他的认识:

> 也许我们比较傻,这么多年来从来没有把赚钱、经济效益最大化摆在第一位。我总觉得,我们不能赚昧良心的钱,我们提供给消费者的房子,要物有所值。我们在任何时候、任何情况下,要坚定不移地抓质量,坚定不移地做有品质的房子。可是,有很多老总就是一切为了赚钱。他们可能算账算得很精,当然,他们这种精神值得学习,但他们一切为了钱。我总觉得,社会责任大于赚钱,为什么?一个企业的常青和后劲首先在于健康发展,企业的后劲如何,取决于社会责任感有多强。社会责任感越强,可能企业的后劲越大,当企业最困难的时候,可能好人有好报。
>
> 像我们企业,业主是企业的衣食父母,我们要回报业主、回报社会,这种社会责任感就是要把事情做好。我们吃的消费者的饭,肯定要对消费者负责任。

---

① 约翰·W. 迈耶、布利安·罗恩:《制度化的组织:作为神话与仪式的正式结构》,见〔美〕沃尔特·W. 鲍威尔、保罗·J. 迪马吉奥主编《组织分析的新制度主义》,上海人民出版社,2008,第54页。

而企业主方永健的观点更富有哲理：

> 要抓住老百姓的心理，不要看不起老百姓，最终是老百姓认可，产品才能有市场，而不是专家教授认可，也不是政府市长认可。老百姓认可了，产品才有生命力；老百姓不认可，你的产品再好也没用。
>
> 没人能分析出100年以后市场会怎样，但核心的东西是能分析出来的，你做的事情是否真正给老百姓带来实惠，是否对社会的发展是推动的，这是核心的东西，至于做什么产品无所谓。做的东西是不是人们喜欢的、满足人们需求的，是不是使人们生活得更好，使社会发展得更好，这是核心的东西。这是个大前提，这个前提抓对了，做什么产品都是一样的。就像做茶杯的，想着把茶杯做得让喝茶的人觉得更美观、心里更舒服，这个茶杯肯定是越做越好；如果做来做去想着怎样把利润做得更高，往里掺假，可能暂时地赚了一笔钱，但最终死路一条。我们的产品最终要使老百姓觉得更安全、更节能，推动社会环境变好，这是核心的东西，是永远的规律，规律不能打破。

在制定经营战略时，只有把社会上合法的理性要素整合进其正式结构的企业，能够最大化其合法性，并增强其资源获得和生存能力。

明智地了解社会的需求，遵守制度要求是必要的：一个企业的领导必须及时了解正在发生变化的潮流和政府的规划，了解社会需求的动态变化。为了贯彻党的十七届六中全会"把诚信建设摆在突出位置，大力推进政务诚信、商务诚信、社会诚信和司法公信建设，抓紧建立健全覆盖全社会的征信系统，加大对失信行为惩戒力度，在全社会广泛形成守信光荣、失信可耻的氛围"的精神，当地政府提出要打造诚信城市良好社会环境，净化市场秩序，加强诚信体系建设。2012年在"3·15"到来之际，该市一家民办医院向社会承诺："履行社会责任是我们的天职"，并在当地倡议：建设诚信＊＊（注：城市名），天天都是"3·15"。

不管出于什么样的动机，仪式性的价值评估标准以及源于仪式的生产职能部门，对组织是有用的：它们使组织在面对内部成员、股东、公众和政府时具有合法性，也显示了组织具有社会适当性，获得了社会的认可。如果组织结构承载了较高的仪式性价值，如体现了专家最新构想或最高声望的仪式价值，就更有利于提高组织的信誉，组织就会更容易获得贷款、捐赠或投资。[①]

面向社会的公开承诺和倡议将为该组织提供极大的扩张机会，给组织活动贴上正当性的标签，并会调整组织活动使之进入有价值的服务领域，并增进组织内部参与者和外部支持者对组织的情感依附或投入。[②] 外部评估标准的运用，即把组织视为社会的一个亚单元，而非一孤立的系统进行评估，可以使组织根据社会界定来保持成功，防止失败。[③]

新制度主义关于组织与环境的制度同形的研究所带来的结果，我们可以从所访谈的医院的实际运营情况中得以考量。

> 孙：你接触的那些小企业跟你诉苦以及表达诉求的，到目前为止，我们还没有碰到，政府对我们（民营医院）还是比较支持的。任何事情，关键是你以怎样的心态去看问题，现在生活比过去好了，反而怨言比过去大了，这是很奇怪的事情，

---

① 〔美〕沃尔特·W. 鲍威尔、保罗·J. 迪马吉奥主编《组织分析的新制度主义》，上海人民出版社，2008，第56页。
② 〔美〕沃尔特·W. 鲍威尔、保罗·J. 迪马吉奥主编《组织分析的新制度主义》，上海人民出版社，2008，第55页。
③ 〔美〕约翰·W. 迈耶、布利安·罗恩：《制度化的组织：作为神话与仪式的正式结构》，见〔美〕沃尔特·W. 鲍威尔、保罗·J. 迪马吉奥主编《组织分析的新制度主义》，上海人民出版社，2008，第54页。

让人感到不可理解、不可思议。

笔者：您这儿挺顺利的，是不是因为您从事的行业？特别是医院这样一个直接为民造福的事业。

孙：对。至少目前看，医院的利润也好，做事的本质也好，我们始终没有脱离我们的本质追求。

笔者：您的定位是什么？

孙：让老百姓看得起病的医院。目前医患关系是非常紧张的，有百年的医院，有几十年的医院，为什么我们办医院8年的过程中，有好的名声，不是一个人说你好，要100个人同时说你好，恐怕是不容易的。100个人站出来，有80个人同时说你好，是非常非常不容易的。我们只做到这点就够了。当然，我们在发展过程中遇到的一些问题，比如医疗技术、硬件条件、管理服务，都会遇到这样那样的问题，只要老百姓一指出来，我们立马就改。

笔者：您作为民营医院与公立医院竞争，遇到的不利因素还是很多的吧？

孙：对。

笔者：对民营医院是否放开？

孙：我这块是放开了。目前我这所医院在江苏省的条件来看，属于非常优秀的环境。主要是地方（政府）支持。医保、急救，这些体系我们都有。公立医院有的，我们都有。相反地，公立医院没有的，我们也有。比如，社会保险，人寿、太平洋保险业务。

笔者：这是因为您个人魅力争取来的，还是确实对你们比较扶持？

孙：我不知道，这个怎么说呢？反正我们……我总觉得一个事情只要你静下心来做，总会有回报的，有社会层面的、道德层面的、政府层面的，你用心去观察一个事件和思考一个问题，只要用心了，肯定会做好的。肯定会得到一个好的、理想的结果。你不要去怨天尤人，倘若我们抱怨就能把问题解决，我们天天坐下来抱怨。倘若你不想抱怨，就去做。

三　企业主的价值观和个性特征

现实社会中的大量经验证明，企业的成长过程往往就是企业主的个人能力孵化转化为组织能力的过程。因而，社会公众在不了解企业的情况下，对其合法性的判断往往采取替代性的方式，以对企业主个人的价值判断来考量企业的价值合理合法性。实地研究中，企业主杨彩云讲了这么一个故事：

> 我接触到的一个企业家，1981年出生的，他原来是搞生物研究的，他的企业处于发展的瓶颈，开办一年多，处于最艰难的时期。是一家农业生产和科技研发为一体的企业，自己拥有许多项专利，之所以起家，靠卖专利卖了几千万。他说如果我想过安逸的日子，我飞拉斯维加斯或者香港，哪里都可以去，很舒坦。但他有一个梦想，让他的产品使社会上更多的人获益。第一个产品就是一种从纯植物提炼出的一种糖，叫野菊花糖、甜叶菊糖，目前他的客户包括百事可乐、可口可乐、雀巢这样的大客户，目前他的产品全部出口。这个糖的功效：平常人服用，零卡路里，不产生热量；糖尿病人服用，还可以降糖。他目前生产的糖只能做甜味剂，做食品的一种添加料。第二步想把糖做成餐桌糖。如果能做成餐桌糖，就是对这个行业的颠覆，就像当初白砂糖代替糖精一样。但要做成餐桌糖，必须经过第二个革新，就是生产基地。包括征地、设备投入、科研人员，在现在的产品技术基础上还要进行复配。他的梦想没有放弃，尽管现在企业还不到两个会计年度，在生产上缺少流动资金的话，企业是很难运转的。他多次找到我，我很愿意帮忙。他这种创业精神，再困难也要挺过去，宁肯自己晚上通宵失眠，白天也要装出精神抖擞的样子，在办公室给员工以力

量。最困难的时候,他安排客户吃饭,叫副总陪着,他出来找
我借钱付餐费。到这种程度,在客户面前还是风不动、水不摇
的。我被他这种精神所折服。后来,我与他谈心,问他:你为
什么有如此坚定的力量?干得这么苦,你就休息嘛。他说,第
一,我要让所有跟着我的员工不失望,他们能够在我这里有一
份工资,能给家里安稳的生活,我没有退路可走。非常令人感
动,作为一个"80后"的企业家来说。我被他折服的第二个
原因是,他说,我现在是希望这个糖将来能够给糖尿病人、让
所有的人不再患糖尿病,我为了这个而努力。我现在再困难,
也会撑下去。其中,更为重要的,他其实还有第二个产品,他
有五年规划,在餐桌糖家喻户晓、老百姓都能接受的情况下,
开发第二个产品,这个产品能够抵抗癌细胞。能够领行细胞再
增,目前世界上对癌变还没有特效药或者根治的办法。但他这
个产品已经在实施的试验中,给他身旁的亲朋好友服用,有七
八个病例,癌变晚期的都能够救活。不仅能把癌细胞杀死,还
能使新细胞再增。其中有一个病例,癌变已经转移到骨髓了,
还能把它控制住。在医院做检查的时候,医生都很诧异,说这
是不可能的事情。但因为这个药目前还没有做临床,还没有拿
到药准字号,所以不能广泛推广。但这个产品要想投入生产
线,大概需要几千万元的前期投入。所以,他说再苦再难,要
用糖这个产品掘第一桶金。同时,把这个后替的产品投到社
会,能够拯救天下苍生。我仅以这么一个案例来说明。作为一
个企业家,企业盈利是必需的。但社会责任能让企业家克服万
难,实现他的梦想。

在新制度主义的框架下,企业经营者自身的价值观与社会价值
观相符,符合社会道德期望,则具有良好的声誉,其主导下的企业
经营活动也一定拥有相应的合法性。尽管企业处于起步阶段,遇到
重重困难,但企业主章董事长的人生价值定位和追求还是得到了投

资者杨彩云的认可和大力扶持。而经营投资运作的企业主杨彩云也把投资与人生价值理念的传播结合在一起，使得她的企业受到越来越多企业的青睐。访谈中，企业主杨彩云介绍道：

> 我本身也是基督徒，我的家庭就是基督教家庭。从小接受西方文化，您今天所谈的社会责任其实就是一个核心：爱。我自己到哪里，从来不先说我信仰什么，信仰是放在心里而非挂在嘴上的，但看到我的一些行动以后，人家会问：你为什么会有这样的表现？那我会告诉他我是基督徒，同时，会送他一本《圣经》，希望一个企业家，除了企业生存的各种烦恼、各种苦楚、各种不为人知的阴暗，心灵是需要一个释放的空间的。没有人倾诉的时候，可以看看《圣经》，也相当是给他一个渲泄的空间嘛。用爱心来面对一切的话，都会由苦变甜。这也是我做企业的一个动力。当我帮一些企业的时候，可以先不计报酬、不计代价，只要我觉得这个企业确实有可塑性，我愿意不计成本地去帮它。
>
> 帮助章董事长的企业，风险很大，我能给他的除了资金支持，可能就是精神的港湾和依靠。因为，当他孤苦绝望的时候，他第一个会给我来电话，或者发短信。其实，每一个人成功的背后，都有不为人知的辛酸和痛苦。每一个成功的企业家都是风光和痛苦相纠结的。我接触到的企业家，我都会把这种精神告诉他，我愿意这样真心地对他，他醒悟之后也会这样对他的中下层，也会把这种影响灌输给员工，从而辐射到他的上下游、他的圈子。所以，所谓的社会责任，可能就是把自己的企业经营好，本身就完成了对社会责任的最好交代。但要交好这份答卷，我还是这句话，爱不可少，爱应该是无处不在。
>
> 我走到哪儿，万变不离其宗，我送给企业家一个字：爱。对企业来说，任何企业家都希望员工能和平相处，企业蒸蒸日上。企业治理中盛行一句话，用制度管人。我给他们提出我个

人的观点，以制度管理为基础，但爱心要放在首位。在企业的发展中，在文化的含义中，爱应该是占首位的。这个爱包含的不仅仅是职业的需要乃至人的需要，人是情感动物，情感不可忽视，有爱为前提，企业制度为基础，企业一定做得好。我把这个观念已经传给十多个企业，它们果真感觉不一样。

我在给企业财务输血的同时，也能接触到企业的一些中高层，我把这个观念告诉他们，小则让部门之间畅通，大到一个企业里面，甚至在车间都能听到歌声。心情愉悦了，效率就不一样。所以，企业家不能少了爱心。章董事长就是本着一颗爱心，爱天下众生，同时，他会更爱企业的人。所以，以爱心为核心的话，就会影响身边一大片的人。

政治学家罗纳德·英格尔哈特认为，在最近的30年中，生活在西方工业化民主国家的公民所持有的价值观一直是在发生变化的。他提出，我们可以对人们所持有的价值观进行思考，即根据他们对安全与防务问题是否表现出一种关心，抑或他们对环境与平等问题是否表现出一种关心。第一个向度是他称之为一种物质主义世界观，而第二个向度是一种后物质主义世界观。他的理论认为，自20世纪60年代以来，公民的价值取向已经发生了从物质主义世界观向后物质主义世界观的转变。持有物质主义观的这些人依然居大多数，但是后物质主义者占人口的比例正在变得更大。这种转变同西方工业化国家经济结构的变化是息息相关的，包括从主要的制造业向高新技术的转变。① 中国改革开放30多年了，民营企业经历了快速发展后，进入转型升级新阶段，那些忙碌的企业主们在想什么？他们创业的动机何在？

调查显示，民营企业主创办企业的主要目的是实现个人事业抱

---

① 〔美〕安东尼·奥罗姆：《政治社会学导论》，上海世纪出版集团，2006，第208~209页。

负,为47.56%,其次是改善自己和家人生活,为35.11%,再次是奉献社会报效国家,为16.89%,其他目的仅为0.44%(见表2-1)。从中我们可以看出,接近半数的民营企业主是将办企业当作实现人生价值和理想的途径,显示了良好的心态和价值追求。但是,我们也应注意到,奉献社会报效国家的仅为16.89%,这与我国社会主义制度的要求,与民营经济在国民经济中的比重不相符,与民营经济不断壮大的实力不相称。

表2-1 创办和经营企业的目的

创办和经营企业目的	频数（人）	百分比（%）
改善自己和家人生活	158	35.11
实现个人事业抱负	214	47.56
奉献社会报效国家	76	16.89
其他	2	0.44
合计	450	100

民营企业主创办企业的目的也不是一成不变的,随着社会文明程度的提高,企业规模的扩大,企业主境界的提升,创办企业的目的也在发生着变化,见表2-2。

表2-2 创办企业的目的变化情况

创办企业的目的变化情况	频数（人）	百分比（%）
没有变化	136	30.22
有变化,最初是为了更好地生活,现在越来越重视实现个人事业抱负	173	38.45
有变化,最初是为了实现个人事业抱负,现在越来越追求奉献社会	130	28.89
有变化,原来比较清晰,现在变得有些盲目	11	2.44
合计	450	100

调查显示,绝大部分民营企业主创办企业的目的有变化,最大

的变化是"最初是为了更好地生活，现在越来越重视实现个人事业抱负"，占比为38.45%。可喜的是，选择"最初是为了实现个人事业抱负，现在越来越追求奉献社会"的占比为28.89%，显示出这部分企业主的奉献意识在提高，已经把创办企业当作一种社会责任来履行。企业主张恩全的想法或许具有一定的代表性：

> 大大小小的老板为什么要做企业？从我个人的体会来看，一开始的出发点非常简单，要么是为了赚钱，要么是为了一种理想、抱负，或者说想实现自己的人生价值，动机相对比较单纯。但没有低到养家糊口的程度，要是为了养家糊口，打工就可以。想创业、想做老板，搞企业，就不仅仅是养家糊口。我从1997年创立公司到现在，感觉在变，随着时间的过去和年龄的增长，我现在越来越体会到，企业创业十几年，没有死掉，存活下来了，尽管没有做得很大，但也要管几百个人，相对来说比较成功。我现在体会越来越深的是，企业家搞企业相对成功以后，越来越会体会到，一开始是为了实现自己个人的价值，像我这样，并不是因为当初非常想发财。我当时创业不是为了发财，创业前我在国外打工，1990年初回国，那时候有个30来万，算是富翁，没有必要再去辛辛苦苦办厂创业，或者还可以回到国营企业，安安稳稳地到年龄退休。所以，赚钱可能不是我当初最主要的目的。还是看到了国外的资本家老板怎么创业、怎么办厂，让我有一种强烈的冲动，就是说，自己要走一条创业的路出来，走出一条实现自我价值的路出来。

企业主郑智介绍说：

> 我做企业就像是在幼儿园搞一个自然角，在做一个社会实践，没有说一定要赚多少钱，我就是想，做完日本市场，我做欧洲、美国市场。2007年，开始接欧美的订单。不是为了开

辟市场，是为了去了解各式各样的人，在做企业的同时去了解这个社会。我的企业是个平台，我是站在这个平台上的。我经常对员工说，我在企业是导演，你们根据我的安排做事情，我们大家在社会上生存。在这个社会上我也是一个演员，但在这个舞台上我还能看到更大的舞台，所有的人都在表演。所以，我做企业真的没有整天算我能挣多少钱，当时做日本订单做得非常好的时候，我就对业务人员说，日本市场交给你们，我去开发美国市场。我现在大部分在做美国（的订单），做得非常好。

笔者访谈的这些企业尽管存在这样那样的困难，但都保持良好的发展态势，也许这正如惠普的董事长兼首席执行官卡莉·费奥瑞纳所认为的："我真的相信在这个国家里，成功的将是那些用行动来证明他们能够获取利润并创造社会价值的企业——既做得好，又做好事……越来越普遍的情况是，股东、客户、合作伙伴以及员工将用心来投票、奖励那些通过经营来推动社会转变的企业。这就是新的商业现实，一个我们应该也必须接受的现实。"[1]

苹果计算机公司的创新精神，其独特的产品设计理念，对于未来趋势的准确把握，敢于打破一切旧规则的勇气，都与乔布斯的个性特征密不可分。[2] 在中国民营企业的发展历程中，每个民营家族企业都是一个个案，都打上了创业者深深的个性品行的烙印。访谈中，企业主高平分析道：

新一轮企业家转换的机遇期已经过去，七八十年代很多人靠卖鱼、卖虾发财的时代已经过去，已经淘汰了，这些人有钱

---

[1] 〔美〕菲利普·科特勒、南希·李：《企业的社会责任》，机械工业出版社，2011，第7页。
[2] 王保蓸：《乔布斯传》，电子工业出版社，2011，第188页。

的也已经没钱了。他们很少转型，没办法转过来，因为他们在那个文化条件下、在那个背景下才能发财，他们发了财后，不会投资，不能去做更多的事情，相反，文化素质决定了他们看不住钱。有很多人看不住钱，钱很快就没有了。还有的人不仅看不住钱，人变坏，社会影响搞坏。给他一千万就是害他，他没办法做。我们这个社会队伍中，能用一千万看住的人很少，能用一千万把自己发展起来的凤毛麟角。100个人当中能选出5个人用这一千万发展起来的就不错了。人成功的要素有几条，一是充足的知识，二是好的经验，三是在发展的过程中能解决一些必要的资金问题。还有一条最重要的很多人不一定能看到，放在首位的，即顽强的意志，这是一个人成功的最重要要素。仅有其他三条，没有这一条，不可能成功，因为任何事情都需要顽强的意志。有了这一条，没有那三条，取得成功的速度和规模会受到影响，但肯定能取得成功。

伴随着企业的成长，企业主的个性特征也会发生嬗变。访谈中，企业主岳翔介绍说：

> 我以前对员工要求很严，其实不是对他们不友善，就是对事情太认真，对是非太在意，事情错了就是错了，不要推诿，于是，职工觉得我很严格。该罚的要罚，该奖的要奖。但现在的感觉不一样了，员工再犯错误就有点同情他，从内心有一种慈悲心，之所以这样，这种慈悲心与年龄有关。从这个角度讲，为什么强调善是天性，实际上就是因为你到了一定的年龄，行将就木的时候，想的东西是不一样的，是最真实的，是你的需要。我有种体会，当你去世的时候，有多少人自发地为你送葬，这是你的价值体现，是一个人内心中在意的，尽管你某一个阶段能内心坚韧到：我不需要掌声，只要内心的平衡就行。但你内心的平衡如果不符合人性，不符合整个社会发展必

然的需要，你很难持久，而且你内心忍受所需要消耗的能量是巨大的，你只有随着这个过程往前走，慢慢让自己多付出一点，可能相反地会得到更多。我感觉这不仅是精神层面的，也有物质层面的。

企业主这种个性的发展与成熟将获得员工的支持和理解，有助于企业发展壮大。正如在实地研究中，企业主高平所强调的：

> 要成为一个对社会有贡献的企业，你必须这样考虑。你选择了企业，必须这样做。要想成为一个对社会有贡献的企业家，就必须敬业，有这样的高度。否则，后果是严重的。因为你缺少远大的目光，只考虑赚点钱，企业怎么可能有很好的发展呢？更不用说在国内占有很高的位置，甚至要想在国际上有一定地位。即便我现在没实现，也在往这个方向努力。不是所有的人都会成功，但你会在这个过程中得到自己想得到的东西。我虽然没有为社会贡献很多，但我在尝试，我一生的价值得到了体现。我觉得很多企业家应该有这样的胸怀。中国的民营企业平均寿命为 8~9 年，我认为很大程度上是因为缺少远大的目光，自己的成熟度没有及时跟上企业的发展。

新古典经济学关于市场运作的理论把组织（公司）看作是一个"黑盒子"不予关注，认为在消费者和生产者相互作用的市场过程中，双方的行为通过价格加以协调。人们只要在理性选择的原则下追求自己私利的最大化，市场运行就可以达到帕雷托效率，即实现资源的最优化配置。

而制度理论则认为组织或个人的活动局限于制度的框架内，企业家对资源和机会的评价会受到由规范、认知、信念等构成的制度性因素的影响，最终其选择只能是一种经济上的次优选择，因此，企业家不仅是经济理性的而且更应当是规范理性的。[1] 企业必须使自身的选择为社会接受以实现其合法性从而支持其生存。[2]

诺贝尔经济学奖得主、行为经济学奠基人卡尼曼（Kahneman）和特沃斯基（Tversky）认为："个体的行为除了受到利益的驱使，同样也受到自身价值观和信念等多种因素的影响。经济生活中的种种反常现象和悖论正是对于经济学完全理性和最大化原则的严峻挑战。"[3] 我们从企业主杨彩云的做法上或许能得到诠释。

> 所谓的社会责任，不仅是为企业的盈利而生存，应有更多的梦想。就我个人的梦想而言，帮助更多的企业脱困，帮助它们才能成就我自己。我自己的一句话就是，帮助别人，成就自己。我还没有那么伟大，我觉得，我的社会责任就是服务于他人。所以，对我来讲，我能够把企业的金融服务工作做好，财务顾问工作做好。我不仅是为了我公司的生存，我还能帮助更多的企业，更多的企业就能帮助更多的个人，就能辐射到政府、社会和更多的层面。

---

[1] Oliver C, 1997, "Sustainable Competitive Advantage: Combining Institutional and Resource-Based Views" *Strategic Management Journal*, 18 (9): 697-713.
[2] Zucker L. G, 1987, "Institutional Theories of Organization", *Annual Review Sociology* (13): 443-64.
[3] Kahneman D, Tversky. A, *Judgement under Uncertainty—Heuristics and Biases*. Cambridge University Press, 1981.

第三章
民营企业主履行社会责任
追求社会合法性的驱动机制

我国非公有制经济已经进入一个必须把企业利益与社会利益统一起来、把履行社会责任与保障和改善民生结合起来的阶段。非公有制企业只有既追求经济效益又自觉承担社会责任，既积极发展企业又努力造福社会，才能为社会所接受，才能使企业的生命更长久。[①]

美国学者迈克尔 E. 波特（Michael E. Porter）和马克 R. 克雷默（Mark R. Kramer）认为，"的确，很长时间以来，经济目标和社会目标一直被看成是截然不同的，甚至往往是竞争的。但这是一种错误的二分法；在一个充满了开放的、以知识为基础的竞争的世界里，它代表着一种越来越落伍的观点。企业并不是在与社会隔绝的真空里运行。事实上，他们的竞争能力在很大程度上取决于经营场所周围的环境。"[②] 据美国"现代营销学之父"菲利普·科特勒

---

① 全哲洙：《引导非公有制企业实现更大作为》，《民营经济内参》，2010年5月7日。
② 〔美〕菲利普·科特勒、南希·李：《企业的社会责任》，机械工业出版社，2011，第224页。

分析，大多数营利性的企业至少会在某个时候、出于某种原因做些好事。①

仅仅获得经济合法性，并不能够使企业具有充分的竞争优势并得以更好地发展，企业还需要通过社会责任行为培育一些其他企业所不具备的能力和优势，这就是企业履行社会责任所追求的社会合法性。

作为一种组织的存在——企业，其社会责任不仅局限于企业本身，还应扩展到社会，参与社会事务。企业主需要思考对社会应该做哪些事情。当一个企业有了一定规模，产生一定绩效，发展到一定阶段或水平之后，自然会在其他方面寻求合法化。如果它们想在更大范围里进行活动或者已经产生了大范围的影响，就要获得其他方面的合法性。

民营企业主在社会领域承担社会责任，是我们所分析的基于社会合法性而承担的社会责任，是企业在实施经济职能时，对其行为可能产生的对社会和环境的影响所承担的责任，是企业以符合社会价值观和满足社会期待的方式，关注社会问题而产生的相关责任，包括尊重消费者权益、热心慈善和公益事业、保护自然和生态环境等。

民营企业在经营企业面向社会履行社会责任时，受到多方面因素的影响，包括内外部利益相关者的需求以及企业主的价值观和个性特征，它们共同构成了民营企业主在社会领域履行社会责任追求合法性的驱动机制。

一 内部利益相关者的需求

内部利益相关者的合法性需求是构成民营企业和企业主追求社会合法性而承担社会责任的合法性驱动因素，包括面向社会效益的

---

① 〔美〕菲利普·科特勒、南希·李：《企业的社会责任》，机械工业出版社，2011，第 2 页。

企业战略定位；增加企业财富，造福社会；提高员工收入，壮大社会中产队伍。

（一）面向社会效益的企业战略定位

新制度主义理论认为，组织面对着两种不同的环境：技术环境和制度环境。企业不仅需要关注生产系统，利用各种资源，实现利润最大化。同时还需要考虑制度环境，不仅要达成股东利益最大化的目标，还要考虑其他利益相关者的利益，需要关心员工待遇、产品安全、环境污染等，需要关注社会价值观和文化期待，关注如何整合技术环境以外的资源。

BSR（Business for Social Responsibility）是一家处于领导地位的、全球性的非营利组织，就如何把企业的社会责任整合到企业的经营和战略中，向企业提供相关的信息、工具、培训和咨询服务。它们的研究和经验表明，参与社会活动的企业已经得到了一系列的实际利益，包括下面提到的这些：(1) 销售额和市场份额增长；(2) 品牌定位得到巩固；(3) 企业形象和影响力得到提升；(4) 吸引、激励和保留员工的能力得到提高；(5) 运营成本降低；(6) 对投资者和财务分析师的吸引力增大。[①]

万通地产董事长冯仑在2010年"鹏华上证民企50联合公益计划"发布会上，对企业如何合理有效地实施公益战略进行了阐述，他认为民营企业的公益战略和企业自身经营项目相联系，当经营战略和目标人群、企业的价值取向重合时，企业的行为能够发挥更大的效益。"所谓社会责任其实也很简单，责任就是管别人的事，把别人的事当作自己的事，先人后己，利人然后利己。"冯仑表示，企业的持续增长不仅在于盈利事业，也在于企业社会责任，这样才能成为一个健康的企业。[②]

[①] 〔美〕菲利普·科特勒、南希·李：《企业的社会责任》，机械工业出版社，2011，第11页。
[②] 《冯仑说民营企业有善心还需有善治》，《民营经济内参》2010年7月23日。

方太集团总经理茅忠群认为，如果非要把企业和企业家分类，有两类：一类就是我们，是一家纯粹的由使命和愿景驱动的企业，财务上的发展对我们来说不是最重要的追求；另一类则把利润、规模、发展速度等指标放在最重要的位置。这也许就是为什么我们显得与众不同。每个人办企业的出发点不一样。我觉得，如果纯粹为了赚钱，很难支撑一个人在激烈的竞争中长期努力工作。因为这个动力是有限的。只有做更有意义的事情、对社会更有价值的事情，才能保持这份为事业不断拼搏的动力。方太的愿景是成为一家受人尊敬的世界一流企业。具体来说，我们要成为高端品牌的典范，成为经营管理的典范，成为员工的最佳雇主和承担社会责任的典范。①

在制定企业战略的时候，将社会因素融入产品的生产和销售过程，会产生意想不到的效果。访谈中，企业主方永健介绍了自己的做法：

> 我每到一个地方，会在当地找业务员，推销产品。只要产品好，就有市场。还有的人本来是我的顾客，用了我的产品以后，感觉蛮好，就做我的业务员。他们推广我的产品有两个作用：一开始把利益作为重点，实际上，到最后利益不是重点了。因为，推广了很多产品后，许多人（消费者）很感谢他，等于在做好事。比如，一个产品卖给一个老太太，她觉得很方便，冬天不用起床关电视。销售者觉得自己做了一件好事。所以，现在有些人帮我推销产品，利益倒放在第二位了。对我说："我每卖一家，人家还请我吃饭"。"有的单位装好了之后，感谢我，还请我吃饭。"不把他当推销产品的人，还感谢他。所以，他们很愿意做推销员。电视台一位领导的母亲用了

---

① 茅忠群：《愿景比利润更重要》，《民营经济内参》2011年8月12日。

我的产品，叫他儿子来找我报道了两次。墙上这块匾（"诚信为本"）是一个用户送的，他用了我们的产品六年了。他说："你给我提供了太多的方便了，这么多年来，我离不开你这个产品了。"

产品销售最终不是产品，最终让人接受的核心的东西是这个产品带来的影响。用户用了产品以后，产生的影响、效益，可以天天省电，而省电有长期的效益。用户看了这个产品舒服，想着天天能省钱。

政府为什么认可这个产品？它节能降耗。这个产品做的是公益事业、福利事业。一些帮我推销的政府官员觉得：卖得越多，做的善事越多。许多领导有这种概念："我愿意帮你们推广这个产品"。

这些效果事先没有完全预想到，有些是他们（推销员）说出来的。我问："是不是这个产品你卖得越多，感谢你的人越多？""是的，与推销其他产品（如茶叶）感觉不一样，感觉有信心。"我们的产品与节能环保挂钩，有的时候推广的不是产品，推广的是节能事业。

随着社会文明程度的提高和社会多元化的发展，慈善将成为企业助推社会发展的方式，也将成为创造新经济价值的战略选择。2010年慈善蓝皮书预测，未来几年企业社会责任市场将产生重大价值。企业主们基本上认识到这一点。调查中，当我们问及"您觉得做慈善与企业发展有没有矛盾"时，91.33%的人回答"没有矛盾"，仅有8.67%的人认为"有矛盾"。调查显示，在涉及民营企业主是否应坚持"义利兼顾，以义为先"的理念时，"比较认同"的人数最多，为44.67%，"非常认同"的占比为27.11%，而"非常不认同"的只有1.11%（见表3-1）。在义利关系的主观认同上，民营企业主表现出了健康的心态。

表 3-1　对"义利兼顾，以义为先"的认同

认同程度	频数（人）	百分比（%）
非常认同	122	27.11
比较认同	201	44.67
一般	98	21.78
不太认同	24	5.33
非常不认同	5	1.11
合计	450	100

实地研究中，企业主田思源谈道：

  人都是这样，到了一定层次后，就不再是利益至上，做得再大，不是 50 亿元、100 亿元，就成为被崇拜的人物，但在这个行业里如果因为对改善环境作出了很大贡献，这就不一样了。产值再大，表示你赚的钱多，不代表你作出的贡献大。与养职工一样，你招的工人越多，为社会解决劳动力就业做的贡献越大。你用了 10 个工人，表示你纳的税多、对社会贡献比较大。有许多老总现在追求这些东西。

  可以这样理解，企业主投身公益事业，开拓社会责任市场，既是企业发展到一定阶段的需要，也是企业主人生一定阶段的精神追求。一个人不可能一辈子都在赚钱，按照美国清教徒企业家的定义，企业家应该是拼命赚钱，拼命省钱，拼命捐钱。拼命捐钱的阶段，应该是一名企业家公益事业的发展阶段。

（二）增加企业财富，造福社会

  财富是相当一部分民营企业主创业的原动力，但当他们真正拥有了巨大的财富后，他们是怎样考虑的呢？调查发现，民营企业主对财富的看法出现了分化，认为"财富是事业成功的主要标志"的占比为 29.33%，位列第一，紧随其后的是"财富是家庭美满和

生活幸福的基本保障"为 24.44%，选择"财富是身份和地位的象征"仅为 12.89%（见表 3-2）。

表 3-2　民营企业主对财富的看法

对财富的看法	频数（人）	百分比（%）
财富是事业成功的主要标志	132	29.33
财富是家庭美满和生活幸福的基本保障	110	24.44
财富源自社会，应当回归和用之于社会	88	19.56
财富是身外之物，淡然处之	61	13.56
财富是身份和地位的象征	58	12.89
其他	1	0.22
合计	450	100

从民营企业主的选择上可以看出，他们对财富的理解逐渐趋于理性。当涉及"对巴菲特捐赠 99% 个人财富用于慈善事业的看法"时，表示"非常赞成"的有 25.11%，"比较赞成"的有 32.89%，"一般"的有 32.66%，"不太赞成"的有 7.56%，而"不赞成"的仅为 1.78%。"非常赞成"和"比较赞成"两项累计 58.0%，民营企业主对财富的价值取向整体趋于积极，对慈善事业的取向与社会所期待的比较接近。

企业不断盈利，面对不断增加的财富，企业主认为自己对财富的掌管也是一种社会责任。访谈中，企业主赵晨光分析道：

> 有的人看淡了，有的人看穿了，有的人可能还没看穿。有的人把钱看得非常重要，好像每个钱都应该省下来，这是非常好的一种生活方式，比较节俭。还有一种认为，钱都是社会财富，不要把它看得那么重。有个三千万元，孙子辈都不用烦了。剩下的，还不是社会财富。所以，当今社会有许多观念没有人来纠正，比如，怎么看待社会财富？怎么看待社会财富集

中在少数人手上？总是理解为少数人占有。企业家的责任是把这种平时积累的资产进行管理和经营，能更多、更好地分配给更多的人，它是对一种社会财富的管理。一个企业看上去是民营企业，但它承担的责任是社会责任，而且80岁还在看着他的资产，发自内心在管理这些资产。这个资产看上去是个人的，实际上是社会财富，他也用不完。这个资产越多地积聚在个人手里，使用的效率会越高。

其实，钱赚得再多，也不是你的。钱用得掉，是你的，用不掉，不是你的，全是社会的。我跟当官的讲，你们把权看得越淡越好，我们这些当老板的，把钱看得越淡越好。心态决定高度。

至于做慈善是否会担心露富，企业主何京的观点颇具代表性：

做慈善低调，是因为怕露富，这种心态现在不会有。现在捐个几十万元，这样的人太多了，担心什么？怕露富，不是最主要的原因。每个人的想法和行为方式都不一样。社会上仇富心态多少会有一点，但我感觉没那么严重。可能我没感觉到我是富人吧，我没感觉到这种压力。以前怕露富，是怕犯罪分子。社会在发展，现在社会比以前和谐，整个生活水平在提高。以前没饭吃的人多，为了生存犯罪。现在生活水平提高，在我们公司的所在地，没有游手好闲之人，减少了犯罪人群，犯罪率就会降低。

对宪法里写进保护合法的私人财产，企业主彭庆钧认为：

这个无所谓，你的个人资本最终都是社会的。我对财富一直是这么看的。财产到一定程度，你个人花不完的钱，剩下来的就是社会的。给后代太多的钱只会害后代。没必要给那么多的钱,让他正常地消费就行了。

实地研究中,企业主林斌谈道:

> 企业家真的很不容易,企业家是最直接为社会创造财富的。我没听说过,也没见过:哪个企业家把企业做到一定程度后就不干了,把钱吃掉花掉,这种人几乎是没有的。社会应以更加公正的眼光看待企业家。说白了,他不过是一个管理人而已。这个资产其实是社会资产,不断地在社会上流动,哪怕传给儿子,还是在社会上流动,为社会创造财富,只不过在谁名下而已。其实,企业家能花多少钱?我们自己的生活很简单,朋友在一起,就吃碗面条,二十几块钱。大家整天要应酬,一顿饭吃几千元,吃得很累了。自己的消费是很低的。资产在社会上流通,就是社会资产。

亚当·斯密在《国富论》中指出:商品生产者和经营者在为自身利益拼搏的时候,获利最大化的并非他们自己,而是社会。这是因为有一条财富异化规律在起作用,即个人的富有常常是以社会化的形式而存在,当个人财富足够多的时候,私人财富会自然地转化为公共财富。公共不一定是公有,名义上还是个人的,但实质变为共有了,即社会所有。正如亚当·斯密所指出的,这就是为什么一个"只盘算他自己的得益"的个人"受一只看不见的手指引,去达到一个同他的盘算不相干的目的。对于社会来说,同他的盘算不相干并不总是坏事。他在追求他自己的利益时促进社会的利益,常常比他实在想促进时还更有效果。"[①]

[①] 〔英〕亚当·斯密:1776,《国富论》,转引自米尔顿·弗里德曼《自由选择》,商务印书馆,1982,第8页。

(三) 提高员工收入，壮大社会中产

长江商学院院长项兵认为，实现和谐社会的一个先决条件是要在我国打造一个中产阶层占大多数的社会结构。要真正实现这一重大转变，政府与社会各界应高度重视伟大商业机构的打造。这些超越家族的商业机构首先给其员工带来世界级的收入，同时也给股东带来世界级的回报。从这个角度来说，伟大商业机构对社会的一个核心责任就是为社会打造中产阶层。据项兵介绍，平时大家关注比较多的是华为的民族品牌、核心技术与技术创新，及其在全球主流市场主流行业的突破，但这家公司所展示的"中产阶层模式"对转型中国意义更为重大。通过员工持股制度，华为61457位员工（约占员工总数的64.69%），持有华为98.58%的股权，凭借高额股权分红及行业内领先的薪资标准，华为成为中国收入最具竞争力的公司之一。以其薪资初步估算，在华为工作5年以上的员工将按部就班地进入百万富翁行列，其员工收入远远高于当前任何中国中产阶层标准。根据公开资料，任正非在华为持有的股权比例仅为1.42%，作为一位始终掌控公司命运并推动公司前行的创始人，其持股比例之低在同类中国公司中实属罕见。任正非没有使自己成为中国最顶尖的富豪，却将华为的大批员工送进了百万富翁、千万富翁行列，创造了近乎"全员中产"的公司纪录。①

在华为1997年修改的员工持股规定中，华为主张在顾客、员工与合作者之间结成利益共同体，努力探索按生产要素分配的内部动力机制。"我们决不让'雷锋'吃亏，奉献者应当得到合理的回报"。任正非对财富的理性认识，正是华为今天能做大做强的原因所在，劳苦功高而不邀功，财源滚滚而不恋财。正如他所说，"世界上一切资源都可能枯竭，只有一种资源可以生生不息，那就是文化。"②

---

① 项兵：《伟大商业机构与打造中产社会》，《民营经济内参》2011年9月9日。
② 徐上峰：《任正非背后看不见的财富》，《时代周刊》2011年4月20日。

现实生活中，不乏类似华为的经营者。企业主赵晨光介绍了自己企业的做法：

> 我们公司的指导思想是，不仅要求企业健康发展，还要大家共同致富。让我们所有的干部员工风雨同舟，员工不是光拿几万块钱的工资，我们搞了八九年了，拿到一块土地，项目下来，让所有干部员工投资，成为项目的股东，就把大家绑在一起了。除了工资，大家还有分红。正因为这种做法，使我们的干部员工对公司的忠诚度更加稳定，我们公司有十五六年了，干部几乎没走一个，员工也走得很少，有的是被我们辞退的。十几年来，走的员工没有两三个。我们公司开会，一百八十多个干部员工，一人一辆车，他们除了拿几万块钱的工资，还有项目分红。我们现在拿块地，一个项目下来，很可能一个月不到，二十天，就两个亿过来了。他们的钱从哪里来，跟亲戚朋友借，亲戚朋友投资。我总觉得，这也是社会责任的表现之一。

在谈到自己的追求时，企业主田思源分析道：

> 企业做到现在这个阶段，不是追求钱，希望把我的企业带到一定层面，至少在我这儿工作的大部分人有大的发展。对工人来说，使他们生活上有很大的提升；那些有发展前途的，能给他们一个平台，发展他们自己，同时，他们都能致富，个人有更大的发展，企业培养更多的人。第二，事业做得大小，不是看产品，而是推广的用户越来越多，普及面越来越广。至于能做多大，能赚多少钱不是关键，要看你从事的事业能发展到什么程度，将来的影响有多大。产品用的人越多，对社会产生的影响越大。我做方案跟别人不一样，别人追求产值，我每年要培养几个办事处主任，培养几个分公司经理，我的产品今年

要普及到多少行业、开发多少渠道,将产值放在第二位。涉及的面越广,用户越多,对我来说,成就就越高。至于赚多少钱那是其次。对我来说,以前追求高消费,现在观念都改变了,高档消费对我没有吸引力了,那是年轻时候的事。现在怕进舞厅,怕到公共场合去,生活反而简单了,完全是想把事业做得更大。

访谈中,在讨论到一些企业主高调行善的现象时,企业主李荣德坚持自己的行事方式。

我不认同社会上一些企业主的举止。怎么能认同呢?你把利润都做成慈善了,那你未来的发展做什么呢?你的造血功能没有了,将来怎么更多地为社会服务呢?我现在的思考是,用10年的时间,把跟在我身边的人培养出30个千万富翁、70个百万富翁。希望我身边的高层的能走到千万富翁,中低层的走到百万富翁。他们能达到我的愿望的话,对社会的贡献远远比做慈善要重要得多、现实得多。整个社会素质的提高没有物质的积累,就是空的。

北京万通地产董事长冯仑认为,富人的财富早晚是大家的,不必仇富。"只要给时间,让所有人看到财富创造者的财富最终会流向社会、惠及民众,这样真正的和谐社会就有可能建立。如果社会试图用革命的方法剥夺富人财产,那就会乱套,会让社会进入一个'倒循环',最后谁也不去挣钱,导致社会动乱和倒退。用法律和制度确保大家安心创造财富和行善,这才是财富传承中积极和正面的信号。"[①]

[①] 冯仑:《富人的财富早晚是大家的,不必仇富》,《民营经济内参》2012年1月13日。

中国问题专家、新加坡国立大学东亚研究所所长郑永年认为，没有一个庞大的中产阶级这个社会就不会稳定。日本、亚洲"四小龙"这些经济体用了20多年培养庞大的中产阶级，中国改革开放30多年了，中产阶级越来越小，因为财富分配不均，一小部分人消费过度，大部分人消费不足，消费社会建立不起来。社会保障、医疗、教育、房地产这些都是社会政策领域，政府必须投资，现在政府有钱了必须把它做好。另外，个人工资要提高，只有这两块一起做中国才有希望产生庞大的中产阶级。如果中国现在有那么多财政收入不去投资社会领域，经济一旦下坡就永远没有机会，一旦民主化肯定是非常糟糕的民主。①

中国中产阶级尽管有了较快的发展，但其发展中还面临着一些实践上的困境和认识上的误区，影响着中产阶级的成长和稳定。其中一个最大的问题是贫富差别扩大导致中产阶级社会地位不稳。目前，中国社会各群体间收入悬殊，已超出了世界上许多国家和地区。近年来，国家统计局等权威机构以及国际社会不约而同地对中国社会收入分配差距给予了极大的关注。这是因为繁荣并不足以保障社会稳定，财富鸿沟却可以让整个社会断裂。马迪厄在《法国革命史》中指出："革命不是发生在一个贫穷的国度，而是发生在一个富裕的国度。不是发生在大饥荒中，而是在整个国家欣欣向荣的时期。"恰恰是在社会发展最快的时候，社会结构极容易因失衡出现震荡。显然，如果缺乏有效对策，收入差距还将逐年扩大，中国社会危机的可能性就将进一步增加。贫富差别过大，往往潜隐着政治社会风险。

二 外部利益相关者的需求

企业外部利益相关者的需求构成企业的外部制度压力，构成企

---

① 《郑永年说没有中产阶级，发生危机更危险》，《民营经济内参》2012年1月6日。

业主社会责任动机的影响机理，企业主履行社会责任可以说是对利益相关者的期望和需求的反应。企业面对的外部利益相关者的需求或制度压力，我们可以从以下几个维度来分析，包括政府规制、国际市场的规则、非营利组织的参与、消费者权利意识的觉醒和增强、企业的声誉、组织间模仿（同行认可）、企业公民的责任等。

（一）政府规制

这里的政府规制主要涉及环境保护和消费者权益保护等方面的内容。经过多年的发展，我国的企业社会责任强制性规制体系已趋于完善，基本涵盖了社会责任各相关领域，尤其是关于环境保护和消费者权益保护的法规比较完善。除了国家层面制定的法律和法规，各级地方政府也都根据中央政府颁布的法律，制定了相关领域地方法规和政府规章。在引导企业主履行社会责任方面还是产生了明显的效果。访谈中，企业主岳翔介绍了他的做法：

> 怜悯心是社会责任最直接的动力，最原始的动力。这里还有主动的一面，被动的一面是整个社会制度的完善，多个利益群体之间的制衡，迫使有些企业不自觉地要承担社会责任。比如，环评、公众形象能影响产品的销售和市场份额，使他必须这么去做。我们现在是第二年，江苏省政府要求企业每年给员工涨10%的工资，我们在做，但一定要引导员工，是在企业效益增长的情况下涨工资。让员工感觉到，我们一起努力才能实现增长目标。我做这个的时候，就有外围的力量，没有这一条规定，我不一定涨得这么快，也不一定涨得这么多，但毕竟有要求。江苏省要求企业每年涨10%的工资，企业能够承受的情况之下，肯定做了，如果不能承受，也做不了。但以前没有这一条，肯定不会想到去做，因为小企业的盈利能力有限，更多的是用绩效管理政策发奖金，不会普调，而普调是制度设计的引导。制度设计引导企业社会责任。

现实生活中，一些企业主较为自觉地遵守国家和政府的有关法律和规定，其原因或许在于帕森斯所指出的，"行动者之所以遵守这些规范，不是因为他们的期望目标因此而自动实现，而是因为制度带来了社会建构的利益因此而生成了有组织的激励体系"。同时，一个共同体的成员因遵守制度规范所获得的某种优势并不能证明这些规范的有效实施主要或完全依赖于利益和惩罚。一方面，从道德高度遵守这些规范可将利益追逐与规范遵守相吻合。因此，作为一种社会尊重的回报，利益首先要分配给那些真正遵守规范的行动者。另一方面，对于那些不遵守规范的行动者，共同体将给以道德谴责乃至公开惩罚。

美国联邦判决指导原则规定，如果一家企业能够证明它已经"用行动尽到了良好企业公民的责任"，并且具备有效的道德规范计划，那么法院就可以考虑减轻甚至取消针对它的处罚和罚款。[①]

（二）国际市场的规则

加入 WTO 以后，中国经济已经日益紧密地与世界经济融为一体，开展跨国经营、走向世界市场成为中国企业的必然选择。然而，由于国外的经营环境和国内有很大的区别，中国企业存在的权利和经营模式可能会受到质疑，而不像它们在国内市场那样。越来越多的民营企业在走向世界、开展跨国经营的时候，遇到了一种新的制度环境的要求，不仅有消费者、竞争对手、供应商等市场因素，而且还有政府、媒体、公众和公共机构等非市场因素。这是一种自上而下的强制性或决定性制度，其主要来源于整个世界和国际市场的规则，这是一种超强意义的合法性的挑战。其中，对许多出口企业影响比较大的是美国的 SA 8000。

美国社会责任国际咨询委员会曾制定了企业社会责任国际标准 SA 8000，是全球第一个可用于第三方认证的社会责任国际通用标

---

① 〔美〕菲利普·科特勒、南希·李：《企业的社会责任》，机械工业出版社，2011，第 206 页。

准。这个社会责任标准认证体系的主要内容包括企业使用童工、强迫劳工、安全卫生、结社自由和集体谈判权、歧视、惩罚性措施、工作时间、工资报酬及管理体系九大方面的要素，它以一致的标准指定了领域内的最低要求。SA 8000 标准旨在引导企业通过有道德的采购活动，改善全球工人的工作条件，最终使全球工厂形成公平而体面的工作环境。这个标准已得到全球许多企业的积极响应。中国作为全球资本和产业链中的重要一环，面临着考验，企业必须接受认证，遵守社会责任的国际标准，必须承担其社会责任，否则就意味着丧失发展机会。但在访谈中接触的企业主对这个社会责任体系有着自己的理解，企业主陈维儒认为：

> 我是作出口的，做外销产品的。从 2005 年以后，外商的验厂是愈演愈烈，几乎是每个礼拜都有。验厂是以所谓的 SA 8000 为核心的一套价值体系，是对工厂的人权为核心的价值观的审核。主要是看你，比如说职工有没有按时拿到工资，有没有按照国家的法律缴纳养老保险，甚至厕所里的坑位与工厂的人数是否匹配，有没有性骚扰，工人有没有自由等。非常庞大的一个验厂体系。而且，不同的客人验厂标准也不一样，但是，万变不离其宗，核心的东西就是所谓的人权。

西方国家在文化传统、政治制度、社会结构等方面和中国存在很大的不同，在全球化的过程中，那些走出国门的企业主最早、最深刻地感受到全球化带来的境外对产品的质量和人权的要求，对消费者和公民权利的尊重。民营企业应该学会如何在它们的产品销售地建立经营合法性。

加入 WTO 意味着中国企业必须遵循国际通用规则。国际社会上现有的社会责任标准很多，但是大部分都具有片面性。因为这些标准大都是由某个国家或地区根据自身的经济、社会、文化等因素制定的，反映了该国家和地区社会责任的理念，仅仅适用于该国家和地区范围内的社会责任实践，不能适用于全球。而且，目前国际上较为权威的社会责任国际标准都是由发达国家制定的，更多的是代表发达国家的利益，缺少对发展中国家利益的考虑。这样的社会责任国际标准，在对外贸易中被用作认证标准，增加了企业出口的认证程序和指标，从而增加了组织的交易成本。中国作为一个对外贸易大国，社会责任的认证方面几乎处于完全被动状态。加之国外市场强有力的竞争，国内劳动力、原材料价格上升，内需市场不足，过去那种低附加值、密集型劳力、资源消耗型的生产方式难以为继。企业主郑智由衷地感慨："我是在率领着一帮骑自行车1个小时的车程就到了我的工厂的农民组成的产业工人大军，与世界上要求最高的日本人做生意。"

开放格局下的全球化视野，迎来了可观的外贸出口订单，也迎来了民主的人权观念。从沃尔玛对产品生产过程的要求，民营企业主意识到了企业的社会责任。我们注意到，尽管有些无奈，但开放的贸易确实有助于民营企业主健全民主观念，朝着民主化的方向行进。专门为沃尔玛做产品加工的企业主李云泉谈道：

> 我们主要做外贸加工产品，沃尔玛是我们的客户。为沃尔玛做的产品最基本的，要达到人权与安全两方面的保证，这两方面做不到的话，它不会下订单给你。所有的做法都要符合《劳动法》的规定，沃尔玛介入我们的整个生产过程，对每个环节都把关比较严，所以说有时候美国的这些理念是值得我们学习的。当然，现在全部按照它的要求做也是不太可能的。

近年来，在走向国际市场的过程中，中国民营企业遭遇到一系列挫折。由于社会结构和文化传统以及政治制度的差异，基于中国社会主义初级阶段国情的中国企业的合法性，在西方环境中失去了生存的土壤，而中国企业在国外遇到的最大的合法性危机来自道德和认知。

同样是与美国和中国台湾地区商人合作的企业主喻文，尊重合伙人的思维，照章办事，获得了合作者的认可。访谈中，他告诉我们：

> 我是1990年下海创业的，属于第一代民营企业主。第一代企业主中，很多做得很大，后来由于文化素质较差，有了钱吃喝嫖赌，大部分都被淘汰了。我之所以撑到现在还归功于我做事认真，从一开始，我的账务比较清楚，税务局评我的企业为优秀税务企业，没有任何违规现象。我认为该你赚的钱你赚，不该你赚的钱，你一定得缴。万一哪一天被查到，罚款是一样，名声又不好。一直到现在我的账务没出现过任何问题。税务局长认识我，我不认识他。好多公司开张，先跟税务部门的人吃呀喝呀，这是企业必走的一步，很累。哪一天局长换了，又得公关。我从来没有，你什么时候来查都一样。后来之所以与老外一下子就能合作，他们在美国和我国台湾，我们的财务报表每个月从网上传过去，他们清楚、放心。我觉得制约中国中小型企业发展的也是这方面的因素，就是财务制度不健全。

中国加入WTO以后，越来越多的行业开始向境外机构投资者开放。而全球机构投资者不仅关注企业的经营绩效，还加强了对企业在劳动法规、知识产权、社会公益和环境保护等方面的考察。为了吸引机构投资者，许多企业不得不考虑机构投资者的公司治理偏好，这对加强民营企业主的社会责任感产生了潜移默化的影响。

面对来自境外的规则和做法，实地研究发现，不同的企业主的思维不同，企业主常盛则比较认可国外的经验。

> 国外的企业家比中国的企业家更重视社会责任。一些中国企业单纯追求利润，而不考虑人工或社会效益，欧洲的一些国

家和美国毕竟发展了100多年，已经走过原始积累阶段，在现阶段，它更多考虑到工人、社会的和谐和企业的长远发展。实际上，这是双赢的，一方面，工人收入高了，他的家庭生活好了，他会更安心地工作；另一方面，公司效益好了，待遇好了，就能招到更多、更优秀的员工，形成一个良性循环，同时为社会作出贡献。

当一个企业走向海外的时候，企业行为就成为一个国家文化的象征，企业家的言行往往代表了国人的形象。中国的经济处于转型阶段，中国的企业和产品越来越多地走向世界。面对国内外对国内企业的产品和服务的怀疑态度，企业积极寻求社会责任认证，这有利于确认一个企业的合格生产者地位，提高企业的认知合法性，有助于扩大产品出口，获得国内外关键的资源。

(三) 非营利组织的介入

英国著名社会理论家吉登斯指出，现代社会实际上就是"风险社会"，现代文化实际上就是"风险文化"。当人的主体以外的力量发展到超越了主体可以自己解决问题的局限时，人们就不得不把自己的身心交由制度化的社会机构来负责，这就为西方资本主义社会中各种处理人的事务的机构提供了扩张的空间。[①]

在公民民主政治意识觉醒和"全球结社革命"兴起的背景下，非营利组织对企业行为的影响已经越来越大，尤其是企业社会责任行为越来越受到非营利组织的压力。随着企业投资行为的全球化，政府对企业社会责任行为的监管越来越乏力，这在发展中国家尤为突出。由于对外开放时间不长、体制改革尚未到位，相关法规尚未完善。因此，非营利组织对企业社会绩效的监督作用不可或缺。

访谈中，企业主陈维儒介绍了这方面的情况：

---

① 王铭铭：《山街的记忆——一个台湾社区的信仰与人生》，上海文艺出版社，1997，第29~30页。

西方国家认为中国人权有问题，可它又不可避免地从中国进口必需的消费品。它要向公众即消费者证明，采购中国的产品是经过人权考核合格的工厂生产出来的，而不是所谓的血汗工厂的产品。有时，我们的媒体讲验厂是好事，其实，某种程度来讲，也是一种带有歧视的行为。可国外的一些非政府组织很强势。国外很多大的买家，包括沃尔玛、迪斯尼，必须要走这套程序，如果不走的话，它的产品一旦到了消费市场，一个报道就能把它的产品搞垮，它的公司形象就搞垮了。

我们注意到，境外的非营利组织现在正通过直接与间接两种方式影响企业的生产和社会行动参与，让企业主倍感压力。访谈中，企业主陈维儒介绍了最近发生在我国某市的一件事：

春节前后，英国有个小报《太阳报》披露某市一家玩具厂生产英国伦敦奥运会的吉祥物，工人超时劳动，没有拿到应得的工资，就定性它是血汗工厂。这是一个非正式组织，叫SACOM。这个组织采取卧底的方式、不公正的方式把它公布出来，它的目的是搞垮一个企业，搞垮一个行业。所以，我们要有明确的态度。

后来国家安全部门介入这个事件的调查，结果它就是一个敌对组织，实际上是国外的一个基金会在支持它。我最近在做研究，发现国外的基金会是很隐蔽的，比如，福特基金会、亚洲基金会、洛克菲勒基金会、卡耐基基金会，很多基金会都是美国中央情报局出钱的，然后通过这些基金会去做美国政府不能做的事。

企业承担社会责任，大家都在做，这是社会发展的必然趋势，必然会走到这条路上。另一方面，这里面也有看不见的战线，也有斗争。国外也在用这个作为砝码和武器压制我们。

通常情况下，非营利组织更多的可以通过制定各种行业标准，一方面，使企业按照社会的需求经营，另一方面，可以建立企业履行社会责任的行动准则和问责依据。例如中国消费者协会2007年发布的《良好企业保护消费者利益社会责任导则》。行业标准虽不如法规具有强制性，但在行业"标杆企业"的示范和带动下，能在行业内形成制度规范，协调行业内企业的社会责任行动、提高企业社会责任感、促进企业的可持续发展。

（四）消费者权利意识的觉醒和增强

改革开放带来了中国经济的快速发展，30多年前，中国社会的私人产品不能满足人们快速增长的生活必需品需求的基本矛盾得到解决。随着私人产品的逐渐过剩，经济社会的发展开始进入消费者占有一定主导作用的阶段，企业的经营理念和模式也必然发生一定的转变。通过对17世纪哈利法克斯教区中等阶层和中产阶级的纺织业生产活动、商业交易、信贷、日常消费、住房、宗教生活、娱乐、社团组织、政治生活、家庭和社交细致入微的分析，美国历史学家约翰·斯梅尔认为，"新的消费文化促进了纺织业中经济变革与文化变革的相互作用"。[①] 今天，消费者主导社会的到来，对民营企业的产品和企业主的社会责任担当提出了要求。企业主岳翔在企业经营中充分意识到消费者权利的觉醒，并引导员工自觉尊重消费者的权利：

> 我们有个口号：顾客永远是正确的。顾客的任何一个需求都给你指明改善经营的方向，说明需求变化了，关键是你有没有本事来满足他的需求。要满足顾客的需求，成本可能比较高，或者公司制度性设置还没有到位。所以，顾客永远是正确的。一些人讲顾客蛮不讲理，其实是他的需求跟你能支撑的产

---

① 〔美〕约翰·斯梅尔：《中产阶级文化的起源》，上海人民出版社，2006，第119页。

生了矛盾，这种需求说不定就代表未来，假如你能率先重视这个需求，满足他的需求，企业在竞争中就更有作为，社会存在的意义和价值就能得到更好的体现。从这个角度讲，顾客永远是正确的。

掌握市场需求的动态变化，满足消费者的需求，是解决基本生存的企业迈向卓越的一个至关重要的因素。只有具有理想主义色彩的企业和企业家在现实中才能取得巨大的市场成功，美国的苹果、中国的华为都是很具代表性的例子，它们把理想主义合理地变成了生产力。

消费者的购买行为受其价值观的影响，消费者个体的价值观又根植于整个社会的共同价值观。企业的产品设计和经营活动能够体现消费者的理想和追求，企业的经营活动符合社会的共同价值观和道德规范，将会得到消费者的心理认同，从而愿意购买企业提供的产品和服务，使消费者群体扩大，产品空间进一步拓展。企业主赵晨光谈了他的认识：

> 我非常敬佩和尊重、非常羡慕和努力学习的一位日本著名企业家稻正和夫，在他晚年，他把两个企业变成世界五百强企业，他的经营思想的核心就是利他之心。而利己之心，在现在众多企业的经营思想中几乎占了主流，一切都是为了赚钱，一切都是为了经济效益最大化。我觉得，在企业经营过程中，更要考虑到别人，考虑到消费者。只有多考虑怎么有利于他人、有利于消费者的企业才能常青，才能有口碑，才能在市场上就立于不败之地。
>
> 从企业的发展来看，今后的市场竞争主要是品牌竞争，适者生存。淘汰谁，肯定是淘汰那些对消费者不负责任的企业。

在访谈中，企业主陈维儒也提及：

一个企业要想把产品卖得好,就一定要在公众中有良好的口碑。这是屡试不爽的。现在,人的需求已经超越了对产品本身的需要,因为产品首先必须是公众能接受的,质量、款式、售价等方面,是大家能量化衡量的,但超过这个以后,现在的社会消费,还有一种就是价值观的消费。

市场竞争中,不同的产品给消费者带来不同的知觉和情感,对企业的生存和发展影响很大。科特勒和阿姆斯特朗把一个品牌的定位描述为:"对比于竞争对手的产品,一种产品让消费者形成的一套复杂的知觉、印象和情感。"①

在《品牌的精神》一书中,哈米什·普林格尔和马乔里·汤普森提出了一个令人信服的捐助理由:把一家企业或一个品牌与相关的慈善机构或公益事业联系起来,这能够提升"品牌的精神"。他们认为,"消费者的关注已经超越了实用的产品性能或合理的产品利益等实际问题,甚至超越了品牌个性和形象的情感和心理特征。消费者在走向马斯洛需求层次的最高层,在追求'自我实现'。"如今,他们要求和感兴趣的是善行的证明。"从拟人的意义上说,如果消费者知道了一个品牌怎样起作用以及它怎样'思考'和'感觉',那么接下来一个必须要回答的新问题就是'这个品牌信仰什么?'"②

出于对市场的考虑,企业主施海涛不得不考虑消费者的权益:"本市就这么大,你不能卖水货,顾客买回去,坏了找不到地方修,知道是水货,就不再买你的产品了。"但在现实生活中,我们看到更多的是对消费者的思想和权益的漠视。很多企业主对消费者

---

① 〔美〕菲利普·科特勒、南希·李:《企业的社会责任》,机械工业出版社,2011,第 116 页。
② 〔美〕菲利普·科特勒、南希·李:《企业的社会责任》,机械工业出版社,2011,第 14 页。

是没有敬畏之心的，反而经常利用消费者的幼稚，费尽心机地"搞定"消费者。

国富创新管理咨询公司董事长周永亮在分析民营企业的困难时指出：在中国，制造业由数年前的"幸运儿"到今天的艰难度日，原因在于，国内市场变化越来越快，消费者要求越来越高，但是很多民营企业依然认为中国的消费者还停留在10年前，结果无法在金融危机到来和海外市场萎缩的状态下满足国内的需求，"达芬奇家具事件"是典型的把国内消费者当"傻冒儿"耍。结果是，聪明反被聪明误。习惯了靠国外订单和退税补贴生存的部分制造企业对国内市场的变化失去了敏感性，甚至懒得了解国内需求。如果中国的制造企业未能意识到市场环境的本质变化，恐怕很难更上一层楼。①

企业赚钱有两种逻辑：一种是市场逻辑，即你只有给别人创造价值才能赚钱；另一种是强盗逻辑，即你不需要给别人创造价值，只要把别人的东西拿过来就赚钱了。有些民营企业不是靠真正为消费者创造价值而赚钱，而是通过损害其他竞争者和消费者的利益来赚钱，这一点非常危险。②

因此，要想真正把握消费者，就得怀着一颗敬畏之心，像追求真理一样，不断地了解他们、琢磨他们。企业应当投资消费者的未来，像世界级公司那样帮助消费者成熟，在企业与消费者之间建立良好的互动关系。

（五）企业的声誉

企业声誉是基于企业过去和当下的社会绩效，形成对企业未来行为的预期。企业声誉源自企业的社会行为表现，社会行为表现是指企业行为的"社会"结果。韦伯认为："如果人们的活动受到他人行为的影响并且受到行动者主观意义的影响，那么这些行为即是

---

① 周永亮：《民企的日子为啥这么难》，《民营经济内参》2011年9月2日。
② 张维迎：《民营企业不要"自废武功"》，《民营经济内参》2012年2月17日。

社会行为。"① 企业的社会活动是企业为支持社会公益事业、实现其对企业社会责任的承诺而采取的重大活动。通过这些活动来支持的公益事业,可以满足消费者的基本需求,促进社区的健康和安全,保护和改善环境,促进社区和经济的发展。

经济学中的效率机制认为,企业的行为为追求利益最大化所驱动。但社会发展的趋势客观上要求企业在经营过程中除了考虑利润,还需要考虑企业的社会绩效。企业的社会绩效本质上是企业利益相关者对企业行为作出的合法性评价。当企业行为符合社会的期待时便被认为是合法的。

合法性的机制是建立在社会承认的逻辑之上,关心的不是效率问题,而是如何得到社会承认取得合法性,以便企业的生存。从制度学派的角度来看,企业声誉是建立在社会承认的逻辑之上。社会承认的逻辑是:如果企业要获得社会威望和社会地位,企业的行为表现必须超越狭隘基础上的个人私利,必须使一个特定环境中的企业行为看起来是合乎情理的、可以接受的,甚至是值得称颂的。企业通过这些手段获得了合法性,但是并不一定会带来经济上的效率。

企业的声誉是在不同群体和个人相互作用的过程和共同承认的基础之上建立起来的。因此,企业的声誉是一种社会现象。声誉作为一种社会制度是建立在稳定的社会地位差异之上的;与此同时,声誉只有跨越这些社会群体的界限,为不同群体的成员所认可和接受才有意义。企业声誉是利益相关者对企业过去和当下行为的认知,是一个主观判断。而企业和企业主的社会责任担当是企业和企业主行为的客观表现,是合法性机制将企业和企业主的社会责任这一客观行为转换为企业声誉这一主观认知。企业声誉的要求诱使企业主采纳那些符合社会期待的行为,诚信经营,以便得到社会承认,促进企业发展。对一个企业而言,一旦名声败坏,将会给企业

---

① 周雪光:《组织社会学十讲》,社会科学文献出版社,2003,第251页。

造成巨大的损失。

中国的民营经济逐渐走过原始积累期，开始进入新的发展时期。在新的转型升级阶段，民营企业的竞争加剧，社会信任缺失带来的问题需要企业改变利益相关者对自身形象的看法。访谈中，企业主赵晨光介绍了他的做法：

> 今天早晨我们公司开晨会，公司星期一到星期五每天早晨都有晨会，我们有晨读会和学习会，今早开的是晨读大会。我们有6个公司，多数是与人家合作，我们控股。今天是开一百多人的全体干部员工大会。公司出台了一个14号文件，要求从今天开始，公司的干部员工要从点滴细节做起，把善待同路人落在实处。从细节做起，从小事做起，小中见大，号召全体干部员工，在我们管辖的260万平方米的九个重点小区，全面实施"三个必须做到"：第一，做文明使者，人人都要做保洁员，只要看到路边有垃圾，要主动拾起，扔到垃圾箱。上到董事长，下到普通员工，都要这样做。第二，在所有管辖的小区，只要有业主，都要停下脚步，主动向业主问候，笑脸相迎，让业主先行。第三，做平凡人，公司所有的干部员工，遇到保安、保洁员，都要忘记自己的身份，主动向他们问好，让他们有一种自尊和自豪感，感到能得到别人的尊重。所有公司的干部员工从今天开始要做到的"三个必须"，要持之以恒，养成习惯。这是公司提升品牌的重要举措。只有坚持这样做了，才会感动业主，感动身边的人。
>
> 把善待同路人落实在行动上，从细节做起，从小事做起，小中见大，做我们企业的文明使者，更主要的是体现一种社会责任。

美国的科恩/罗珀公司的研究显示，一家企业对社会活动的参与能够对潜在的和当前的员工以及市民和高级主管产生积极的影响。根据其在 2001 年 3 月进行的一次调查，与没有报告它们有公益事业关联计划的企业相比，在有此类计划的企业里，对本企业的价值观感到骄傲的员工比例要高出 38%。即使是在"9·11"事件之前，也有 48% 的被调查者暗示，在决定到哪里工作时，企业对公益事业的承诺对他们有着非常大的影响。在"9·11"事件之后，这一数字上升到了 76%。而在他们的"2002 年企业公民责任调查"中，他们在全国范围内抽样调查了 1040 位具有代表性的成年人，其中有 80% 的被调查者说如果他们发现一家企业有负面的公民责任实践，那么他们很有可能会拒绝为这家企业工作。[①]"1999 年美国本土科恩/罗珀报告"显示，有 2/3 的消费者说，当不同品牌的价格和质量不相上下时，他们有可能转向某个与公益事业有联系的品牌或零售商。[②]

惠普公司首席执行官卡莉·费奥瑞纳（Carly Fiorina）在 2003 年 11 月 12 日"面向社会责任的经营"组织的年会上的发言中讲道：[③]

> 多年以来，社区发展目标一直被看成是独立于商业目标的慈善活动，而不是商业目标的重要组成部分，"做得好"与"做好事"被视为不同的追求。但是我认为这种情况正在发生改变。今天出席此次会议的很多组织都日益重视这样一个事实：从一开始就把对社会和环境的关心整合到经营战略中，这能够促成前沿创新和竞争优势。而且在这个过程中，我们能够加速新鲜的创意、新兴的市场以及对新一代员工的开发和培养。

---

① 〔美〕菲利普·科特勒、南希·李：《企业的社会责任》，机械工业出版社，2011，第 16~17 页。
② 〔美〕菲利普·科特勒、南希·李：《企业的社会责任》，机械工业出版社，2011，第 82 页。
③ 〔美〕菲利普·科特勒、南希·李：《企业的社会责任》，机械工业出版社，2011，第 1 页。

企业主和企业的社会责任可以增强企业的竞争力,改变企业的形象。苏宁电器集团董事长张近东认为,现在越来越流行责任竞争力的说法,表明积极履行社会责任将能够增强企业的竞争力。[①] 访谈中,企业主陈维儒也表达了类似的观点:

> 有一个应该是规律性的东西,企业要做得好,它的社会责任一定履行得好。反过来,社会责任履行得不好的,企业也一定不会好。因为,现在人的需求是多样化的,其中很重要的是,员工对自身的证明、社会对企业的评价,已经决定了产品的好坏和销路的多少,这样的例子太多了。

企业声誉是一种由社会建构的资产,企业的社会行为是一种客观表现,而企业声誉则是依据当时的制度标准来评价企业的社会行为的结果,是主观评价的结果。企业的社会行为得到社会的承认,获得了合法性,才能转换成企业的声誉,因此,企业的声誉通过合法性机制得以获得和保持。访谈中,企业主高平谈道:

> 一些民企老总认为过去受歧视,现在好些了,但没有根本改变。这个观念有两方面的原因,从社会舆论方面来说,逐步地对民营企业家有比较正面的看法。从形式上来讲,社会应认可企业家的正常发展,帮助他们获得发展的机会,作为社会来讲应该有这样的考虑。目前社会对民营企业家的发展总体上有比较好的氛围和环境,至少没有大的问题,小的方面的问题可能会有,例如工商局的某些人对民营企业家的看法不是太好,或者你有什么事情让他不满意,他可能会说一些话,但这不属于大的范围的问题,是个人行为方面的问题,我认为企业家不

---

① 张近东:《社会责任推动苏宁电器发展》,《民营经济内参》2011年1月7日。

应该计较这些事，这些不阻碍企业发展，并没有产生很大的影响。企业家应该有胸怀来面对很多事情。作为企业家本身来说，也有一个怎么塑造社会形象的问题。做企业的人，你本身的行为不好，给别人的印象是负面的，例如做一些违规的事情，生产假冒伪劣产品，做对社会有损害的事情，例如造成环境污染，自己的行为并不检点，作为企业家本身需要认真地改变自己，审视一下自己的行为是不是对社会带来了危害。至少，一个企业家如果目前没有实力对社会作出贡献，也不要对社会造成危害。我希望企业家这样做。假如我现在做不成很多事情，从个人行为上来说，也应该注意自己的形象，企业主做了违规的事，企业的员工会受到很多影响，而且在社会形成很多负面印象。作为企业家来说，需要认真地审视自己，看看自己有什么问题。你暂时不能对社会做什么贡献，也要善待社会，不要给社会带来危害。

企业的声誉通过合法性机制获得，因而企业必须密切关注制度环境的变化，并依据相应的制度背景调整企业的社会行为，提高企业的合法性。同时，围绕制度环境的变化进行相应的投入，以提高企业的声誉，从而加快企业的发展。并且，企业在某些方面还可以引导环境的变化，以有利于企业的发展和社会的进步。在这方面，企业主岳翔有着自己的感悟：

> 企业主在行使社会责任的时候，有没有觉得自己去改变了什么？我觉得还是改变了，为什么？比如，我参加一些政府组织的活动。在一些社会兼职活动中，相关部门提到我们公司，有比较好的反映，听了就会开心。我们做的事，别人看到了。说明只要坚持做下去，不会委屈的。我觉得对周围的人也有影响。我们也设计了一个制度，某种程度为了迎合政府的口号，它正好与我的观点重合。把爱传出去，把和谐建起来。我们店里有个捐款箱，

所有特殊病种的病人，他们的门诊医药费不是四五百，而是两千五，这是社会对他们的爱。特殊病种的病人在我们店购药的1%，我们以你的名字，作为捐款，我们再评"慈善之星"。这个活动是与区慈善总会一起评的。其实，也是个促销活动。

我现在就是用这种活动来诱导你。到我这儿消费，按你消费的1%捐款给慈善总会。你的行为是个善举，还会得到鼓励，当然是精神上的鼓励。捐款箱第一年统计下来是4700元，第二年大概是3500元，与营业员的引导有很大的关系。最起码对公众起了一定作用，来店里买药，店里代你捐1%给其他困难的人，这样企业销售规模大了，它不是纯粹自私的人，而是反哺社会，使我们整个社会的文明程度提高了。这种促销活动与社会上的制度建设目的都是一样的。

在销售产品的过程中，我们的口号也变了，安全用药，政府放心百姓满意。理念：要把药店变成自我药疗的教育场所，知识的普及场所。要让大家理性消费，这也是社会责任。现在，信息不对称，药店糊弄人，只求把产品卖出去。顾客来买药品是为了解决病痛的，药店要提供质量合格的药品，还要为他提供全方位的健康解决方案。因此，我们的药学服务要加强。要把药店的店堂变成课堂。只有把知识、理念教给大家，大家才会理性地消费，企业在理性消费的过程中获得效益。有的企业虽然销售额不错，实际上是负增长。为什么呢？它做的不是有意义的事。只是可能把别人口袋里的钱掏到你的口袋中，并没有让财富真正地增值。而财富增值就是我们现在说的体现环境友好，只有符合这几条，才是真正的增值。作为一个企业来讲，追求什么？是追求即时的利润，还是追求环境友好，我觉得还是应当追求环境友好，我接触的大多数企业可能都有这个想法。

（六）组织间模仿

组织间模仿对民营企业主履行社会责任追求社会合法性有着很

大的影响力。新制度主义理论认为，在场域环境中，企业的行为不仅受到自身资源和经营目的的驱使，还会由于"合法性"的压力而出现模仿和趋同性。模仿的一个重要条件是环境的不确定性，面对不确定的环境，企业无法作出最佳决策，而模仿已经成功了的企业，可以减少不确定性。行业内其他企业通过改善社会绩效赢得社会声誉的行为，会诱导一个企业重新考虑自身的定位和做法并转而采用被普遍认同的行动模式。将自身的行为与已经获得合法性的行为联系起来，会有效地提升企业的社会合法性。

企业获得社会承认的逻辑基础是合法性机制。合法性机制是一种强大的社会期待的观念力量，建立在对合法秩序的信念之上，为企业履行社会责任提供了一个确定的基础和行动约束。合法性机制导致制度设施不断出台，迫使各个组织不断地接受制度环境的约束，走向趋同化。

组织理论家不喜欢理性选择模型，而喜欢视若当然的预期模型，这种模型假定"行动者会根据适当性规则，把某一种行动和某一种情形自然地联系起来"，而这些规则是通过社会化、教育和在职学习，或者对传统的熟悉而被吸收和内化于行动者。个人无时无刻不面临选择，但在进行选择时，他们会从处于相似情形的他人那里寻求指引，也会参照义务规范或标准。[①]

模仿实际上代表了对某一创新的认可，模仿者的增多有助于在市场中合法性的确立。[②] 特别是当开拓市场时，相关的模仿反而有助于对某一创新活动认知群体的扩大以及认知水平的提升，进而带

---

① 〔美〕沃尔特·W. 鲍威尔、保罗·J. 迪马吉奥主编《组织分析的新制度主义》，上海人民出版社，2008，第11页。
② DiMaggio P. J, W. W. Powell, 1983, "The Iron Cage Revisited: Institutional Isomorphism and Collective in Organizational Fields". *American Sociological Review*, (48): 147-160.

来认知合法性的提升。①

一个企业可以通过模仿众所周知的企业或者公开地遵循专业团体制定的规范确立自身的合法性。成功的实施合法性战略的一个重要途径是观察成功的本地企业的运作,向他们学习管理经营合法性的经验。访谈中,企业主施海涛谈及:

> 随着生意一步步做大,境界在提高。随着交往的人层面不同,我的知识也在增加。我们一些老总经常聚在一起,喝茶、聊天、谈各种事情,我从他们那儿学到不少知识和经验。我如果现在还在农村,接触的是农民,就不可能提高。

迪尔凯姆认为,人格是神圣不可侵犯的东西;既不可亵渎它,也不可侵入其领域,然而,与此同时,最大的善却是与他人的交流。② 个体不可能自由地选择制度、风俗习惯、社会规范和法律程序。一个企业要走向成功需要不断地学习和模仿优秀企业的成功经验以规范和提高自身的经营。而一种成功的企业实践往往会成为风向标,引领其他企业及时作出调整和变革以适应这种可能会成为趋势的变化。作为一家在当地较为成功的企业,企业主赵晨光觉得:

> 我们企业对当地不能说影响很大,只能说起到一点触类旁通的作用。说到影响,如果个别企业,做一些实实在在的得民心的事,消费者和老百姓会自有评价。但我们做得远远不够,所以,我们把善待同路人作为一个工程去做。

美国学者约瑟夫·格拉斯契维茨通过调查发现,公司的执行官

---

① Haunschild P, 1993, "Interorganizational Imitation: The Impact of Interlocks on Corporate Acquisition". *Administrative Science Quarterly* (38): 564-592.
② 〔美〕欧文·戈夫曼:《日常生活中的自我呈现》,北京大学出版社,2008,第56页。

与慈善精英之间的联系越多,则公司参与 MPCR 项目的可能性就越大。因此,同辈群体压力,对于号召公司参加这一项目似乎是很重要的,但正是这个项目的参与者与精英不存在亲和性,解释了谁支持一种开明自利伦理,谁就会把更多的钱用于慈善事业。① 实地研究中,企业主林斌介绍说:

> 我们在本地有个聚成校友联谊会,副市长为董事长,有一百个企业家,我们以学习为目的。我们对第三中学的宏志班进行赞助,已经常态化了。我们给宏志班提供奖学金,给考上大学的优秀生提供电脑、手机、箱包等实物,与他们结对,在他们未来四年的大学学习中,将从经济、社会实践、就业岗位、创业指导等方面对他们给予支持。这样的活动,大家很踊跃。

当企业主参与类似的活动,实际上更多的是向利益相关者和社会发出了企业遵守社会规范、符合社会公众期待的信号。这样的"集体行动"会在公众心目中得到认同,降低公众对个别企业合法性的消极感知。现实生活中,一个企业在表达自己的意愿时,往往也会通过行业协会进行,因为行业协会的"集体行动"要比单独行动更可能被认为是合法的。

追求社会承认的行为使得企业必须正视并受制于社会价值观念制度及其意义秩序,这正是企业"同化"的基础。人类学家安德森在《想象的共同体》一书中提出了类似的观察:在现代社会里,由于通信交流技术的传播,人们常常生活在一个"想象的共同体"里。我们对数千里外的灾难、战争揪心焦急,这意味着我们在用同一个价值体系来判断、评价整个世界。社会等级制度一旦被认可,

---

① 〔美〕约瑟夫·格拉斯契维茨:《使法人行动者(公司)负责任:明尼阿波利斯—圣保罗市的制度建立过程》,见〔美〕沃尔特·W. 鲍威尔、保罗·J. 迪马吉奥主编《组织分析的新制度主义》,上海人民出版社,2008,第 327 页。

不同阶层的人便共享同样的价值判断。[1]

(七) 企业公民的责任

企业公民是 20 世纪 90 年代提出的概念,企业公民表明,企业自愿而主动地承担更多的社会责任,致力于解决一些社会问题,同时,为企业谋求更多的自我发展机会,从而促进社会与企业的共同发展。

企业的发展趋势,正如美国学者马顿和克莱恩指出的,企业一定程度上已超越了企业的身份,成为类似于政府的公民权管理者,在一些政府缺乏关注、没有能力提供福利的公民权领域发挥作用,为企业的员工、客户和社区居民提供福利保障和发展机会。[2] 在 2012 年 11 月 8 日召开的中国共产党第十八次代表大会上,胡锦涛同志在所作的《坚定不移沿着中国特色社会主义道路前进,为全面建成小康社会而奋斗》的报告中提出 2020 年全面建成小康社会的宏伟目标。在这个过程中,我们面临许多问题需要解决,其中之一是公共产品不能满足人们日益增长的公共服务需求。我们现在是私人产品相对过剩,而公共产品严重短缺,公众对医疗卫生、教育、社会保障、环境等公共服务的需求越来越迫切。

企业的社会合法性不仅因为它向社会提供了商品,为利益相关者提供了物质利益,还在于它是否对社会更大范围的需求作出回应。当今社会,通过慈善捐款和参与社会公益事业成为企业提高合法性的重要策略和途径。我们看到,一些民营企业主在慈善捐赠方面相当踊跃和慷慨。

2010 年慈善蓝皮书指出,民营企业为慈善事业提供的资源最多,房地产行业表现抢眼。民营企业在慈善事业中扮演了日益重要的角色,无论从公益主动性还是捐款数额上,都处于领先地位。不

---

[1] 周雪光:《组织社会学十讲》,社会科学文献出版社,2003,第 266 页。
[2] Matten D, Crane A, Chapple W. 2003, "Behind the Mask: Revealing the True Face of Corporate Citizenship". *Journal of Business Ethics*, 45 (1-2): 109-120.

仅在企业数量和捐款数量中占据了较大份额，而且开始探索新的慈善模式。2009年，民营企业为中国慈善市场提供的资源最多，捐出款物总额超过54.27亿元，占企业捐赠总额的41.35%，占境内捐赠总额的20.39%。从2010年发布的中国慈善排行榜的企业捐赠排行榜看，2009年捐赠超过百万元的民营企业有282家，占慈善企业总数的62.9%，这个数字远高于国企和外企。在捐赠总额前10名的上榜企业中，民营企业占据了5个席位，外资企业有3个席位，而国有企业只有2个席位。[①] 2010年以来，企业私募的公益基金会发展非常迅速，已经有将近一千家。除此之外，个人捐款记录不断被打破。不仅有捐出价值上百亿元资产的，还有一次性个人捐款超出十亿元的。

企业经营是为了获取利润，实现效益最大化，在企业经营本身资源就很匮乏的情况下，企业主还要担当社会责任将一部分资源捐赠出去，这种做法是否理性。

哈佛大学心理学教授塔尔（Tal）教授指出：最自私的行为就是善举。帮助他人就是帮助自己，帮助自己继而帮助他人。有钱人的另一种统御方式是靠慷慨捐款建立起来的。尽管捐款对积累财富有种种不利影响，但精明的有钱人为什么要冒这个险呢？大富翁泰得·特纳并不讳言其中的利己考虑："我发现，我越是做好事，钱进来的越多。"从任何实际的观点——包括达尔文学说的观点——都可以看出，所有慈善行为都有很大的利己成分。洛杉矶有位名叫罗伯特·洛奇的企业家，他欣然承认，他花在慈善方面的每一块钱都能换回1.1美元到2美元。他捐钱出去的时候未必打着赚回来的主意，但是捐了就能赚。捐助慈善事业可以博得大众的好感，从而使捐助者有机会结识对自己有助益的人物。例如，洛奇因为捐助癌症研究机构，成为一家创业制药厂的早期投资者。如今，按洛奇估

---

① 《民企为慈善提供的资源最多》，《民营经济内参》2010年11月19日。

计，他当初投资的 100 万美元已经增值了 7 倍，而这家公司上市后，盈利可达 30 倍。① 事实上，有钱人到头来把资源捐出去，是基于和当初要赚进来的相同的原因——要在地位与财力的竞争中感觉自己在做主，有成就，能获胜。②

羚羊为什么要跳跃，孔雀为什么要拖着相当于它身长两倍的、美丽却碍事的尾巴，以及有钱人为什么要投入那些不寻常的炫耀行为。生物学家扎哈维 20 世纪 70 年代提出的不利条件原理，动物和人类不是在作出最冒险、最过分的行为之余侥幸能兴旺，而是正因为有这类行为而兴旺。这些行为是我们做广告的方式，借此告诉别人我们有多么能干、多么健康、多么大胆。由于人类世界是个对许多事情无动于衷或冷嘲热讽的地方，所以我们的广告行为必须包含重大成本——也就是不利条件，才足以说服人。③ 实地研究中，企业主高平也认为："做企业必须要有冒险精神，没有冒险精神就不可能成为一个好的企业家。什么事情都有适用办法，怎么可能轮到你去成功呢？"从企业家的本义来看，"企业家"一词源于法语的"entrepreneur"，其原意是指"冒险事业的经营者或组织者"。英语字典的解释是："someone who organizes a business venture and assumes the risk for it."意思是："组织商业冒险并为此承担风险的人。"从词源和英语的解释可以看出，"企业家"的核心内容是"冒险"和"承担"这两个词。

金融危机带来了市场疲软，贫富差距的扩大引发了一些公众的"仇富"心理，社会舆论对很多民营企业有"为富不仁"的评价。为了扩大市场，降低由于两极分化带来的公众怨恨情绪，改变社会

---

① 〔美〕理查德·康尼夫：《大狗——富人的物种起源》，新世界出版社，2004，第 118～119 页。
② 〔美〕理查德·康尼夫：《大狗——富人的物种起源》，新世界出版社，2004，第 121 页。
③ 〔美〕理查德·康尼夫：《大狗——富人的物种起源》，新世界出版社，2004，第 173 页。

形象，越来越多的企业开始从企业战略的角度来系统筹划企业的公益行为，出现了战略性慈善和公益营销。企业主岳翔属于其中的一位：

> 我的慈善做得比较好，市慈善总会大概募集到 40 万元左右的资金。我捐钱给慈善总会，慈善总会再把这笔钱打给我，我做成 200 元一张卡，发给慈善总会，慈善总会通过它的机构发到各个社区，给具体需要资助的人，那些人到我店里免费领药。他们（慈善总会）去年募集到的资金 36 万元，我慈善卡就发得多了，企业就形成了利润。

通过慈善活动，岳翔所经营的企业既实现了利润，又与主管它的政府相关部门建立了紧密的合作关系。精心设计的战略性慈善捐赠可以改善企业与利益相关者的关系，改善企业经营环境，直接提升企业绩效。

对慈善活动的参与，使企业在各种追随群体中的形象，以及他们对企业的尊重，贡献最大——这些群体包括顾客、员工和社区组织，尤其是那些追踪和宣扬企业捐赠的。通过慈善和公益活动，企业得到了尊重和声誉以及更加牢固的目标品牌定位。在 2002 年《哈佛商业评论》上的一篇文章里，迈克尔·波特和马克·克雷默指出，慈善活动能够（并且应该）超越声誉。[①]

在 20 世纪 80 年代早期和中期，商业杂志和管理研究文献认为，在美国商业圈中存在一种良好的开明自利伦理。1984 年的《华尔街日报》宣称，开明自利伦理对现在公司的捐赠决策起着导向的作用。慈善捐赠不再"以对高级职位的渴求为基础，不再以乡村俱乐部联系和传统为基础"。公司之所以进行捐赠，在于维持

---

① 〔美〕菲利普·科特勒、南希·李：《企业的社会责任》，机械工业出版社，2011，第 144 页。

它们的长期利益。1981年《财富》杂志上的一篇文章说,"很少有公司参与慈善活动,因为其他方面也需要钱,即使一个公司是一个富有的'大叔',会把他的好运分给其家族,也是如此。"在很大程度上,公司之所以进行捐赠,是因为捐赠会促进公司自己的利益——或者看起来是如此。当下,还存在一种相似的看法:"社会期望商业公司实现各种社会目标,如果公司想要获得长期收益的话,也必须实现这些社会目标。其结果是,对其社区需求很敏感的公司,会有一种更好的从事其商业活动的社区……一个更好的社会可以提供一种更好的商业环境。"其潜台词是:"对社会有益的东西,对我们的公司也会有益。"①

从经济的观点来看,这种开明自利伦理仍然是非理性的。例如,麦克奎尔努力研究了对将来收益的测量问题,并评估了开明自利伦理对收益的影响。他最后不得不总结认为,开明自利伦理很好地体现了"长期利益和利他主义之间的直接混合"。② 企业从事公益参与慈善的本质是将有限的有形资源转化为企业的声誉和地位等无形资源,然后利用无形资源再去获得更多的有形资源的这样一个过程,是企业实现永续发展的基本途径。

通过公益活动,企业不仅可以使社会公众对企业有全面的了解,还可以树立起富有爱心和正义感的社会道德形象,从而有助于企业被人们认可和接受,获得社会合法性。公益活动可以积累积极的道德资本,当企业经营活动伤害到利益相关者时,道德资本能降低受害者报复企业的强度,并减少企业关系资产的损失。

值得注意的是,中国企业和西方企业在捐款目的上存在很大差

---

① 〔美〕约瑟夫·格拉斯契维茨:《使法人行动者(公司)负责任:明尼阿波利斯—圣保罗市的制度建立过程》,见〔美〕沃尔特·W. 鲍威尔、保罗·J. 迪马吉奥主编《组织分析的新制度主义》,上海人民出版社,2008,第325页。
② 〔美〕约瑟夫·格拉斯契维茨:《使法人行动者(公司)负责任:明尼阿波利斯—圣保罗市的制度建立过程》,见〔美〕沃尔特·W. 鲍威尔、保罗·J. 迪马吉奥主编《组织分析的新制度主义》,上海人民出版社,2008,第325页。

异。西方企业的慈善捐款是为了提升自己的社会形象，而中国民营企业捐款的目的更多的是为了提高自身在政府心目中的形象。应该指出，一些捐款实际上不是自愿的，而是政府要求的结果。制度理论视角强调了对政府机构的适应、企业声誉、社会接受的组织特质对于证明组织社会价值的重要性。这种遵从的组织特性要求企业实施非市场行为（承担社会责任）以获取合法性。

对一些新创企业来说，面临着需要向社会公众传达具有符合社会需求、能够满足公众期待和创造社会效益的身份信息，慈善活动是一种有效的方式，能够使社会公众尽快地认识和熟悉自己从而获得认知合法性。

费尔德曼（Feldman）和马奇（March）指出，当社会公众对企业不熟悉，难以作出明确的价值判断的时候，企业可以通过作出一些象征性行为来表明与已有的社会规范和价值取向一致。[1] 帕森斯强调，如果一个组织想要获得合法性，并因此使自己的社会资源诉求能够得到认可，那么这个组织所奉行的价值观就必须与更宽泛的社会价值观相一致。[2] 接受访谈的企业主孙尚友经营一家民营医院，作为一个后进入的医院，面对当地公众的不了解，医院面向公众采取了一些举措。

> 我们在做一些慈善的事，无偿援助每年有一千例白内障治疗的"光明行动"，免费的兔唇修复50例，还有对100个失学女孩助学。这些工作都常态化了，每年我们跟残联定期做。本市有一千多个残疾孤儿贫困的家庭，对每个家庭，政府发600元，我们发400元。

---

[1] Feldman, M. S, and J. G. March. 1981, "Information in Organizations as Signal and Symbol". *Administrative Science Quarterly*, (26).

[2] 〔美〕沃尔特·W. 鲍威尔、保罗·J. 迪马吉奥主编《组织分析的新制度主义》，上海人民出版社，2008，第183页。

企业通过慈善捐赠可以提高企业的合法性，减少企业经营中的不确定性，维持企业的正常运行。而且，对医院来说，面对日趋紧张的医患关系，慈善捐赠将形成积极的道德资本，当医院的行为伤害到利益相关者时，道德资本能降低受害者报复医院的强度，并减少医院关系资产的损失。约瑟夫·格拉斯契维茨的一个有趣的发现是，如果这些公司收益越多或慈善捐赠越多，就会越有可能被这些精英非正式地认可为一种特别成功的商业开拓者或企业家。①

实地研究中，企业主张恩全分析道：

> 美国学者菲利普·科特勒认为企业最大的社会责任是能解决社会问题。他讲得非常精辟。任何一个企业，大的、小的，真的像一个人一样，大的是人身上的器官，小的是人身上的细胞。分工不一样，每个企业正常运转，这个人就是健康的。当然，有的企业会出问题，就像人身上会有肿瘤，它就会危害社会，不但没有解决社会问题，反而成了社会的负担。所以，企业就是解决社会问题的，解决好的，就是一个健康的人，解决不好的，就是不健康的，甚至会给社会带来危害。因为，每个企业不可能解决全部的社会问题，就像人体各个器官的作用不一样。

企业主高平表达了自己的看法：

> 拥有这么多头衔意味着要承担更多的责任，但我觉得不算是一种压力，企业主与企业之间的关系有两重性，企业主本身是人，作为人是有感情的。如果对社会有感情就应该做很多事

---

① 〔美〕约瑟夫·格拉斯契维茨：《使法人行动者（公司）负责任：明尼阿波利斯—圣保罗市的制度建立过程》，见〔美〕沃尔特·W. 鲍威尔、保罗·J. 迪马吉奥主编《组织分析的新制度主义》，上海人民出版社，2008，第323页。

情，承担很多责任，共同对社会提供一些帮助。任何一个人不可能像机器一样来考虑问题，机器是没有感情的。

三 企业主的价值观和伦理因素

企业发展到一定规模，需要整合很多内外部资源，企业主如果没有以社会为责任的目标，就不会整合到丰富的社会资源；如果没有社会责任感和价值观上的进步，民营企业也就无法摆脱"原罪"的舆论印象，无法获得社会的尊重和认可。企业战略的制定取决于它的定位，企业的定位取决于企业核心价值观的选择，企业家的价值观是核心价值观，决定着企业价值观的形成和作用的大小，决定着企业长期的发展方向。

（一）企业主内在的价值需求

人本主义心理学家马斯洛认为人有一系列复杂的需求，他把人的需求分为：生理需求、安全需求、社交需求、尊重需求和自我实现需求五大类，这五种需求层次依次由低到高，只有当较低层次的需求得到满足之后，较高层次的需求才会有足够的活力驱动行为。民营企业主正是有了基本生活条件的保障，他们依次实现了生理需求、安全需求、社交需求、尊重需求，他们当中很大一部分人追求的是人类最高层次的需求，即自我实现。受访谈的相当一部分民营企业主处于这一层次的需求，因而他们具有一定的社会责任感。

实地研究中，企业主喻文谈道：

> 我觉得为人一定要有社会责任感，对家庭、对事业、对社会负责，否则一生就没留下什么东西。对我来说，赚钱不是第一目的。

访谈中，企业主林斌介绍了自己的感受：

创业10多年来，我在不断地学习，去年8月由新加坡南洋理工大学EMBA毕业，我现在开始读聚成公司与中国人民大学联办的一个国学EMBA，非常好，内容层次很高。自己经历的比较多，办企业10多年，对社会状态看得比较清楚。我认为，人的成长都是有阶段性的，人的成长是知识的积累、经验的积累、经历的积累，在每个阶段中，他的需求是不一样的。我们刚开始办企业的时候，其实，我从小的家庭条件是比较好的，我的定位是想做点事情，很多人刚开始的时候是想赚点钱。随着企业规模的扩大、个人的成长，会发生变化。我认为，最终的企业家其实都具有强烈的社会责任感，他满足了个人的物质需求之后，他追求的是更高的层面了，我看到身边的很多企业家都做了很多慈善的事情。我们有个同学会，第三中学有个宏志班，上个星期我们去捐赠。我在南洋理工大学读EMBA时，同班同学成立了一个基金，在四川建了所希望小学。我们都是非常愿意做这些事情的，觉得回报社会是理所当然的事情。人到了这个层次，你接触的圈子，可以说所有的人都有这种理念和想法。可以说，所有的人谈到慈善事业，没有人往后退的，只是个人实力不同而已，但都愿意去做这些事情。

捐资助学、建希望小学，这些行动使得民营企业在当地和所捐助的地区获得了较高的声誉，也实现了他们的人生价值。由于认知合法性隐含着更大的文化规则，所以通过应对环境建立认知合法性需要企业之间松散的、非正式的集体行动。例如，参与"光彩事业"、扶贫开发、兴资助学等，这种集体行动改善了民营企业在政府和社会公众心目中的形象，以非正式的途径促进官方对民营企业本质的理解和公众对企业主的认可。

访谈中，企业主陈维儒表达了自己的观点：

关于企业的社会责任，我觉得按照目前的状况发展下去，会越做越好。因为，无论什么样的人，按照马斯洛的原理，五个需求嘛，解决了温饱需求之后，就有安全问题，到最后，要自我实现，离不开前人总结的规律，我觉得这是自然而然的事，不是一个文件或者一场运动能够解决什么问题。改革开放30年了，应该说，我们物质文明建设以后必然会有精神上的追求。无论是共产党员也好，群众也好，他的自身问题解决以后应该都会有这样的追求。过去封建社会有一些善人，通过庙堂、寺庙施舍和腊八节发粥等，这几千年都是不断。现在是各有各的做法。

一些地方传统和风俗道德的熏陶有助于企业主形成内在的价值选择，企业主李荣德分析道：

说回报社会，我要从我老家的传统说起。新中国成立前，哪家有婚丧嫁娶，包括家庭遭了难，忙不过来的时候，地方上几家富裕的人，就聚到一块商量，有钱出钱，没钱出力。祖父在世经常给我们讲这些事，人应该回报社会多一点，人家有难多帮一点，多积一点善心。这种风俗道德对我们影响很大。

(二) 宗教信仰

宗教信仰在民营企业主履行社会责任的合法性机制中起着重要的导引作用。访谈中，企业主董思源认为：

修行很重要。不在于你挣了多少钱，不在于你干了什么，而在于修行。教师的社会责任是要教好书，政治家要做好制度安排、制度设计，企业家要把经营搞上去。我们每个人社会赋予的使命不一样。按照佛家的说法，每个人生下来的使命是不一样的。所以，你还要有一种境界去做这些事。不要空谈理想、责任。

实地研究中，谈到国内某位企业主高调行善的做法，企业主孙尚友认为：

> 当然，他做了慈善，但你看很多人拿着钞票很木讷，只有他一个人有灿烂的笑容。佛家说，修性。当你把它作为信仰是最好的，信仰是极其神圣的。不能玷污信仰，否则，会走到畸形的道路上去。当然，他捐的钱是不少，很多，真理和谬误就在一步之间，不能为了出名而做这些事情，不能为出名而出名。倘若我们能把这些问题做更深入的探讨，更进一步地思考，结果肯定是不一样的。他太浮躁。所以，我们做慈善的事情，只要自己用心去做，感觉会很好。

访谈中，企业主田思源谈了自己的做法：

> 各种社会活动、公益活动我都会参加，但都是顺其自然。我不能为赞助而赞助。一是要量力而行，二是对关心、赞助的人确实是真心真意的，因为这个人值得我赞助，不是为了追求上镜头。

访谈中，企业主岳翔告诉笔者，近几年开始每天读《金刚经》，每天晨起参禅打坐，对社会责任的看法也有自己的定位和做法。

> 对慈善公益事业我们是量力而行，在不同的层次，对内搞好劳资关系，让员工不断成长，待遇起码是中上水平，还有在这儿愉快。对外部而言，尽量让我们缴纳的税收在一般

水平之上。慈善事业的捐赠，我们每年都做，现在是第四年，2013年，我们准备再增加一点。我知道这是杯水车薪，但这是一个姿态，会影响周围的人，让大家都知道，事实上，我们都可以做。我想倡导这种风气，目的是希望大家都来做。我一个人的力量很小，希望慈善不会成为大家的负担，要随企业的良性发展一同发展。企业是社区中的一员，承担这个社会责任，包括社区的一些活动，我们也支持，像党支部会议、工会联席会议都放我们这儿开。从企业的制度安排上就是量力而行，不刻意地去做。但看到了、意识到了，就凭着自己的良心，该去做就去做。更好的是把企业经营好。然后，在社会生活的方方面面、在所涉及的环境中全方位地承担社会责任，而不是刻意地去做。对有困难的人心动了，就努力去做，但不要刻意地、沽名钓誉地做，随性而行，追求内心的平衡。

访谈中，企业主杨彩云认为：

慈善只是爱心的一种表达方式，在能力许可的情况下，我个人赞成参与，但不要一味地做秀。我告诉一些企业，如果为了企业形象，哗众取宠，那就失去了做慈善的意义。

高调还是低调行善，看你的出发点，既然做慈善，就以爱心为根本，不要掺杂其他的成分，不要为了商业炒作而做慈善，如果你真的为了爱，方式可以根据企业家的价值观而定，你不愿意被人知晓，这也符合《圣经》的道理，但是《圣经》又告诉我们在世要做光、做严，光不能放在桌底下，应该放在桌面上，照亮一家人。要是你做一个让别人都被感动、被感染的人，可以在一定的范围内扩张，但千万不要去曲解爱心表现的性质。

曹德旺在北京大学民营经济研究院"第七届中国民营企业投资与发展论坛"上作"转变——民营企业家的责任"的主题演讲时强调，企业家的社会责任是向国家负责，遵纪守法，忠于自己的国家，忠于民族；向社会负责，诚信经营；向股东负责，公开公正公平；向员工负责，必须从德育、体育、智育三位一体来全面关照他们，好像对自己子女一样对待他们。曹德旺不认为自己是慈善家，他认为自己是将以前在马路边捡的东西跟大家分享一下，也就是佛教说的共享。①

近几年来，宗教信仰逐渐成为一部分民营企业主的价值追求，宗教已然成为民营企业主价值定位的一个重要影响因素，对民营企业主及其经营活动的影响越来越大。我们的调查显示，在全部被调查的450人中，信教的有132人，占比为29.33%。其中，信佛教的最多，占比为62.12%，其次为基督教17.42%。我们应该注意到，生活中，一部分人并不是信徒，但笃信某种宗教信仰；或者不信教，但相信宗教的一些说法，这种情况呈弥散趋势。

调查发现，信教的主要原因分别为："民族风俗的影响"，占比为32.12%，"家庭环境的影响"占比为22.63%，因为"宗教文化和道德的独特魅力"的占20.44%，"寻求心灵平静"的占17.52%、"希望得到神灵保佑"的占2.92%（见表3-1）。实地研究发现，由于"原罪说"的存在、经营风险的加大、产业转型升级的压力等原因，"寻求心灵平静"的"信徒"将越来越多。

---

① 王育琨：《曹德旺的本分与非本分》，《企业观察家》2011年第6期。

表 3-1 信教的最主要原因

原因	频数（人）	百分比（%）
民族风俗的影响	44	32.12
家庭环境的影响	31	22.63
宗教文化和道德的独特魅力	28	20.44
寻求心灵平静	24	17.52
希望得到神灵保佑	4	2.92
其他	3	2.19
对现实社会感到不满和失望	2	1.46
精神压力大	1	0.72
合计	137	100

访谈中，企业主杨彩云介绍道："我自己也是基督徒，我的家庭就是基督教家庭，从小受西方文化影响。"而年过半百的企业主陈维儒在40岁以后开始信佛，他介绍说：

> 佛教是外来的宗教，但与中国的本土文化结合得这么好，很有意思。我喜欢一些艺术品，喜欢雕塑，我发现中国雕塑的一些优秀作品恰恰是与佛教有关。为什么？工匠不以盈利为目的，而是把自己的信仰、情感体现在作品里，非常虔诚，所以，作出来的东西是最美的。而且，作为中国文化，当时公共的事业就是寺庙和其他公共物品，很多雕塑作品都是表现佛教的教义，我是从这儿感兴趣的。

人类学者王铭铭在分析台湾地区山街新建寺庙的兴起原因时，指出台湾山街新建寺庙的兴起与台湾世俗世界的风险增多有深刻的关联。[①] 社会人类学的创立者马林诺夫斯基曾说，巫术与科学一

---

① 王铭铭：《山街的记忆——一个台湾社区的信仰与人生》，上海文艺出版社，1997，第28~29页。

样，都是满足一定实际需要的文化工具……人们去神庙，不再是为了社会认同的神圣空间的创设，而是为了从中解决他们的现实问题。① 人类学者认为，宗教的一个重要的心理功能就是提供一种有秩序的宇宙模式。宗教通过解释未知事物从而减少了个人的恐惧与忧虑，这些解释通常假设世界上存在着各种超自然存在物和超自然力量，人们可以求助于这些东西也可以控制这些东西，这就为对付危机提供了一种方法。②

（三）道德觉悟

苏格兰哲学家曼德维尔认为，人性在本质上是自私的、利己的，但人类总是要在群体中生活，如果你损害了其他人的利益，其他人自然也要反过来剥夺你的利益。既然人人都希望最大限度地维护自己的利益，因而群体成员间彼此制约，自然而然地形成一个保障个体成员合理利益的社会秩序，而一旦每个个体成员的合理利益都得到保障，这个秩序实际上就是一个维护公益的秩序。就此，曼德维尔提出了一个著名的悖论：对私利的追求产生公共利益。③

从道德哲学出发，曼德维尔把这个原理推广到社会的所有层面，法律、市场、货币、语言、技术等，都会自发地形成有序的结构。亚当·斯密把"自发秩序"的原理用于阐述人类的经济活动，"他盘算的是他自己的利益，在这种场合像在其他许多场合一样，他受到一只看不见的手的指导，去尽力达到一个并非他本意想要达到的目的……他追求自己的利益，往往使他能比在真正出于本意的情况下更有效地促进社会效益。"④ 实地研究中，企业主陈维儒认为：

---

① 王铭铭：《山街的记忆——一个台湾社区的信仰与人生》，上海文艺出版社，1997，第26页。
② 王铭铭：《山街的记忆——一个台湾社区的信仰与人生》，上海文艺出版社，1997，第46~47页。
③ 马睿：《话说老子》，四川人民出版社，2007，第119页。
④ 〔英〕亚当·斯密：《国富论》，王亚南译，上海三联书店，2009。

> 担当社会责任更多体现的是个人道德修养。比如，我觉得人应该做善事，应该与人方便，与己方便。大家都是这样。真正将来站得住的也都是自然而然发自内心的东西，绝对不是靠号召，靠搞运动。其实，我们五千年的历史讲得非常清楚了，没必要再花那么大精力，今天搞这个运动，明天提倡那个责任。"仓廪实而知礼节"，老祖宗七个字就讲清楚了，吃饱了，他自然就会去做好事。无论是企业老总也好，大的私人老板也好，包括我们一线最基层的员工，或者说种地的农民，都会这样。丰收了，自然就会拿出一部分去敬神、帮助乡里。

福耀玻璃集团董事长曹德旺认为，如果是真正的企业家，他追求的就不只是金钱，更是一种境界、一种完美、一种精神。王永庆在台湾捐赠了几十亿美元，建学校、建医院。美国的老福特也讲过一句很经典的话：作为一个伟大的企业，它不仅要向社会提供高质量的产品和优质服务，它还需要随时随地关注身边的社会发展与和谐。曹德旺强调作为企业家，血管里面必须有道德的血液。[1] 访谈中，企业主杨彩云谈了她对温州老板"跑路"的看法：

> 为什么温州一些企业家会"跑路"，是因为他自己觉得走到了绝路。如果一个企业家具备一种高强度的责任感和诚信度的话，他就会去想办法，去解决问题、面对困难，而不是跑路、跳楼。怎样让你的企业绝处逢生，化腐朽为神奇，要具备这个力量。关键要具备两个精神，一个是高度的责任心，二是要有高度的诚信力。如果跳楼了，后面的责任推给谁呢？如果跑路了，以后有什么脸面对待客户？责任心和诚信力，有这两

---

[1] 曹德旺：《我为做家族企业自豪》，《民营经济内参》2012年3月2日。

点为基础，就一定会激发他的盘活能力，一定会死里逃生、东山再起，办法一定会比困难多。这是我自己经历过的，也是千百家企业经历过的，关键是要有责任心和诚信力，如果把这两点视为比生命还宝贵的话，一定会激发你的盘活能力。在有爱心的基础上，还要锻炼自己的盘活能力。

在分析日本社会结构和日本人的性格特征时，美国人类学家本尼迪克特指出，日本人把耻辱感作为道德体系的原动力。不能遵循明确规定的各种善行标准来行事，不能在各种义务中保持平衡，不能预见偶然性事故的出现，都是耻辱（"耻"）。他们说，耻是德的根本。"知耻之人"有时会译成"有德之人"。[1]

儒家思想认为，整个社会的秩序、安宁及和谐都是建立在个人的道德修养之上的。而中国人社会行为的取向始终是和家长权威、道德规范、利益分配、血缘关系四个因素联系在一起的。[2] 中国社会出现的越来越多的劳资冲突，更多地表现在利益分配与道德规范之间的冲突与调适，深层次的原因更多地在于社会对于道德的需求越来越强了。我们不排除很多企业主这样一种心态，正如访谈中企业主李荣德所表示的："他（企业主）赚了钱之后，也知道愧对社会，有愧疚感。"我们也注意到现实生活中，很多企业成功靠的是一种社会责任感和一种道德感。

访谈中，企业主高平认为：

> 我们要求社会给民营企业发展创造宽松的环境，这句话有双重性。一方面，政府和各个层面的人，包括市民，认为民营企业发展是很正常的事情，应该支持，让他们发展得更好更快。另外，企业家也需要以很好的姿态面对社会，首先，自己

---

[1] 〔美〕鲁思·本尼迪克特：《菊花与刀》，光明日报出版社，2005，第149页。
[2] 翟学伟：《中国人行动的逻辑》，社会科学文献出版社，2001，第279页。

不要有什么问题,如果你什么坏事都做,还要求社会宽容你,那就很难。你违章就更严重。我们这个社会要做到法制健全,肯定需要时间。社会要形成良好的氛围,当然取决于社会物质财富的不断积累,大家都有良好的行为。大家的行为都文明了,企业家也可以得到同步发展,这是一个很现实的问题。但从另外一个角度来说,我是一个做企业的人,我也呼吁企业家,自己的行为应该比社会更进一步。

因为在社会群体中,企业主的个人行为如果不好的话,企业就不可能发展。如果你自己的行为很糟糕,怎么可能带领职工来把企业办好呢?你要办好企业,你个人的行为上必须要有更高的境界。我希望企业家们比市民们拥有更高的素质和更高的道德准则。不能因为是企业家就为所欲为,什么形象都不顾,有什么坏事都去做,让人如何崇尚你这个企业。要想发展好,你的个人行为就必须好,任何一个企业发展,首先要有一个团队,而领袖人物的形象对团队的影响很大。大家感觉你素质不错、境界好,就自然会把你作为榜样。如果大家都能做到这一点,社会就会发展得更好。

法国社会学家涂尔干认为,社会是由能够通过个人得到实现的各种观念、信仰和情感组成的组合体。这些观念中的首要观念是道德理想,这也是其最主要的存在理由……在我看来,社会是道德的根源和目的。[①]

张维迎指出,在市场这个大环境中,市场经济与道德应当是一致的。任何追逐财富的行为都要以不损害他人为前提,否则这种行为就是不道德的。张维迎认为,回报社会、让利于民不仅不会让企业或政府遭受损失,反而会产生共富、共福的效应,最终实现经济

---

① 〔法〕爱弥尔·涂尔干:《社会学与哲学》,上海人民出版社,2002,第63页。

与道德的统一。[①]

(四) 个性特征

实地研究发现，民营企业主履行社会责任，追求社会合法性的驱动因素，往往还来自于企业主的个性特征。访谈中，一些企业主们从个性的角度表达了他们对履行社会责任的动机和想法。企业主岳翔认为：

> 我感到企业的社会责任实际上是天生的，是人的天性，只不过好多人没有这个能力。下岗工人看到一个动物在受苦，他肯定会救助它，他给它的也许是一团白米饭，一个富人给它的是一块肉，这都是他们自己的本性，只不过有时候因为生存、生计所迫，他没办法把自己的天性表达出来，是没有能力表达，或者来不及表达，或者匆匆地没办法来思考。我们也有视而不见的时候，看到弱势群体，你可能有视而不见的情况，那是因为你精力不济。首先来讲，人的本性就是在追求全面发展，享受生活，与周围的人和社会能和谐相处。以前农村的乡绅为什么愿意出钱修桥铺路，实际上在意的是大家对他的认可与尊重，这种认可与尊重对他是最大的奖赏，是精神层面的享受。
>
> 我更多地强调，慈善人人可做，并不是真正有钱人才可做，但要量力而行。感动中国的人确实有高尚的道德，但并不具有普遍意义。这是一种牺牲精神，社会中一些道德层次比较高的先觉先知者，在这个方面走得要比别人快。即便在他不能帮助别人的时候，依然有怜悯心。怜悯心是社会责任最直接的动力，最原始的动力。

[①] 《张维迎说好政府善于因势利导　与民争利最糟糕》，《民营经济内参》2010年12月3日。

企业主郑智表达了同样的想法：

> 社会责任就是一种本性，一种本能。我所受的教育，我看了那么多的书，周围环境的影响，在遇到诈骗犯行骗的时候，你能不挺身而出吗？
>
> 履行社会责任有三种情况，一是，想做没这个能力。二是，做了以后到底对自己有多大的好处？人人都会考虑这个问题。三是，我不做，说不定我有精力会去做一些别的什么事情。但我想，这个社会如果有很多人去做别人认为你做了就是傻子的事情，这个社会就好起来了。这就是社会良心。
>
> 无论我是不是一个企业家，哪怕我是一个普通的公民，我觉得我有一种社会责任：我希望这个政府好，希望这个国家的人民跟我一样都过好日子。

访谈中，企业主陈维儒介绍说：

> 过去，我们受的教育就是要学雷锋。作为企业和我自己来讲，也没特意地去考虑做善事，反正就是平平常常地做吧。
>
> 我做的（善）事没有汇总，企业也没有这方面的资料。我有自己的生活方式，我比较笃信佛教的东西。但问耕耘，不闻收获。做善事，与人为善，但不去记录。我可以举几个例子，汶川地震，抗震救灾，我们给灾区捐了现金和物品共30万元。市红十字会给了我一个"抗震救灾先进个人"的奖牌。我每年都会做一些（善事），主要的是对自己的员工。一个员工突发脑溢血，他孩子的中学教育费用都由我个人承担。但现在去讲，我觉得提不上嘴了，我觉得是非常自然要去做的事。

访谈中，企业主喻文表示：

我在电视上看到那些学生缴不起学费，就会主动联系替他们缴掉；买几百套衣服送到孤儿院；有一次把剧团请到福利院安排孤寡老人看戏，给孤寡老人捐的东西他们有的拿到有的拿不到，因为民政局在管。人最重要的是精神文化，长期待在敬老院就会很枯燥。看了演出，那些老人开心得不得了，孤寡老人不仅有物质方面的需要，而且精神上的需要也很迫切。看演出那天，连躺在病床上的老人都起来了，用轮椅推着去看。很多地方发洪水或者地震，我就第一个到银行汇善款，我觉得这份善心是出于自然，不是哪个要我去。当然政府要我去，我也会去，公益事业也去做，给他们领导面子。我认为需要帮助的人，我会主动去帮助。像孤寡老人，每年过年到他们家去送点钱，我觉得这些人才是真正要帮助的。

实地研究中，企业主常盛则表示：

我做公益，没有别的想法。只是希望别人有困难的时候，尽自己的能力帮助他们，而没有考虑过这一定是我的责任。我认为，这是我力所能及去做的事情，我应该去帮助别人。只要我有这个能力，别人有困难，我能做到的，我肯定会去帮助，我不会考虑责任或者利润，我不会考虑太多。

也有的企业主发自内心地呼唤尽社会责任，企业主何京介绍说：

我们也做些善事，我的观点是，做好事并不一定要到处宣扬，是从内心要去做而不是为了宣扬去做。你的出发点是什么？是为了宣扬，让大家知道你做好事吗？还是因为想帮别人而去做。我做公益、做慈善都是出于这样的心态。

实地研究中，企业主钱顺和认为：

> 谈责任的话，我们常常会先从个人出发去感觉和考虑一些问题，然后综合地去考虑问题，所以，不能片面地谈责任。我们做了很多事，但不去讲，一个人的修行在自身，不要勉强，关键是做自己。

乔布斯的伟大就在于他将自己的性格特点成功地转化为自己的优势，他始终保持自己的本性：固执、专断、自大、叛逆、特立独行，只相信自己的直觉，他声称这个世界没有真理，敢于挑战一切，不断创新。乔布斯的特质成为他最宝贵的精神资源，构成他竞争力的最大来源，使他能够做到别人难以做到的事。同样，我们注意到每个民营家族企业都是一个个案，在面对社会担当时，都打上了创业者深深的个性品行的烙印。

（五）印象整饰

个人意识到他在别人心目中的形象，就是通常人们所谓的"脸面"。"脸面"可分为两部分，"面子"和个人的成就有关；"脸"则与其道德操守有关。从社会心理学的角度看，所谓"面子"是指：个人在社会上有所成就而获得的社会地位或声望；所谓"面子功夫"，其实就是一种"印象整饰"的行为，是个人为了让别人对自己产生某些特定印象，而故意做给别人看的行为。[①] 正如威廉·詹姆斯一段经常被人引用的名言所示：

> ……实际上我们可以这样说，一个人有多少个社会自我，这取决于他关心多少个不同群体的看法。通常，面对每个不同的群体，他都会表现出自我中某个特殊的方面。许多青年人在

[①] 黄光国：《儒家关系主义——文化反思与典范重建》，北京大学出版社，2006，第16页。

父母和老师面前显得谦恭拘谨,而在他们"粗鲁"的年轻朋友中,却会像海盗一样咒骂和吹牛。①

面向不同社会群体的表达,构成了企业主社会责任动机的合法性机制之一。美国社会学家库利认为:

> 如果我们从未试过更好地表现我们自己,我们怎么能改善自己或是"由表及里地培养自己"呢?向世界展示我们自己更好的或理想的一面的那种普遍冲动,在各种职业和阶层中都有着井然有序的表现形式,各种职业和阶层各自都存在着某种程度的虚饰或伪装,虽然大多数情况下其成员对此并无意识,但是它们却具有某种阴谋策划的效果,使世人对此信以为真。不仅有神学和慈善业的伪饰,而且还有法律、医学、教育,甚至是科学的伪饰——也许科学的伪饰更甚,既然眼下越有特殊价值的东西越能够得到承认和赏识,那么也就会有越来越多的无价值的东西来假冒它。②

因而,当个体在他人面前呈现自己时,他的表演总是倾向于迎合并体现那些在社会中得到正式承认的价值,而实际上他的全部行为却并不具备这种价值。

实地研究中,论及行善的方式问题,企业主们表达了自己的看法,比较趋同。企业主田思源的观点颇有代表性:

> 一个人如果做好事,是为了宣传自己,就扭曲了做好事的

---

① 〔美〕欧文·戈夫曼:《日常生活中的自我呈现》,北京大学出版社,2008,第39页。
② 〔美〕欧文·戈夫曼:《日常生活中的自我呈现》,北京大学出版社,2008,第30页。

目的了。当然,他可以起带头作用,但这个影响实际上我认为不是好的。这不是从内心来真正帮助人,这种人是为了风光自己,他想的是怎样标榜自己。实际上,他这种方式已经脱离了做好事的本质了。做好事就是默默无闻,就是顺其自然。比如,我们过马路搀扶老人,或者想都没想就跳水救人。如果电视台在拍,那是为了炫耀自己,是为了出名,是虚荣心,不是发自内心的行善。当然,每个人的想法可能不一样。如果一味地曝光自己,就是为了标榜自己,最终的目的是为了出名,而真正做好事是不留名不留姓的。我捐了钱不希望媒体报道,希望别人不知道。有人做了一生的好事,他觉得很正常、应该,不希望媒体报道。当然,社会需要榜样,但这个榜样是别人来给你做,还是你自己要求做,那是两码事。一个是无意识被电视台发现的,一个是主动曝光。当然,现在有些人信佛,实际上出于一种心理:以前自己做了坏事,现在行善补偿,不是从本意上来做好事。我认为,企业尽社会责任,是根据能力大小,有钱多做,没钱就少做,实实在在的,对自己的员工、对身边的人,要真正地发自内心的帮助。捐赠一块钱与捐赠一亿元,有时候责任是一样的。我身边只有一块钱,今天救了这个人,你现在赚了10个亿了,掏了一千万给人家,不代表你比掏一块钱有善心,社会责任不在你出钱多少,完全是真心实意。我身上就只有一块钱了,都掏给别人了,那表示你充满善心。

在访谈中,企业主陈维儒认为:

中国人应该低调一些,应该只问耕耘不问收获,更不会去标榜自己。你发钱也好,发物也好,又是电视又是报纸的宣传,又是那个打扮做秀的成分更大一些。我不否认他做了很多,但我相信,咱们这个国家,我们企业家群体里一定有比他做得更好的，只不过人家没有暴露出来，主动地去追求什么样的效果。

企业主张恩全表达了类似的观点：

> 不能为做慈善而做慈善，为了做慈善能募集更多的钱。一个企业家在对他的企业尽到很大的社会责任后，有多余的，再来帮助他非企业非系统之外的人。如果一个企业家对企业的员工没有达到你对企业之外的那种援助和帮助，这是为慈善而慈善。员工觉得很满足了，劳资之间没有什么问题了，他还有更多的利润空间来做慈善，回馈社会。这是大家比较认可的。把员工做好，是比慈善更慈善的事。
>
> 作为一个企业，他为什么能做一个企业家，不去扬名也是不行的，因为扬名以后，可以争取更多的社会资源，赚更多的钱。真正想做慈善的，是整合了更多的社会资源，赚更多的钱，再来反馈社会，这是无可厚非的。不宣传、不扬名，就没法整合社会资源。社会资源是很离散的，离散的时候不能发挥它的效能，有人把它有效整合以后，它能发挥效能。整合以后如果不是纯粹为了自己、为了自己的企业谋福利的，能够回馈社会，这种行为真的是无可厚非。有这种能力的人还不多。政治上可以做点秀，企业可以宣传但不宜过分作秀。

而企业主常盛有些不同的看法：

> 有的企业家高调行善的举动用我的标准来看，有些过分，但我还是认同他的。他里面可能有些水分，我认为中国如果有更多的这种人，社会也会变得更加和谐。我不管他有多少水分，至少他还是拿了钱在做慈善。虽然在做的过程中他有些张扬，并不能否认他做慈善这个事情。

美国社会学家欧文·戈夫曼认为，面对不同社会群体的表演显著地表现了它所在社会的普遍、正式的价值标准，在此意义上，我们可以用迪尔凯姆和拉德克利夫-布朗的办法，把它看成是一种仪式——看成是对共同体道德价值的表达性复原和重申。而且，如果表演的表达性倾向最终被当作现实而接受，那么，在眼下被作为现实接受的这种东西总是具有某些庆典的特征。说真的，这个世界也就是一场婚礼。① 这一幕可从企业主们所表达的不同的行善方式取向上有所领略。

民营企业经营的社会合法性，相当程度上来源于社会的价值观和道德规范。与来自法规产生的合法性不同，法规合法性反映的是社会公众对企业"正确地做事"的判断。而产生自社会价值观和道德规范的规范合法性反映的是社会公众对企业"做正确的事"的判断，这种判断是基于组织的行动是否有利于增进社会福利，是否符合广为接受的社会价值观和道德规范。在这个意义上，客观地说，只要是在"做正确的事"，高调行善的慈善方式值得肯定。

---

① 〔美〕欧文·戈夫曼：《日常生活中的自我呈现》，北京大学出版社，2008，第30页。

第四章
民营企业主履行社会责任追求政治合法性的驱动机制

在中国，处在公共空间的任何事物首先要解决政治合法性问题，中国民营经济的政治合法性直接关系到其生存和发展。

改革开放30多年来，民营经济快速发展，对国家的税收、就业贡献日增，但是，由于传统意识形态的影响，民营企业主阶层的政治地位一直无法与其经济地位相匹配。中国的民营企业主作为拥有较多经济资源而缺乏体制性政治资源的一个群体，为了提高自身的社会地位，争取企业发展的政策空间，比当今中国任何一个社会群体都更需要政治上的认可和支持。对民营企业主来说，"政治认可"是他们最想实现的目标。从企业经营活动看，这是一种安全保证；从企业活动的社会结果看，这是民营企业主"有地位"的标志。

改革开放以来，党和政府对民营经济的政策调整，从改革最初的"不宜提倡，不要公开宣传，也不要急于取缔"，到目前党和政府的明确肯定，相继出台了一系列引导和鼓励其积极发展的政策，中国民营企业也经历了从不被认可到广为接受和发展壮大的过程，这实际上正是民营经济不断实现其自身政治合法性的过程。因此，民营企业和企业主的政治合法性不是与生俱来的，是需要持续不断地建构的。

民营企业主在政治领域追求的合法性是一种最高层次的合法性，也是一种实质合法性，它涉及的是民营企业存在的依据（民营企业存在和发展的宗旨、对国家经济和社会以及政治体制的意义）、民营企业发展的政策空间、国家政治制度和行政体制相应的规范和管理。民营企业和企业主的政治合法性表明民营企业和企业主的活动及其所阐发的意义符合国家的思想价值体系，符合国家的政治和经济制度规定，因而被承认所享有的合法性。

在制度学派的理论视角下，我国现阶段正处在市场化制度建设和行政化制度规则转换的制度环境转型时期。转型经济中的制度缺陷和市场不完善，使得民营企业的经营环境充满不确定性，财产保护法规有待进一步完善落实，自由选择和公平竞争的环境有待营造。在体制转换的过程中，政策法规往往具有较大的不稳定性，企业面临着不同的市场竞争与政治权威的压力。

组织制度学派认为，国家建设与市场建设是一个互动的、不可分割的过程。技术进步和竞争使得市场经常处于不稳定的状态，而企业面临的一个重大任务是，维持它在市场中与竞争对象、供应商以及雇员之间关系的稳定。市场经济交换过程中的社会关系一直处于非常波动的状态，交换的各方为解决这种不稳定性，最终总是将企业推向国家……国家可以理解成由一系列政策领域组成的场域。每个场域均构成政治行动的舞台。[1]

民营企业主在政治领域追求合法性，更多的是对党和国家政策的诉求，涉及经营政策和经营环境等方面的要求，这些诉求在企业以往的生产经营运作中没有出现，它只能采取政治参与以创造环境这种最为主动的战略来积极地获取合法性。民营企业主的政治参与实际上是作为一种非正式制度为"改善"制度环境而发挥作用的。

---

[1] 〔美〕沃尔特·W. 鲍威尔、保罗·J. 迪马吉奥主编《组织分析的新制度主义》，上海人民出版社，2008，第9页。

企业可以通过获取政治合法性从而改善经营环境，通过政治参与使政府认识到企业在经济、社会和政治领域的作为和贡献，建立企业在政府心目中的合法性，从而降低企业由政府所引起的不确定性，降低企业的生产和交易成本，并获得政府资源和持续支持。因此，社会转型期的民营企业要更好地生存和发展，获得政府给予的政治合法性是企业最重要的需求，获得政府的认可成为民营企业主政治参与的主要动机。

民营企业主基于政治合法性追求的社会责任主要表现为政治参与，其主要目的是获得政治系统的认可和保护，同时可以更大范围地促进社会进步。全国政协委员、重庆市政协副主席、重庆市工商联主席、民营企业家、力帆集团董事长尹明善曾说过："政治参与也是在履行社会责任"。

在中国现行的政治体制下，民营企业主的政治参与是指民营企业主通过正式的、非正式的渠道，使用合法的、半合法的、合理的、不合理的甚至非法的手段试图影响政策的形成和实施的活动。

实地研究发现，民营企业主政治参与的途径通常有正式和非正式两种，前者是进入正式的组织参政议政，后者是通过与政府、与地方政府官员的非制度性非正式接触，进而使两者形成一种非正式的利益关系，对地方政治产生影响。

本书所涉及的作为一种社会责任的政治参与更多的是指通过政治安排进入正式的政治组织参政议政。民营企业主基于政治合法性履行社会责任——参政议政时，受到多方面因素的影响，包括内外部利益相关者的需求以及企业主的价值观和个性特征，它们共同构成了民营企业主在政治领域履行社会责任、追求政治合法性的驱动机制。

一 内部利益相关者的需求

内部利益相关者的合法性需求是构成民营企业和企业主追求政治合法性而承担社会责任的合法性驱动因素，主要是与企业绩效紧密关联的社会政治绩效因素,包括拓展企业生存和发展空间,保护私有财产等。

(一) 拓展企业生存和发展空间

新中国成立以来,尤其是1978年改革开放以来,中国政治生活中一个特有的现象是,一些民营企业主通过政治安排进入各级政协、人大和中共党代表会议。据有关资料表明,第七届全国政协首次出现非公经济委员,仅有1名;第八届全国政协有非公经济委员23名;第九届全国政协委员中非公经济委员共46名,后来增补2名;在第十届全国政协委员中,至少有65名委员来自非公有制阶层;第十一届全国政协委员中,非公经济委员则超过100名,这个数字超过了位于各界别之首的中国共产党的委员人数。同样,在全国人大代表名单中,第九届全国人大代表中有48名代表来自非公经济;而在第十届人大的2900名代表中,非公经济代表已有200多名,约占代表总数的10%;在第十一届全国人大代表中,非公经济代表约占总代表人数的10%,也就是300人左右。① 另外,民营企业主成为党代表始于2002年的"十六大",7人当选;2007年"十七大",当选人数增至17人;2012年的"十八大",当选人数为24人。② 可以认为,近些年民营企业主阶层受到特别的重视和关照。在人大、政协的代表、委员中,民营企业主成员远远超过他们的人口比例。

可以预测,企业主参政议政的队伍会进一步扩大,既包括大企业家,也包括中小企业主。同时参政议政的内容会更深化,将覆盖政治生活的更多层面。而政治安排为民营经济的政治合法性提供了有力的支持,进一步拓展了企业发展的思路和空间。中共十七大和十八大党代表周海江领导的红豆集团探索

---

① 钟华:《民营企业家3月北京参政镜像》,《民营经济内参》2010年3月19日。
② 张华:《"十八大"的民营企业家党代表》,《民营经济内参》2012年8月17日。

并总结出"现代企业制度+党建+社会责任"的发展模式,注重发挥党的政治优势,通过企业党校、团校、职业技术学校、企业文化建设等使企业凝聚力明显增强,企业不断发展壮大。我们注意到,实际生活中担任政治职务越高的民营企业主,社会责任意识也越强。

实地研究中,企业主何京谈了他对社会责任与政治参与关系的看法:

> 每个人对社会责任的理解各有不同,参政议政肯定是在履行社会责任。每年参加政协会议,可以了解地方政府的经济情况,同时我们有这个身份,可以对哪一些社会不良现象提议政府重视。我们在提议过程中,肯定没有单纯地考虑自己私人方面的利益,而是希望能为社会解决一些问题,为社会做一些事。

纵观这几年民营企业主在各级人大、政协中的表现,我们注意到,民营企业主在参政议政中,由于对自身的责任和角色的不同理解和定位,出现了两种完全不同的参与意识。一种是功利性的政治参与,致力于为本阶层说话;另一种是公益性的政治参与,致力于为全社会的利益建言。当然,实际生活中,民营企业主的政治参与更多地表现为这样一种情况,正如美国学者米尔顿·弗里德曼所形容的,"当某一特殊利益集团试图通过惹人注意的立法活动为自己谋取利益时,它不仅必须给它的要求装点上普遍利益的词句,而且必须使相当一部分不感兴趣的人相信它的要求对公众是有好处的"。[①]

关于参政议政与企业权利义务的关系,实地研究中,作为人大

---

① 〔美〕米尔顿·弗里德曼:《自由选择》,商务印书馆,1982,第310页。

代表的企业主王奇认为:

> 大部分民营企业主还是以能当上人大代表为光荣的,因为能提高他的知名度。还有他既可以为自己的企业讲话,也能代表企业主讲话。在我们这个地区,应该说民营企业主想当人大代表是一种普遍现象。参政议政对民营企业主肯定是一件好事,也是民营企业主自己要争取的事。他必须要在群众中提高信誉。当然随着民主进程的推进,选举制度的完善,他做事必须要对社会有利,对企业有利,才能获得大家的认可。

随着经济实力的增强和社会地位的提高,一些民营企业主得到政治安排,而政治安排反过来使企业在立项、征地、贷款等方面得到政府的大力扶持和保护,有利于拓展企业的生存和发展空间,强化其经济实力,两者形成密切的互动关系。访谈中,企业主田思源的感受是:

> 政协委员的身份还是重要的,主要是便于与地方政府的衔接。其次,在环境、资源方面尽量减少障碍。资源好,做起事来得心应手,更方便一点,会得到额外照顾。沟通上,方方面面比较顺畅一点,信息来得快一点。

由于企业经营活动与政治和政府政策密不可分,多数民营企业主的行为不仅是本位的,而且认为必须有意识地参与政治,将其共同利益反映到政治过程中,也必须在政治机构中积极活动。

除了获得政治安排,进入政治组织参政议政,民营企业主采取了很多间接的政治参与方式,例如,在民营企业中成立党组织和工会、配合政府部门开展各种社会活动等,甚至把自己的企业经营好本身就是参与政治。实地研究中,企业主高平分析道:

好的企业家应该是政治家，不应该只是企业家。一个好的政治家才能成为一个好的企业家。因为很多企业发展的问题不仅是在企业层面上，有大量的问题在执政层面上。包括社会政治，与政府之间关系，企业内部的发展也涉及很多政治问题，必须从这个高度来处理好这些问题。所以我认为你如果是个政治家，你的企业肯定能做得好，仅仅停留在企业家的层面上会有很多问题。

如果不能从政治家的高度来看问题，就会有很多问题解决不好，仅从管理企业的角度解决问题，只能说是解决了问题的一面，而另一面并没有解决。只有一个政治家才能站在更高的位置上来考虑企业内外的问题。

随着企业发展的速度加快，企业家成熟的程度也在加快，否则，这个企业家就不能领导这个企业了。因为你已经不适应新发展的企业，还停留在原来的企业上。作为一个企业家要想把企业发展得快一点，肯定离不开社会的力量，包括政治的力量，如果离开了，企业就很难发展。你的企业发展得越快，层次越高，你做企业所占的时间和精力就会减少。如果是增加了，你肯定不是一个好的企业家。因为你可能事务性地做企业，你应该有更好的团队做这样的事，你应该更高屋建瓴地站在新的高度上去看待很多事情，包括政治上的事情。而且越是发展，你越是不能钻到企业事务里面去。只有在企业刚刚起步，或者企业规模很小的时候，企业家才应该身临其境地去干事，才能有利于企业的发展。

你的企业完成了原始积累，有了一个好的平台，可以构建一个企业团队的时候，就必须把它构建好。构建好了以后，这架机器可以快速推动企业向前发展，这时你就必须依靠团队的力量管理企业，而不是依靠个人的力量。再发展到一定程度，到了一个更高的平台，资金、实力进一步膨胀，这时你应该构建若干个企业团队去管理你的企业，你就应该更加超脱了，更加关注宏观层面的东西。

所以,随着企业的发展,更多的精力陷入企业,只有一种情况,就是企业难以为继了。无法按照正常的团队管理去操作,只好自己跳进去,改变企业的劣势。

实地研究中,我们发现民营企业主普遍关心政治,他们表示经营企业需要关注政治。企业主林斌的观点很有代表性:"企业家必须懂政治,不懂政治,做不了企业家"。而企业主常盛认为:"企业做大了,其实跟政治是分不开的。企业做大了以后,不管是中国的体制,还是美国、欧洲的体制,大企业家实际上跟政府都是连在一起的"。

韦伯认为,"政治"意味着在各个国家之间,抑或是在一个国家的不同利益集团之间追求分享权力和影响权力分配的斗争。[①] 安东尼·奥罗姆则认为,政治,就其本质而言,表现为控制稀缺的物质资源和象征性资源(或者观念上的资源)的持续冲突。[②] 作为亲身实践者,民营企业主的体会最深。所以,在实地研究中,民营企业主钱顺和意味深长地说:

> 办好企业是最大的政治。倘若谈责任,我们大家都有责任,我们每个人都有政治、最大的政治,这是每个人都有的最大的政治。就我们来说,我们最大的政治就是我们怎样让员工和企业有更好地发展,让员工有更好的工作场所,这就是我们最大的政治。它跟政府领导人不一样,我只要听最高领导人的话,这是政治。但对我们来说,怎样把企业经营好,怎样让大

---

① 〔美〕安东尼·奥罗姆:《政治社会学导论》,上海世纪出版集团,2006,第40页。
② 〔美〕安东尼·奥罗姆:《政治社会学导论》,上海世纪出版集团,2006,第43页。

家在一个身心愉悦的工作环境中工作,这是我们最大的政治。

我们注意到,较之小企业,大企业受国家宏观调控和政府政策的影响更大,其生存和发展的合法性更容易受到挑战。为了谋求合法性,获得可持续发展的政策和空间,企业主更需要加大与政府和官员的政治联系,其较为充足的财力也可以为其政治资本的谋取提供保障。美国经济学家、1976年诺贝尔经济学奖获得者米尔顿·弗里德曼在论述企业发展与政府的关系时谈道:"要办好企业越来越依赖于熟悉华盛顿的情况,依赖于能够影响议员和政府官员。在政府与企业之间出现了所谓'旋转门'"。①

台湾社会心理学家黄光国在分析台湾的企业时指出,在台湾的社会环境下,台湾的企业也逐渐发展成为两大类:有一类企业专门在做"政府"部门的生意,或受到"政府"政策的保护和影响,它们通常是大规模的企业。为了要保障它们的利益,此类企业的所有人通常要跟"政府"的高层官吏保持紧密的关系。因此,有人称之为"关系取向的企业"。另一类企业大都属于中小企业。它们主要的利益来源是在市场上销售它们的产品,由于这个原因,它们必须致力于提升产品的品质,以开发新的市场。因此,有人称之为"市场取向的企业"。②

中国的民营企业有着自己独特的发展历程,民营企业和企业主在原有的社会体制中并不存在,他们是在改革开放之后产生的,是改革开放政策的产物。虽然改革开放以来中国的民营经济表现出强劲的发展势头,但总体上它还是政策的产物,政府在给民营经济让渡出一定的活动空间和部分自由流动资源的同时,仍在一些重要方面处于绝对的主导地位。在民营企业发展还缺乏有利的政治环境支

---

① 〔美〕米尔顿·弗里德曼:《自由选择》,商务印书馆,1982,第310页。
② 黄光国:《儒家关系主义——文化反思与典范重建》,北京大学出版社,2006,第193~194页。

持的情况下，民营企业主迫切要求政策支持和政治保护。

政治不仅被理解为一种权力过程，还被作为发展中的策略。一些民营企业主担任了人大代表或政协委员，有了一些政治资本之后，会以这些政治身份为平台，扩展与政府官员交往的私人关系网，更加注重通过与政府官员的个别接触来实现其政治参与目的。通过与个别官员的密切联系，采取一种与国家控制结构和制约相变通的行为来实现个人的目的。正如米尔顿·弗里德曼所说，"当某一特殊利益集团不是通过立法活动而是通过行政程序谋求利益时，对政府干预的'自然偏爱'便会大大加强"。[1] 而转型经济中的制度缺陷和市场不完善会限制企业采用内在增长战略，对政策制定的被动和习惯性依赖，反映出中国民营企业主的先天软弱性，也决定了不少民营企业主最后采取了"政商路径"，从而使以政商关系为基础的增长战略更为可行。

雷士照明董事长兼首席执行官吴长江谈到自己的创业经历时，认为，"只要是在中国创业和经营企业，想做大做强，人才固然重要，人脉更是重要。必须通过各种渠道积累自己政商界的朋友资源。我很早就去读了清华大学总裁班，前几年读了斯坦福（中国）高级研修班、中欧国际工商学院，接下来我还要去读长江商学院。"[2]

企业主关心政治，其出发点还在于保有企业，让企业更好地生存和发展。实地研究中，我们接触的企业主郑智是一个爱思考、喜欢动笔的人，他正在把他的一部分经商经历写出来，他分析自己：

> 我是一个理想主义者，我要把我自己想的、得不到的、在社会上没法说的写出来，但我又是一个脚踏实地、踏踏实实在

---

[1] 〔美〕米尔顿·弗里德曼：《自由选择》，商务印书馆，1982，第311页。
[2] 吴长江：《雷士照明如何开拓政府采购渠道》，《民营经济内参》2012年1月6日。

工作的人，这样我才能生存。其实，我占了两个，经济基础和上层建筑，我都在想做。因为，如果永远埋着头在那里做企业，最后，企业做得一点都没了，你根本就不知道是怎么没的。你要抬着头看，在看的过程中，去研究它，除了完成自己的一部分家庭的需要，也尽到了社会责任，同时，理想也实现了。在这个过程中，最重要的还是能够慢慢把企业转（型）过来，能不能有一个'华丽的转身'，我也在考虑这个问题。16年的企业，我不想把它做掉。

真的，生存永远第一。如果我不让这个企业存在的话，孩子怎么办？我欠的钱怎么办？我一定要它（企业）生存下来。

实地研究中，也有企业主表达了不同的心声，虽然民营企业在经营中，政策、资源受制于政府的方面较多，但是，从事高科技产业的企业主何京认为：

政府资源可能是像房地产行业考虑的东西，很多企业考虑不到这个问题。这是真实的。我的观点，搞企业的尽量不要太多地去接触（政府官员）。太多的接触，说不准就得罪了谁，我不认识你就不存在得罪谁。从这个角度讲，企业与政治是分不开的。所有的资源都在政府手里，这种资源不是指想把企业做大的资源。而是其他的资源，工商、税务、公安等，所有的，说哪个地方整你，就整你一下。与政府交往，一是拿政府的资源能享受一些优惠，第二个层面，就与企业安全发展有关系。

事实上，想方设法打破非公经济发展中的壁垒，一直是民营企业主政治参与的一个主要目的。2005年和2010年，国务院先后颁发"非公经济36条"和民间投资"新36条"，鼓励、引导民间资本进入垄断领域。这两个"36条"被认为是民间资本获得大发展的重要政策。但实施数年来,效果并不令人满意。民间资本进入由国有企业把控的垄断领域,还存在着"玻璃门"和"弹簧门"。2012年初,在国务院的大力推动下,各有关部门先后出台了民间投资"新36条"42项实施细则,有利于打破民间投资的"玻璃门"和"弹簧门",极大地鼓舞了民间资本投资的信心。

(二) 保护私有财产

按照亚当·斯密的观点,市场经济的特征是分工与交换,交换则是以不同的产权主体为前提的。马克思认为商品所有者必须承认对方是私有者,"商品不能自己到市场上去,不能自己去交换。因此我们必须找寻它的监护人,商品所有者。"

经过30多年的发展,民营经济从无到有,民营企业主阶层发展壮大。民营企业主区别于其他社会阶层的最大特点就在于拥有相对较多的私有财产,具有比较强的经济实力。正是凭借这些财富和实力才确立起民营企业主阶层的身份和经济地位,也正是他们所拥有的巨大财富,引起了社会的广泛关注。

张维迎认为,市场本身的逻辑是先创造财富,再通过令人幸福而最终自己获得幸福,这本身包含个人自由与财产权利的前提。如果它不是建立在自由和持有产权的基础上,掠夺财富就可能会成为一种常态,是不可能给他人和自己同时带来幸福的。如果你追求自己的利益没有损害到他人,那这种行为就是道德的;如果你追求自己的利益是通过损害他人的办法,那就是不道德的。从这个意义上讲,市场的逻辑恰恰是整个人类基本的道德准则。市场经济与道德不仅不冲突,而且完全是一致的。①

全国工商联曾分别在1998年、2002年、2004年三次向全国政协提交有关"保护公民合法私有财产"的提案,完善保护私人财产的法律制度。2004年3月14日,全国人大第十届二次会议通过

---

① 张维迎:《好政府善于因势利导 与民争利最糟糕》,《民营经济内参》2010年12月3日。

第四次宪法修正案，备受关注的"保护私有财产"终于写入了宪法。

目前，我们国家的市场基础很脆弱，产权的保护制度及相应的投资和发展权还不是很规范，人为的因素在一定的范围和空间还能产生巨大的作用。政府的宏观调控和整顿经济秩序，例如政府为了促进结构升级、提高集中度、淘汰落后产能的整顿，有时会直接或间接导致小企业的生存面临合法性危机。在转型经济中，由于法律对私有财产权保护不明确，民营企业的发展存在不确定性，面临很大的风险。为了求安全发展，参政议政和与地方政治发生联系、与政府官员保持较为密切的关系，就成为企业主降低风险的主要途径之一。

实地研究中，企业主何京作了分析：

> 我所接触的很多企业主，跟政府交往还是非常频繁的。他们是什么心态呢？还是与中国的政治体制有关。因为有很多不确定因素，对搞企业的人来说，有人要整你，问题可能就非常大。所以，一般搞企业的，就希望有一个人能够作为他的后盾，不是说他犯了错误能帮他，最起码有人整他的时候，能够为他撑腰。这应该是很主要的动机。

谈到政治身份的作用，企业主张恩全认为：

> 做了两届政协委员，正面作用是无疑的，有一个政协委员的身份，遇到困难可以向有关部门求助，面对媒体，它的正面作用肯定是大于负面的。

我们看到有些民营企业主一旦当选为人大代表或政协委员后，却"没有时间"去开会或履行代表应尽的职责，可见他们更看重的是代表这个名分。这即使不能起到保护性的作用，至少也可起到

防御性的作用。企业主常盛认为:

> 经营过程中,政府这个部门或那个部门会来找点麻烦。但这种情况在我这里还不是太多,因为我还有一些正式身份,很多政府部门不一定敢来找我,所以,这些政治身份还能规避一些东西。

访谈中,企业主徐霆介绍说:

> 区里安排我当了政协常委和党外知识分子联谊会副会长。这个社会兼职还是有点意义的,因为政府管理部门对你比较了解,跟你交流沟通的时候,最起码态度较好。以前,税务局来查账,几乎把你当犯人对待,让人受不了。我都流过泪,发誓子孙后代永不言商。所遇到的是监管的不平等。从内心讲,非常渴望一种平等的竞争环境。税,再高不要紧,只要取之于民,用之于民。高税赋、高福利的国家运行得非常好。

在实地研究中,也存在不同的认识和想法。谈到政府与企业之间的保护或庇护关系,企业主王奇认为:

> 我理解的保护或者庇护就是遇到一些政策不协调的地方,政府怎样去协调好。企业合法要保护,如果不合法,比如有环保问题,怎么解决。与农民的问题,不应全由企业主自己来解决,而应由政府来协调。招商引资引来了,用地时农民反对,政府就应该管起来。

目前,绝大多数民营企业主政治参与的目的还是为了获取政治保护,尤其在民营企业还未真正获得"国民待遇"的情况下。尽管与地方官员建立了良好的关系,但行使人大代表参与职能也是保护自身经济利益的重要手段。人大活动在一定程度上是自由的，较高的政治地位保证了人大代表的豁免权和一定程度的社会保护。我们知道，在中国，人大代表的职务具有较高的威望，人大代表或政协委员这些政治身份可以为民营企业主提供政治保护，接触本地各方精英，建立政治上的重要关系，以争取更大利益，并以此影响地方政治。

民营企业主们尚未形成从利益群体需要出发的自觉的政治要求，他们中的大多数人参与政治仅仅是一种自我保护性行为。他们非常关心涉及民营经济发展命运的政策，要求保护民营经济和私有财产的政策能保持稳定并落实到位。在民营企业主政治参与动机的发展趋势中，自我保护型的功利性参与将会存在较长的时间，直到中国相应的政治体制的完善及相关的财产法律制度的健全。我们也应清楚地认识到，市场经济和对外开放要求新的秩序和游戏规则，民营企业要得到发展，必须得到法律保障，政治保护必须为法律保障所代替。

二　外部利益相关者的需求

外部利益相关者的合法性需求是构成民营企业主为追求政治合法性而承担社会责任的驱动性因素。相比较而言，民营企业的经济合法性和社会合法性，在政治领域追求合法性更多地受制于外部利益相关者需求，具体包括意识形态、国家发展目标和政策、政府体制、地方治理、社会公平、政治安排等。民营企业主在政治领域追求合法性而形成的对政治旨趣和政治意义的表达，要与上述外部利益相关者的合法性需求保持一致。

（一）意识形态

这里的意识形态主要指我国社会主义社会占主导地位的总体思想观念和信仰体系，意识形态是人们认识世界的基本工具，体现了社会政治行为的基本价值准则，它是民营企业主为追求政治合法性而承担社会责任的驱动性因素之一。民营企业主通过承担社会责任获得政治系统的合法性情感和认同支持。国家对民营企业的承认、民营企业在法律上被赋予平等地位以及在意识形态上被接受认可,是民营企业和企业主获得政治合法性的前提和重要保证。

改革开放30多年来,围绕民营经济和民营企业主的社会属性和政治属性的争论一直没有停止过,有一些人把他们简单地等同或类似于过去的民族资产阶级,"剥削"这顶帽子压得他们抬不起头。实地研究中,企业主高平谈了自己对"剥削"的认识:

> 关于"剥削",最大的误区并不在于行为人与被行为人之间的物质关系,立论本身的依据有问题,即什么样的东西你认为是企业主的东西,这是一个很关键的议题。假如一个人在公司占有一定的股份,是不是这份资产就是他个人的。他会把这个资产怎么样?第一,他不能把资产变卖,假如有一亿元资产,变卖后去干什么?能解决什么问题?把一亿元的资产等同于每月拿的1000元工资是不对的。1000元工资必须用它生活,解决衣食住行的需要,但一亿元的资产拿来干什么呢?还是在社会上,是在为社会做贡献。把对社会的贡献等同于个人的消费,这种说法存在一些问题。一亿元的固定资产每年创造很多社会价值、税收、就业。但不能一概而论,一些小企业,一年挣十万元,支付职工工资两万元,赚八万元,都消费掉。企业小的时候肯定有这种行为,企业到一定规模,这种行为就淡化了。不能认为企业就是为个人消费的。只要这个工厂存在一天,就必须为社会作出贡献。他不可能把这个工厂消费掉。任何一个社会,不同阶段的企业都是同时存在的,就像生活中不同年龄的人总是会存在。企业的过程总是一个渐进的过程,从企业诞生到企业做大,中间是一个连续的过程,而这个连续的过程总是存在的。所以研究一个联合体的时候,我们不能只看一个断面,不同断面的情况是很复杂的。

客观上，民营企业主的意识形态和对私利的追求与共产党的宗旨和社会主流意识形态有着根本的区别。由于民营企业经营是建立在生产资料私有制和雇佣劳动基础之上的，在意识形态的深层次上，民营企业带有的剥削性质与共产党所追求的公有制目标直接冲突。

民营企业和企业主的成长经历了不同的发展阶段，不同时期存在着不同的问题，但他们有自身的逻辑。例如，原始积累初期的违规行为在他们看来是天经地义，是无法逾越的阶段。他们自认为这种违规行为有着合法的社会基础——为政府解决就业问题。虽然，国家高度期待民营企业和企业主在经济领域发挥促进生产力发展的作用，鼓励民营经济发展。民营企业主促进了现存社会结构和观念的变革，有意无意地充当了社会的推动者。但他们追逐实利的观念和意识形态导致对社会主流意识形态的冲击，导向政治上的实用主义，对共产党组织产生了很大的压力，也威胁着现有的制度。

改革开放初期，非公经济在中国是作为主流经济形式的"异己力量"出现的，另一方面，出于意识形态的考虑，国家有意无意把民营企业和企业主事实上看作一种"异己"的力量进行限制。国家把促进民营经济的发展纳入国家现代化发展战略，让民营企业主通过发展民营经济，参与国家活动。民营企业主阶层在意识形态和价值取向上已经与国家疏离，又主动用发展经济把国家接纳进来，而国家也在鼓励发展自己曾经完全否定的经济成分。国家与民营企业主在发展经济上的互动，实际上是一种新的行政控制方式，有利于国家与社会今后建立更加广泛的合作关系。

中国的政体和意识形态是连续的，在改革开放30多年后的今天，居于支配地位的仍然是原来的政体和意识形态。执政党对民营企业主的开放是有条件的，民营企业主参政议政是在执政党有序开放的前提下发生的，民营企业主政治参与的空间、方式和内容都被限定在预设架构之中，其政治参与活动受到政府行政系统的控制。

但民营企业主参政议政，也为中国意识形态空间注入了切实可见的物质利益。

为了顺应环境，与主流意识形态保持一致。在中国，由于政府的要求，国有企业普遍建有党组织。许多民营企业纷纷模仿国有企业的做法，也建立党组织，把自身的发展宣传为是贯彻党的政策的要求，以提高自身的合法性。在我们所调查的450家民营企业中，已建立党支部的有295家，占比为65.56%。在回答"民营企业建立党组织的最大价值是什么"时，47.33%的人认为是"更好地掌握贯彻党和政府的重要决策部署"，34.67%的人认为是"改善治理结构、提升企业经营决策水平"（见表4-1）。

表4-1 民营企业建立党组织的最大价值

民营企业建立党组织的最大价值	频数（人）	百分比（%）
更好地掌握贯彻党和政府的重要决策部署	213	47.33
改善治理结构、提升企业经营决策水平	156	34.67
更好地管理和服务员工	141	31.33
帮助企业协调各种社会关系	76	16.89
监督企业依法、诚信和廉洁经营	60	13.33
提升企业品位和社会形象	46	10.22
其他	4	0.89

注：此题为多选题。

一方面，民营企业主在成长发展的过程中深切地感受到国家政治系统的决策对非公经济的发展具有生死攸关的作用，通过在企业建立党组织是更好地掌握贯彻党和政府的重要决策部署，与国家的政策和目标保持一致的重要途径。另一方面，民营企业主通过建立党组织，进行生存意义和意识形态认同的再生产，使自己的活动符合国家的思想价值体系，使自己的信仰活动由原本可能完全不被外部接受，变成了大家不得不在政治上间接承认其正确性。

民营企业要在一个不断分化的社会保有政治合法性，其经营宗旨和价值追求是重要的依据。由于政治合法性包含着很大的主观判断成分，加之民营企业经营活动的复杂性，使得对其合法性的判断变得模糊和困难。于是，民营企业主不得不主动采取各种正式和非正式的政治参与途径生产"合法性"，通过这种合法化过程，使得一些在意识形态模糊的、矛盾的问题变得具有合法性。

党的十六届六中全会通过的《中共中央关于构建社会主义和谐社会若干重大问题的决定》深刻揭示了社会主义核心价值体系的内涵，明确提出了社会主义核心价值体系的基本内容，即坚持马克思主义指导思想，坚持中国特色社会主义共同理想，坚持以爱国主义为核心的民族精神和以改革创新为核心的时代精神，坚持社会主义荣辱观。社会主义核心价值观是社会主义社会全体人民共同为之努力奋斗的价值取向，即共同理想，也是构成民营企业主政治合法性的重要依据。

社会主义核心价值观对民营企业主的价值取向有很大影响，一方面，他们对社会主义核心价值观有很高的认同；另一方面，他们当中相当一部分人在努力践行社会主义核心价值观，具体表现为对企业家精神的追求。企业家精神是一种冒险和担当精神，是敢为天下先的精神。美国著名管理学家彼德·德鲁克认为，市场经济是一种开拓进取型的经济，因而创新是一种最宝贵的企业家精神。不创新，毋宁死。同时，企业家就是要勇于承担风险。调查中，面对"企业十次创新有九次失败，是否会继续"的问题时，被调查的450名民营企业主中，有68.44%的人选择了"会"，只有31.56%的人选择"不会"。访谈中，企业主方永健认为：

> 市场是不断变化的，关键在于怎样改变来适应它。至于企业规划到5年、20年以后怎样，那是假的，不可能想得那么远。只能是一个大方向，至于做什么产品，不可能预见那

么远。

　　这个世界是变化的，你只能变化得更快。一个技术出来，有时引起的变化是颠覆性的。你一要引导变化，二要跟得上。我们天天在思考，不能停止思维。二是天天有危机，永远有危机。

　　企业成功靠的是一种真正意义上的企业家精神。那么，民营企业主是如何认识企业家精神的？调查显示，民营企业主对企业家精神的认同比较积极。在被调查的450人中，选择"诚信"的为62.67%，位居第一；选择"创新"的为56.22%；选择"爱国"的占36.44%；选择"责任"的占32.22%。无论实际的行为如何，至少在主观认同上，被调查的民营企业主表现出了积极的心态。在"诚信"与"创新"孰轻孰重之间，民营企业主更倾向于"诚信"。当然，我们也注意到，企业家最需要具备的"冒险"精神只得到2.89%的人认同（见表4-2）。

表4-2　对企业家精神最主要方面的看法

最主要的精神	频数（人）	百分比（%）
诚信	282	62.67
创新	253	56.22
爱国	164	36.44
责任	145	32.22
奋斗	120	26.67
奉献	60	13.33
学习	53	11.78
合作	42	9.33
执著	33	7.33
包容	20	4.44
冒险	13	2.89

注：此题为多选题。

同样，针对"民营企业家最应该普遍提倡的价值观"的问题，有69.11%的人选择"诚实守信"，位居第一；有41.78%的人选择"依法经营"；还有41.56%的人选择"爱岗敬业"。种种选择比较符合社会大众对民营企业主的期待。我们同样注意到，"敢于冒险"得到民营企业主的认同度较低，只占2.44%（见表4-3）。

表4-3　民营企业家最应该普遍提倡的价值观

最应普遍提倡的价值观	频数（人）	百分比（%）
诚实守信	311	69.11
依法经营	188	41.78
爱岗敬业	187	41.56
勇于创新	149	33.11
共同富裕	79	17.56
劳资和谐	56	12.44
正当竞争	56	12.44
热心慈善	51	11.33
实业报国	36	8
敢于冒险	11	2.44
其他	2	0.44

注：此题为多选题。

调查中，当被要求"请填出您最崇敬的一位外国企业家和一位中国企业家的名字"时，被调查的民营企业主依次填出的企业家为比尔·盖茨、李嘉诚、乔布斯、俞敏洪、巴菲特等。我们知道，企业家的创新精神是企业的核心竞争力所在，也是社会财富积累的重要源泉。被调查的企业主们从他们崇敬的企业家身上也看到了这一点，所以，当问及"您崇敬他或他们的原因是什么"时，回答"勇于创新"的人数最多，占比为31.11%，其次为"白手起家"，占比为22.44%。但恰恰是这个回答与他们主观上对自己创新精神的要求产生了较大的差距。我们看到，无论是对企业家最主要精神的选择还是对民营企业家最应该普遍提倡的价值观的看法上,"创新"始终没有出现在最重要的位置,这就形成了一定的反差。

(二) 国家发展目标和政策

转型时期,国家的发展目标和政策,尤其是中心任务,构成民营企业经营重要的制度环境,对民营企业具有决定性的影响,而成功的企业仍然在很多方面需要政府的帮助,甚至比一般的企业更受制于政府政策的制约。政治合法性是刚性要求,要与国家的政策、国家发展目标,尤其是中心任务保持一致,是取得政治上合法性的重要途径,这是企业主们的共识。所以,当问及"您认为您事业成功和企业发展最主要靠的是什么?"的问题时,被调查者作出了明确而相对集中的回答,有68.89%的人选择"政策";39.33%的人选择"党和国家"。值得注意的是,许多民营企业主当年创业时,曾经依赖的社会关系(父母、亲戚朋友),在今天民营企业主认定的成功因素中已退居其后(见表4-4)。

表4-4 事业成功和企业发展最重要的原因

原因	频数(人)	百分比(%)
政策	310	68.89
党和国家	177	39.33
员工	167	37.11
企业合作伙伴	161	35.78
客户/顾客	96	21.33
自己	83	18.44
父母/家人	55	12.22
同行	48	10.67
亲戚朋友	19	4.22
其他	2	0.44

注:此题为多选题。

访谈中，企业主杨彩云认为：

> 作为社会责任，企业家除了爱心之外，还要与时俱进，这是根本的元素。要根据时代的发展，根据企业的实际状况，根据自身的能力大小。我接触的企业家也有完全是根据个人喜好来定他的企业文化；根据个人的好恶，来选择用人的标准。爱心是基础，企业治理是平衡点，要与时俱进。要尽社会责任，就要不断地面向社会。要不断地接触社会的信息和国家政策，中国的企业不能背着政府的政策而行。

访谈中，企业主方永健介绍了自己的做法：

> 企业的发展最终的定位是什么，现在讲发展环境友好型企业，我们的产品最终要推动社会环境变好，这是核心的东西，是永远的规律，规律不能打破。企业有了这种核心的东西，生命力就更强了。企业在发展中只要围绕这个目标就不容易倒闭。哪怕倒闭了，政府还会把你扶起来。你今天倒闭了，明天会有人把你支撑起来。因为它符合整个发展规律了。别人倒了，你不会倒。你遇到再大的困难，可能都有资源来整合你。所以，不管搞什么企业，如果不是按照这个规律来做，就可能做得越大，风险越大。企业主追求的是什么，比如，你上市的目的是什么，是赚一大笔钱移民，这个企业就不会长久，这是一个规律。这个规律抓住了，企业大小只是暂时的。
>
> 大家都懂，没人不懂这个道理。但都是说得多，但不去这样做。为什么不这样做？因为他在现实环境中遇到困难和挫折就改变主意了，不能坚持下去。做的过程中抵御不了各种诱惑，人最大的困难是抵制各种诱惑。比我们懂的人太多了，哪个不懂。企业往往到了撑不住的时候，不是不能撑，是他改变了，他怀疑自己了。

抓住核心规律就不会走弯路，以前走了很多弯路，追求表面的东西太多了。创业时想的就是怎么赚钱。

胡锦涛同志在十八大报告中说，建设生态文明是关系人民福祉、关乎民族未来的长远大计。面对资源约束趋紧、环境污染严重、生态系统退化的严峻形势，必须树立尊重自然、顺应自然、保护自然的生态文明理念，把生态文明建设放在突出地位，融入经济建设、政治建设、文化建设、社会建设的各方面和全过程，努力建设美丽中国，实现中华民族永续发展。

企业始终处于特定的制度环境中，其行为倾向于趋利避害，适应环境规则，适应国家的发展目标和政策规定，是企业生存和发展的重要条件。民营经济的产生、发展和壮大都是在政府有关政策的指导下进行的。因此，民营企业主在成长发展的过程中深切地感受到国家政治系统的决策对民营经济的发展具有生死攸关的作用。只有将企业发展的定位与国家的政策和目标保持一致，企业主才能不断提高其政治合法性。

（三）政府体制

中国的改革已经进行了30多年，经济体制和社会生活的许多方面都发生了巨大的变化，但国家仍然在很大程度上控制着一些重要的社会资源，存在着一个既不同于计划体制，又不同于市场体制的资源配置系统，在承担着现阶段的资源配置。

党中央、国务院高度重视中小企业的发展，2003年开始实施《中小企业促进法》，2005年颁布《国务院关于鼓励支持和引导个体私营等非公有制经济发展的若干意见》，国际金融危机爆发后，2009年和2010年又分别出台了《国务院关于进一步促进中小企业发展的若干意见》和《国务院关于鼓励和引导民间投资健康发展的若干意见》，为民营企业的发展提供了较大的空间，但相关部门没有同步放权，仍垄断着最重要的领域。

中国经济正处于转型过程中，正式制度和规则的变动往往还具有很大的不确定性，因而制度环境便缺乏稳定性。企业经营缺乏稳定的预期，未来不确定性提高，企业就难以通过常规的内部扩张或对外并购的方式成长。

政治关系作为非正式制度的存在，可以弥补正式制度的"空白"，可以减少由于金融制度和法律制度的不健全和政府干预的广泛存在等制度环境的约束。在这种情况下，民营企业倾向于依赖替代性的非正式机制支持企业的发展，非正式政治参与成为替代性的非正式制度之一。

林毅夫认为，在一些情况下，非正式制度比正式制度显得更为重要，这源于正式制度的缺陷至少可以部分地通过非正式制度的运行得到弥补；正式制度安排和非正式制度交织在一起，共同支撑着资本市场和社会经济的运行；正式制度架构了企业存在的制度环境，而企业的政治关联则可看成是非正式制度的存在；制度环境越不完善，民营企业建立政治关联的动机就越强。[1]

现实社会中，人们注意到企业政治关系的强度往往决定着企业能力的大小，进而导致企业业绩的明显差异。通过与国家政治系统的合作，可以获得国家政治系统的接纳，由此转化为政治资本，资本优势不断扩充，使个人利益最大化获得支持。因此，民营企业主在经营中，往往特别关注体制，为此耗费了大量的精力。中国民营企业存在的一个很大的问题就是，研究商业竞争所花的时间较少，多数时间都花在研究政府体制上。对于成长于体制外的民营企业来讲，没有和政府的天然联系，加上法律对私有财产的保护不力和过去长期的政治和意识形态等原因，使其处于最弱的环境中。因此，民营企业大都要面临市场博弈和体制博弈，最终有的企业倒在体制博弈上。广厦控股董事局主席楼忠福表示：[2]"作为民营企业家，

---

[1] 史曲平、高伟：《民营企业政治关联及其效应研究》，《商业研究》2011年第9期。

[2] 楼忠福：《民营企业为何越做越累》，《民营经济内参》2010年8月27日。

说句心里话，我们真的很累。因为民营企业始终在夹缝中求生存，在重压下求发展。"

实地研究中，企业主李荣德则表现得很坦然："赌是男人的天性，包括我们做实业的人，每天都在赌博，因为他要与社会的各种关系博弈。"

企业主何京则表示：

> 现在对国家体制抱怨的很多。经常在一起吃饭，一聊就聊到国家体制上。我的心态是，对国家，要看到积极的一面，不看或少看它负面的东西。我认为，国家的政治体制是存在很多问题，但没有哪个国家不存在问题，美国、英国都存在问题。但我们要看到改革开放30年来，人民生活水平提高了，交通发达了，衣食住行变好了，经济宽裕了，上大学的普及率比以前高得多。比如，我们这个群体，是改革开放的体制造就了我们的今天。没有改革开放，我们可能还在农村种地。从这个角度讲，我们不应该有太多的抱怨。天天抱怨没有意义。

面对作用强大的体制环境，民营企业主一方面顺应环境，遵循普遍接受的模式，同时又在创造着新的环境。改革开放初期，民营企业的经营活动是属于开创性的，所面对的外部环境并没有现成的规律可循，民营企业的合法地位没有得到确认，私有产权缺乏制度保护，为了获得各种政策支持和政府控制的资源，也为了避免由于"身份"问题带来的麻烦，民营企业不得不采取变通办法，纷纷挂靠政府部门，注册为集体企业，从而获得合法的身份。这种戴"红帽子"的行为，实际上正反映了民营企业在当时政策和制度的压力下，为获取合法性进而拓展自身生存空间的一种适应性选择。随着国家对民营企业地位的逐渐认可，这种情况逐渐消失。但在现阶段，我们看到有不少民营企业标榜自己为高科技企业、环保企业，实则是为了提高自身的合法性。这是一种通过创造环境获取合法性的战略。在这种形势下，带着一种社会责任感去参政议政，最终想达成什么样的目标呢？企业主高平介绍说：

> 我有个想法，现在是民营经济发展的大好时机，省里也在强调大力发展民营高科技企业，希望在我做人大代表的这四年任期之内，能推动本土的民营经济更好地发展，制定更多的相关优惠政策，而且，鼓励高科技企业发展。高科技企业发展的门槛比较高，但这里面有很多窍门，并不像拉板车，必须使那么大的劲，才能把板车从底下拉到顶上去。发展科技企业有很多捷径，能让企业发展得更快更好。我希望能在推动科技企业发展方面做点工作。至少在我们市区范围内，让更多的企业可以从一般的加工型民营企业过渡到科技型民营企业，能更好地利用科技的发展推动企业的发展。

当下，民营企业的生存环境发生了质变，一系列国内外因素导致产业结构由粗放型向集约型转变、原始积累式的资源抢占型发展模式走到了尽头、原材料和劳动力成本持续上升、政府对于企业的宏观调控越来越严、法律监管也越来越精细。而经济发展的市场化程度越低，企业受政府宏观调控的程度越高，民营企业越依赖政府，企业主与政府的政治联系意愿越高。

政府既是政治制度的组成部分，也是制度安排的结果，还是承载和体现权威结构的社会集团，企业合法性与政治制度或权威结构的关联无论如何都应当包含着与政府的联系。所以，主动迎合政府的政策要求，承担社会责任，可以获取合法性。实地研究中，企业主金翼介绍了他的做法：

> 一个政府官员告诉我，办福利企业能享受退税待遇。对企业来说，这是一笔不小的收入。企业原本就有残疾员工，又解决了一些残疾人的就业问题，于是就向政府申请，很顺利就把

公司转成了福利企业。

在所有的合法性获取战略中，创造环境是对外部环境改变最大，也是最难控制和最少采用的主动性获取方式。但现实生活中，我们看到不少这样的尝试：民营企业主们不断在试图创造令世人所瞩目的规则、规范、价值观和商业模式，从而改变着制度环境。

（四）地方治理

为了鼓励民营经济发展，国家近年来出台了一系列政策，为民营企业的发展提供了较大的空间，但地方政府没有同步放权，仍垄断着最重要的领域。由于高度集中的国家体制和缺乏法律保障，相当多的民营企业在很大程度上依赖于地方行政机构。尽管国家已经开始从计划经济向市场经济体制转型，行政机构仍然是重要的经济主体，它们掌握着关键性的资源（如土地、能源、项目、工程等）。

由于中国在政治权力上附属了太多的经济利益，因此，在经营活动中，民营企业主、国家和政府机关之间的关系结构具有重要意义。在目前的中国经济社会发展中，民营经济的持续增长和民营企业主阶层的不断壮大，国家政策的调整和制度的安排，都已经和将要给民营企业主带来更大的发展空间和更多的经济资源。市场化改革带来经济增长，而经济增长给执政者带来合法性，给经营者带来财富。因此，中国的改革决定了执政者与经营者之间存在天然的亲和性。

民营企业主的政治地位不仅取决于收入和为地方创造的经营业绩，还取决于与地方政府的相互关系。只要制度环境还不利于民营企业发展，只要企业主还认为政府有强大的干预能力，企业主就会存在与政府修好的刚性需求，以获取政治合法性。

克劳斯（Klaus）认为，在经济转型过程中，由于缺乏完善的法律制度和良好的价格体系，从定价和法律执行的角度看，交易成本将十分昂贵。这就导致经济转型中的企业更倾向于利用人际关系网络（尤其是与政府的联系）而不是通过市场获取资源。① 目前存在着形成各种关系结构的可能性，在法律不完善和行政机构干预的情况下，就有可能产生如建立社会关系、行贿、送礼或者向地方机关支付"赞助费"等现象。

从古至今，为患于人类，给人类带来城市破坏，国家人口绝灭以及世界和平被破坏等绝大部分灾祸的最大问题，不在于世界上有没有权力存在，也不在于权力是从什么地方来的，而是谁应当具有权力的问题。② 由于政府部门的各级干部仍然控制着再分配的权力，这意味着在民营企业主与地方政府和政府官员的大多数活动范围内，依赖性的保护与被保护关系占据了绝对优势。民营企业主自然就会想方设法去结交权力。对民营企业主而言，要谋求商业成功，与地方政府官员的关系是一个重要前提。在高度市场化的地区，企业主努力寻找从依赖一方当事人的关系向相互依赖的当事人关系过渡。正是由于地方政府对民营企业的渗透和官员权力日常反复的运用，民营企业主们认为要持续地交往以培育这种关系，一次性的努力很难说有效。要有效地使用这种关系，需要持续的活动，以培养这种关系。

作为现有体制的既得利益者，民营企业主是执政党的政治稳定政策和经济改革政策的最大受益者，他们根本不可能挑战现有体制，相反，还要积极地维护。民营企业主与执政党的利益共生关系愈益显著，与地方政府的共生关系尤为突出。事实上，民营企业主一直致力于参与政治过程，尤其是地方政治。地方政府部门仍然拥有对重要的经济、社会和政治资源的支配权。国企与民企之间、民企中的大企业与小企业之间还存在不平等竞争。很多经营领域尚未获准进入，在土地开发、资金借贷等方面还有种种

---

① Klaus, E. M, 2001, "Institutions, Transaction Costs and Entry Mode Choice in Eastern Europe", Journal of International Business Studies, Vol. 32, pp. 357~367.
② 〔英〕洛克：《政府论》（上篇），商务印书馆出版，1982，第89页。

限制，民营企业的经营无法实现自我保证。在这种发展情境下，民营企业主更多地采用非正式、非制度化的手段，通过与政府官员建立个人联系，编制社会关系网络，寻求政治上的代言人来获得资源，达到实现经济利益的目的，导致民营企业主经商行为的政治化。

合法性的本质是这样的，无论是统治者还是被统治者，都必须要接受联结各个群体之间的权威性契约。如果缺少这种纽带和认同，任何统治和法律都不可能有效运作。哈贝马斯指出，这种纽带必须要建立在广泛交往的、共同接受的一致意见的基础之上；这种纽带能否形成，最终要取决于统治者和被统治者为达成一致意见而保持持续对话和沟通的能力。[1]

访谈中，企业主岳翔认为：

> 我感到社会在进步，这几年我们给税务局评分，我们都是给它打第一。为什么？第一，确实税务局现在的作风跟以前不一样了。第二，当时打第一，肯定心里还是有小九九的。就是说，你如果打得差，它更来扰你。事实上起到了激励作用，它每年都在第一的情况下，它就不想成为第二。这时，它内部的自律在加强。确实，这几年，它们出来查账，像去年，它们来稽查，按道理，稽查局稽查我们是比较严格的，查了大概有20多天，但在整个查账过程中，没有情绪上的冲撞，其实这一点就非常好了。最怕的就是它对你的蔑视与不尊重，从内心讲，是容易有情绪的。

埃文斯认为发展型国家能够成功地推动经济的增长，其方式是在一定程度上保持一种非常微妙的平衡：一方面要帮助新兴企业提

---

[1] 〔美〕安东尼·奥罗姆：《政治社会学导论》，上海世纪出版集团，2006，第269页。

供资本和实施领导；另一方面要放松对他们的控制。埃文斯将这种结构性的境况称之为嵌入式自主权。他对此的理解是，作为一套制度，发展型国家是在新兴国家的其他制度之中保持着自主性，将自己的成就标准建立在绩效的基础之上，而且这类政权不能过度地介入作为新兴国家重要特征的社会联结和关系网络之中。与此同时，发展性国家及其领导在这种意义上也是嵌入式的，即政府官员必须要与新兴的企业家和公司领导之间建立良好的关系。这种关系建立在相互信任和共同的目标之上，而非建立在强制性的忠诚和冲突之上。①

与政府保持一定的关系，是为了寻求有利于企业发展的政策空间。但在与政府打交道的过程中，一些企业主表现得相当理性。实地研究中，企业主方永健介绍说：

> 政府不敢创新，创新会出问题。做10件事，只要一件事失败，他的位置就保不住了。所以，政府比较保守。企业做10件事，哪怕9件事情失败，只要有一件事情成功就成功了。企业不创新就没有发展。思维不一样。政府求稳，不能出问题。政府的创新是建立在保险的基础上，是锦上添花。不能指望政府扶持，只能借助它的政策打擦边球。通过关系，得到好的政策。但这也是不平等，给了我，别人就没有了。比如，政府支持一亿元，符合条件的企业很多，我争到了，别人就没有了，所以，这不是一种（公平）竞争。

民营企业的政治合法性与企业所面对的制度环境密切相关，中国的改革已进行了30多年，迄今为止，尚未建立起一套有效地将商业和政府分开的机制。在中国，不同层级的政府部门继续在企业

---

① 〔美〕安东尼·奥罗姆：《政治社会学导论》，上海世纪出版集团，2006，第276页。

经营环境（如税收）和生产要素获取（如土地、资金和信贷等）方面施加关键影响，地方政府官员会直接或间接地干预企业经营。地方政府的发展目标、产业结构调整、各项政策的出台、行政干预等进一步增加了企业外部环境的复杂性，加大了企业经营的风险。当然，我们也欣喜地看到，地方政府对于民营经济发展的服务意识在不断增强，正如实地研究中企业主高平所说：

广东、福建的地方政府官员确实没有实权，政府已经没有什么作为了。我们本地属于过渡时期。现在我们有些问题很严重，就是因为社会的发展还没有到那个程度。本地的民营企业再进一步发展得好一点，总量在现在的基础上翻一番或者翻两番，这时官本位的现象就会大幅下降。政府完全是一种服务。

为什么存在政府官员刁难企业的现象，还是官本位的问题，他感觉是管企业的，政府官员的传统观念就是管企业，有权力管你、训你，他认为这是正常的事情。实际上，他们的地位已经发生很大的变化，我们潜意识里，比如一个政府官员与我在一起的时候，你认为他重要还是我重要？我的感觉是我的地位比他重要，因为我每年上缴税收，我出钱养你们，你拿的工资都是我的企业给的，你有什么资格训我呢？现在正在悄悄发生一些变化，而这种变化会随着时间的推移更加强烈。很多政府官员跟你商量事情的时候，非常希望你给他一种支持和帮助。

正式的政治参与包括每年要向人大或政协提交议案或提案，本来，主要是反映各种社会问题的，包括揭露一些社会的阴暗面或政府行政的失误，客观上隐含着对社会和政府职能部门的批评和政治批判。但因其提案的前提是通过提案引起政府有关职能部门的关注而解决问题，提出一些有价值的政策建议，提升政府的形象，提炼出对政府的各种正面的政治价值。民营企业主正式政治参与的成功,恰恰有赖于它在争取到政治合法性的情况下对行政资源的利用。结果,人们广泛接受的是其正面的政治意义,而民营企业主则从党政部门获得了充分的政治合法性。

实地研究中,企业主金翼介绍了自己参政议政的经验和感悟:

> 做企业需要好的心态,心浮气躁、急于成功是很难取得成功的。另外,必须还要有足够的耐心。参政议政也是这样,当提案提出后没有反应时,要有足够的耐心。与政府打交道时,首先不要把自己看作是置身度外的人,要把自己看作他们当中的一分子,你就有耐心去处理一些事情。在中国历史上有很多改革家,有的成功,有的失败,有的下场很惨,很大程度上因为改革的要求与环境的差异太大。当所有的人不接受你的时候,你应该通过各种不同的方式、采取不同的措施,让大家都能接受你、理解你,而不是产生对立,产生对立后,会让大家进一步疏远你。

(五) 社会公平

邓小平同志在改革开放初期曾经说过:"我们的政策是让一部分人、一部分地区先富起来,以带动和帮助落后地区,先进地区帮助落后地区是一个义务。我们坚持走社会主义道路,根本目标是实现共同富裕,然而平均发展是不可能的。过去搞平均主义,吃'大锅饭',实际上是共同落后,共同贫穷,我们就是吃了这个亏。"[①] "先富"和"共富"的社会主义富裕政策,在改革发展的过程中发挥着重要作用。其中,"先富"政策为打破平均主义、摆脱贫困作出重要贡献,"先富"具有历史时代的合法性。

相当一部分民营企业主,在他们的原始积累阶段,几乎没有任

---

① 《邓小平文选》第3卷,人民出版社,1993,第155页。

何资金实力，依靠国家政策，运用高超的整合能力，进行资源的整合，实现了原始积累，将企业从无到有，发展壮大。企业主喻文针对原始积累问题，说出了自己的看法：

> 我去浙江考察回来对领导讲，江苏的民营企业与浙江不能比。浙江发展以民营经济为主，政府发展方向是主要围绕民营企业这块蛋糕做，民营企业的所有需求都能满足，即使中央不批，地方也给批。有人参观温州，说它现在怎么怎么，我觉得温州经济发展有个过程，有个资金积累过程，这个过程怎么发展很重要。当时温州的假冒伪劣可以说是上到火箭下到针线。正因为有了这样的特定的资金积累时期，才有今后的发展。总结这些年的经验，我说政府一定要放水养鱼，不能抽水吃鱼。一定要养着，等养大了才有力量。

虽然民营企业和企业主为发展经济作出了巨大贡献，但不可否认的是在民营经济发展过程中，出现了一些不合理甚至不合法的现象。对此，中央统战部经济局的领导接受记者采访，在谈到民营企业主"原罪"问题的时候，明确表态："历史最好可以不提，如果要提，99%有问题。"[①] 企业主的原罪某种程度上是基于政府和市场分工不清晰的前提下企业主的试验行为，如果说有罪，政府也有责任。为了鼓励民营经济发展，让一部分人富裕起来。在民营经济起步时，市场不规范、法律不完善、监管也缺位，针对经营者生产销售假冒伪劣产品的行为，地方政府心知肚明，还扶持他们，帮助他们完成原始积累。地方政府为了做大市场，专门成立机构协调，进行政策扶持，更多的是保护民营企业主的经营。

在我国社会主义建设中，实现人民富裕、国家富强是"先富"

[①] 赵义：《四份报告直面国情》，《南风窗》2003 年第 4 期（上），http://www.yihuiyanjiu.org。

到"后富"政策的合法性基础；它们作为一种公共政策本身具有合法性属性。同时，"富裕"政策也承载着支撑政治系统合法性的功能。在改革开放初期的两种富裕政策中，由于当时的社会经济条件需要把"先富"政策放在首位，这也是"先富"在当时合法性程度高于"共富"的合法性程度的主要原因。企业主的"先富"经营行为，基本上是一种"摸着石头过河"的试验，是迈向共同富裕的最有实际意义的一步，"先富"行为适应了生产力发展不平衡规律，有利于发挥生产优势、提高整体效益。同时，在此过程中，帮助政府不断总结经验，纠正错误，发展了社会主义市场经济，实现了历史性突破。

由于任何政策都有其历史和时代局限性，当它在完成它的历史使命时，带来的只能是消极作用。在"先富"政策的引导下，改革开放取得巨大成就，经过改革开放30年的发展，生活在中国大陆的一部分人确实先富裕起来了，我们百万富翁的人数已经超英赶美了，但是贫富差距在急剧扩大。而"共富"政策却始终没有真正落到实处。正如学者胡鞍钢所指出的："改革以来特别是20世纪90年代下半期，中国社会的增长模式发生了重大变化，从全民'分享型'或'共享型'增长到'部分获益型'增长，从全民'非零和博弈'增长到'零和博弈'，从'人人受益'到'部分人获益型'增长。"[①]

30年前，中国的人均 GDP 不到 400 美元，是世界上最贫穷的国家之一。经过30多年的改革开放，现在达到了5000美元左右，中国进入了中等偏低收入国家的行列。与此同时，中国也成为世界上收入分配差距最大的国家之一。人力资源和社会保障部劳动工资研究的所有数据显示，当前中国城乡居民收入比达到3.3倍，国际上最高在2倍左右；行业之间，最高的与最低的相

[①] 胡鞍钢、王绍光、周建明：《第二次转型国家制度建设》，清华大学出版社，2009年，第13页。

差 15 倍左右；上市国企高级管理人员与一线职工的收入差距在 18 倍左右。

中国目前严重的两极分化使得我们执行了 30 年的富裕政策受到了挑战，使人们对社会主义逐渐产生怀疑，并影响到了社会主义的合法性，同时其政治合法性也受到质疑。而且，现代社会中存在着的财富和权力严重不平等的现象，这种不平等可能成为重大意识形态冲突的根源。[1] 如果"先富"起来的人我行我素、"不公平增长"大行其道的话，就会出现如托克维尔所揭示的"经济长期增长而突然停止的社会大动荡"。[2]

随着改革的深化，"先富"的政治合法性逐渐下降，实现社会公平正义的"共富"的合法性逐渐上升，理所当然地成为当今时代的政治逻辑，更是我们构建具有高度政治认同的根本方法，实现"共富"成为历史的必然。一些企业主充分认识并理解政府对贫富两极分化的调控，企业主张恩全认为：

> 我经常想，我们算什么呢？你自己几斤几两？凭什么你创业十几年，你就是老板，有万贯家财，跟着你打工的仍是两手空空。尽管我是老板，我想这样的政策和做法是对的，应该提高这种门槛，如果你没有特别的本事，不能让你永远富下去，最终要解决共富的问题。不解决这个问题，社会和谐不了。
>
> 全公司只有我一个人不缺钱，不是我这个人特别有能耐，而是我们国家的财富分配机制逐步出问题了。尽管全民生活水平在提高，对比我们企业，一些政府官员以权谋私，再怎么提高心理也不会平衡。

---

[1] 〔美〕安东尼·奥罗姆：《政治社会学导论》，上海世纪出版集团，2006，第 11 页。

[2] Alexis de Tocqueville, 1955, *The Old Regime and the French Revolution*. New York: Anchor Press.

邓小平没讲让一部分人永远富裕。先富政策就要调整了，这一小部分人永远富下去，社会就要出问题了。

访谈中，企业主赵晨光认为，企业家的社会责任是解决社会向前发展值得反思和研究的问题，他认为：

企业主不能只是一味地赚钱，企业要讲德，要有利他之心。如果我们这个社会营造利他之心的氛围，尤其是企业家，如果都能这样做了，社会还能仇富吗？为什么仇富呢？有很多老总赚了钱以后，没有什么社会责任感，没有赢得好的口碑。企业的老总如果都有社会责任感，我相信，弱势群体也好，老百姓也好，会另眼相看的，会敬重你、尊重你，就不会仇富而会保护你，这不值得反思吗？现在很多企业没有社会责任感，没有为社会弱势群体做善事，他钱多了就炫富。如果大家都能承担社会责任，这个社会既是经济发展，又是民主和谐；既解决了平均主义大锅饭的问题，又解决了贫富差距的问题。企业主应该意识到再赚多少钱都是社会的，别认为都是自己的。

看来，一个想成为公众认可的政治权力拥有者，在他获得社会认可和一定的威望时，确实要付出一定代价。这个代价就是要把自己生命的一个部分"投资"在为民求得"公平"和"福利"的过程中……在政治权力的潜在拥有者与民众之间，有一个交换的关系，前者要为后者付出一定的"服务"，才可能从后者获得支持。而当前者成为权力拥有者时，后者则需要付出他们的支持和认可，方能从这个关系中得到利益。①

民营企业主作为先富起来的一部分人，要提高自身的政治合法

---

① 王铭铭：《山街的记忆——一个台湾社区的信仰与人生》，上海文艺出版社，1997，第118页。

性，应当帮助和带动周围的群众致富，把个人富裕和全体人民的共同富裕结合起来，最终实现共同富裕。实现共同富裕，不仅有利于民营企业的进一步发展，而且有利于社会的稳定。因此，民营企业主作为社会主义事业的建设者，他们有责任也有义务履行社会责任，带动人民共同富裕。

(六) 政治安排

尽管改革开放以来，民营企业和企业主作出了巨大贡献，但并没有受到真正的尊重。表面上看来，企业主的地位今天已经有所提升。但实际上，人们尊重的并非是企业主，而是在崇拜金钱。为此，接受政治安排成为民营企业主提高社会和政治地位获取合法性的重要动力。

在分析18世纪中叶哈利法克斯商人、工场主和专业人士的阶级意识和地方政治时，美国历史学家约翰·斯梅尔认为，"在所有这些事件中，至关重要的是一个集团对于政治权力和声誉的追求。声誉对于新兴的商界和专业界精英来说意义十分重大，因为18世纪中叶的政治结构和社会结构并没有给予他们炫耀自己优越社会地位和经济地位的足够空间。"[1]

如果说，美国人的安全感造成了更多的政治冷漠者，[2] 那么，中国目前相当一部分企业主的不安全感造就了更多的政治热情参与者。民营企业主政治参与中表现出的强烈动机并不能说明他们对政治权力有天然的浓厚兴趣，只能说明他们由于长期处于政治生活中的缺席和压抑状态，以致在参政议政上表现出强烈的"饥饿感"。日益发展壮大的民营企业主不会满足"经济上的巨人，政治上的侏儒"的现状，提升其政治地位的最快途径就是主动地参与政治。

---

[1] 〔美〕约翰·斯梅尔：《中产阶级文化的起源》，上海人民出版社，2006，第179页。

[2] 〔美〕大卫·理斯曼：《孤独的人群》，南京大学出版社，2002，第171页。

对中国的经济发展而言，民营经济和民营企业主已变得越来越不可缺少。他们日益发展成为最重要的纳税者之一，提供不断增加的就业岗位，拥有极大的技术创新能量，持续发展着新的经济。经济基础决定上层建筑，当企业主的社会财富不断增加时，其影响力和话语权势必越来越强。无论是为了推进民主，还是为了加强对民营企业主群体的控制，政府都需要通过政治安排将其纳入管理体系中。在发展地方经济的驱动下，地方政府更倾向于给予企业主政治身份的认可。而民营企业主阶层中的一部分成员从自身利益出发，积极回应政府的要求，加入到现存政治体系中。当然，人大和政协等机构在对民营企业主作政治安排时，主要考虑的是企业的规模和对地方经济增长的贡献，以及政治可靠，在当地有一定的社会影响，遵纪守法等条件，以利于引导其中的代表人士进行有序的政治参与。一部分民营企业主当上党代表、人大代表或政协委员，表明执政党对民营企业开放和接纳的态度，显示民营企业主政治地位的提升，也在一定程度上提升了体制对民营企业主的接纳程度，有利于民营企业主所在阶层的利益表达。通过吸收各阶层，不仅扩大了党的社会基础，同时也促进了民营企业的发展。

从一开始，民营企业主就十分注重扩大政治影响力，最初是通过捐赠公共事业、争当劳模。中华全国总工会 2005 年决定把民营企业主纳入全国劳动模范推荐评选范围，对于非公经济人士能否当劳模曾经有过十分激烈的争论。民营企业主也在积极争取其他荣誉称号，但是，民营企业主主要还是以获得人大代表、政协委员资格为目标。

福柯认为，主体在时空中的活动，其恰当的身份和需要都被认为受到国家的规范化权力的形塑和影响。[①] 能够获得政治安排，这

---

① 〔美〕沃尔特·W. 鲍威尔、保罗·J. 迪马吉奥主编《组织分析的新制度主义》，上海人民出版社，2008，第 276 页。

对民营企业和企业主来说是一种来自党组织和政府的认可。正如企业主岳翔所说：

> 我现在是第三届政协常委了，这些虚的东西给你了，这可以向合作者、公众证明，你的企业是有素养、有追求和有信念的，这对提升企业形象是有帮助的。另一方面，自己觉得这也是一份承认，这份承认对我是有激励作用的。政协每年有许多与政府协商的议题，对这些议题，我都是很重视的，查资料，做调查，我不能辜负这个岗位。

中国的改革已进入深水区，温家宝总理在2010年的《政府工作报告》中说："我们的改革是全面的改革，包括经济体制改革、政治体制改革以及其他各领域的改革。没有政治体制改革，经济体制改革和现代化建设就不可能成功。要发展社会主义民主，切实保障人民当家作主的民主权利，特别是选举权、知情权、参与权、表达权和监督权。"实地调查中，我们看到一些民营企业主政协委员和人大代表在认真履行自己的职责。企业主常盛表示：

> 政协委员的身份给了我荣誉，同时也是一种压力。在做的过程中，能感觉到我是在为整个社会做事，而不是为自己、为小家庭、为公司小集体在做事情，还是很荣耀的。
>
> 参政议政与我对企业的定位和发展方向是一致的。非常强烈地感到作为中国人，不管企业做得多大，希望每个人都能为社会的进步，为中国人走到欧洲、走到美国而感到自豪，为推动国家往前发展、提高国人的素质，作出一些贡献，这是我非常愿意做的事。

调查显示，民营企业主对参政议政主要应该发挥的作用，认为主要体现在"反映行业和产业发展要求、促进整个行业或产业健康发展"的占47.33%，其他几个选项，包括"加强社会监督"、"影响非公经济政策法规的出台、促进非公经济和其他经济平等竞争"、"促进社会公平正义"都有超过1/5的人数认可。"推进民主政治建设"和"反映社会多元诉求"也得到一部分人的认可（见表4-5）。从民营企业主对"非公经济人士参政议政主要应该发挥的作用"的回答可以看出，表达其阶层意识和合法权益，不断谋取更大的政策空间，影响政治系统的决策过程，是参政议政的主要目的。同时，公平、正义、民主、自由也是民营企业主的理想和价值追求。

表4-5 非公经济人士参政议政主要应该发挥的作用

应发挥的主要作用	频数（人）	百分比（%）
反映行业和产业发展要求、促进整个行业或产业健康发展	213	47.33
加强社会监督	116	25.78
反映和解决自身企业的问题和困难	115	25.56
影响非公经济政策法规的出台、促进非公经济和其他经济平等竞争	105	23.33
促进社会公平正义	96	21.33
推进民主政治建设	64	14.22
反映社会多元诉求	60	13.33
提高社会影响力和知名度	36	8.00
其他	3	0.67

注：此题为多选题。

我国30多年的改革开放虽然取得了举世瞩目的成就，但并没有完全实现原来的全面改革的初衷。在经济高速发展的同时，社会矛盾和社会问题越来越突出，实际上，这些经济和社会问题同时也是政治问题，是政治体制改革滞后造成的。民营企业主在经营过程中，体会最深切。实地调查中，民营企业主对"我国深化政治体制改革的重点"表达了他们的看法，56.44%的人主张"加大惩治腐败力度",42.00%的人认为要"大力发展基层民主",41.33%的人坚持"完善权力制约和监督机制"等(见表4-6)。民营企业主所表达的观点既代表了其阶层的利益,也反映了当今人们对政治体制改革的期盼。民营企业主关于公平、正义、自由、民主的价值追求与社会上大众的理想是比较一致的,只不过他们的愿望表现得更加强烈。

表4-6 对我国深化政治体制改革的重点的看法

对我国深化政治体制改革的重点的看法	频数(人)	百分比(%)
加大惩治腐败力度	254	56.44
大力发展基层民主	189	42.00
完善权力制约和监督机制	186	41.33
进一步改革党和国家领导制度	146	32.44
切实维护司法公正	136	30.22
加快建设服务型政府	124	27.56
强化人大和政协的职能作用	44	9.78
其他	4	0.89

注:此题为多选题。

实地研究发现,基于经营企业的成功经验,很多企业主提出的提案和议案相当有见地。企业主非常强的处理经济事务的能力和务实精神,让议案和提案的质量更高,更能够落实。企业主田思源谈了他的提案递交情况:

在市政协会议,我提的提案是中小企业健康发展的问题。一个主要观点是企业家的思想与政府的思想要健康发展。思想要健康,企业才能健康发展。我认为企业不在于做大做小,而在于能做多少年,是做50年还是100年,这是最关键的。哪怕能养一个人，能养100年。你这个企业发展快了，一下子做几百亿元，10年就倒闭了，产生的副作用比企业产生的经济效益更大。企业要看长远，如果所有的企业、所有的饭店都能很长久，这个城市肯定兴旺发达，如果没有失业，或失业越来越少，社会便稳定，越来越稳定。企业一下子上来，一下子倒闭，会造成社会的动荡，但政府有时就追求迅猛发展。

大企业家、大金融家，越大的人心理健康越成问题。有的企业家做大了，就高高在上，自认为很高，实际脱离了社会。企业做得越大，心态应该越平和，因为什么都看淡了，或者说看透了。企业家回归正常人的心理，企业才能常青。中国许多企业家高高在上，天天与领导在一起，好像层次很高。但他们的心理承受力还不如普通老百姓，承受不了打击，承受不了非正常待遇了，心理变得脆弱。地位越高的企业家心理越脆弱，一旦遇到风险，容易走向极端。企业家应该是很容易承受打击的，因为平时波折太多了。如果不能回归到自然的心态，很小的打击就会崩溃，为什么有的人自杀，就是这个问题。没有正常人的心态了，始终觉得别人都要尊重我、听我的。他们不是不懂道理，而是太注重这个，有些当官的也是，觉得什么场合都要坐在最关键的位置，都要别人奉承他，而且习以为常，觉得应该的。所以，一遇到困难和挫折，就容易心理变态。一遇到打击，就心理调整不过来，就容易崩溃。本地的老板有这种心理的人太多了。所以当我遇到困难或打击，就强迫自己忍，因为一旦忍不住就会作出错误的决定。

企业是人做的，企业主往往影响企业的命运，影响行业的命运。所以，中小企业要健康发展，首先企业家的思想要健康，心理上要健康，政府的思想更要健康，然后是政策要健康，政策、制度和方方面面要健全，执行上要到位。现在不少政策执行得不健康。中国民营企业家最大的问题是受政府影响比较多，到了一定程度就受政府影响。

中国的民营经济从它产生那天起，就带有政策经济的特点，尤其是地方政府的政策导向和价值选择会影响民营企业主的价值选择。政府要从中国社会的长远和健康发展的角度，以科学的思维指导民营经济健康发展，真正去体认民营经济对于中国社会的重要性，不能仅仅出于财政与地方政绩的考虑，一味追求迅猛发展，这种发展战略将影响民营企业主的责任定位。我们注意到，由于一些政策的误导，一段时间内整个社会对企业成功的理解就是资本运作，不少人认为，踏踏实实做实业已经过时。

民营企业主参政议政能改变现有的政治组织内不同阶层力量的对比，要让民营经济在现代的政治组织中有自己利益的代言人。但民营企业主如何通过公权力的行使来争取其阶层利益，并为社会大多数人服务，还有待进一步探索。

三 民营企业主的理想和信念

在民营企业发展中，企业主是企业战略决策的主要制定者，政治参与主要是企业主的个体行为，企业主的理想和信念是其政治参与意愿的内在动机，构成了企业主实现政治参与以履行社会责任追求政治合法性的内在驱动性因素。

托克维尔指出："我深信，政治社会的建立并非基于法律，而是基于感情、信念、思想，以及组成社会的那些人的心灵和思想的习性，是基于那种自然的以及教育的过程来塑造他们，并准备好使他们成为这样的人。"①

改革开放，允许民营经济发展，出现了"自由流动资源"和"自由活动空间"，产生了"自由活动力量"。民营企业主代表着一

---

① 〔美〕安东尼·奥罗姆：《政治社会学导论》，上海世纪出版集团，2006，第88页。

种全新的社会构成，他们是一种独立于国家和原有社会之外，并与国家和原有社会保持互动影响和相互制衡关系的社会行动者，代表和体现着正在发育成长的市场的需求和意愿。

民营企业主的活动促进了市场经济体制的建立，加速了市场观念的渗透，其市场能力和追求自身经济利益的行为以及经济成就改变着人们的价值观和制度安排。"体制外"的民营企业主争取社会地位和政治地位的不断努力，推动了社会结构的变化。随着经济实力的壮大，民营经济发展的外部环境面临着两个突出的问题：一是法律不健全，二是竞争不平等，使他们强烈地渴望平等，期待政治体制改革，社会实现和谐公正。

实地研究中，企业主岳翔认为：

> 经济是基础。在我们看来，最理想的状态是大的变革，阵痛，像苏联一样，我们希望是这样。当然，苏联改革也有它的问题，我们没做仔细的研究，只是感觉到。它这个方面确实迈的步子很大，这可能是我们想要的，但现在感觉做不到。所以，你现在怎么去影响它。现在一些企业家，做了很多公益活动，他们的努力意义是巨大的。因为，它不仅是提口号，而是用他的公益行动来感召人们，他实际上在公益活动过程中，就是告诉你这种民主化的制度，对社会的推进、对资源的配置的意义。

改革开放后，民营企业主这个群体从无到有，他们几乎所做的每一件事都是开风气之先。而政策的不确定性和法律模糊地带的存在，使他们同时承担了巨大的法律和道德风险，因此，他们大都信奉"枪打出头鸟"这样朴素的人生哲学，低调做事，低调做人。尽管他们有着强烈的利益诉求，却一直在压抑着自己的表达欲望。随着经济实力的不断增长，民营经济的地位和作用逐渐得到肯定。但他们需要通过阐述自身的观点和立场来获得社会的和政治的认同,他们要在这个日渐多元和宽容的社会里寻求自己的话语权。整个社会民主意识的不断提高,使得他们表达心声的愿望越来越迫切。随着参政议政机会的增加,更大范围的整体利益的考量是推动企业主们参政议政的力量之一。

访谈中,企业主徐霆分析道:

> 你在社会中生活,可以无处不在地体现你的社会责任。关键是不能做旁观者。我有不少工商界的朋友,也有官场的朋友。我们可以潜移默化地改变他,一次不成功,就多次。话要投机,不投机就收住,总比不讲好。大家都熟悉了,有时请教一些政策问题,请教的过程中,谈一些自己的想法。我的体会是在三五年前,你想提的一些问题,现在已经变成挂在他们嘴上的话了。他们也在往前走,只是慢个三五年。他们有些讲的是套话,实际上他们也在做,速度可能是大家有时不能接受的,但他们也在慢慢被改变。当然,我们内心很渴望政治体制的改变,对中国而言,要经过水到渠成的过程。我们也是既得利益者,更渴望的是社会在稳定的情况下变革。政府还是在进步,包括世界格局对他们决策的影响。

企业主何京则认为:

> 领导人到了一定阶段后,估计会有不同的心态。十八大后换的一届领导人与现在的领导相比可能会有变化。这是我的预期,社会会更加和谐、更加公平、更加民主。

实地研究中,企业主高平认为:

> 我想将来民营企业与政府的关系,还是要防止一种倾向的出现。我感觉追求民主不是目的,任何一种制度必须能促进社

会的进步和稳定发展，这才是我们的目的。并不是一个社会的民主越多，这个社会就越好。

现代工业界巨头们比第一次世界大战前的前辈们更受制于多种生存机会，更固守"不得罪人"的经济策略。介入政治，要么是出于表现的义务，要么是想把企业发展都与政府捆绑在一起。这些工业界的巨头往往不以政治领袖自居，一般人也不把他们看成政治领导人，他们试图利用自己来净化政治，从而促使政治道德化。①实地研究中，企业主徐霆认为：

> 说到底，企业实力有限，影响力有限，但不能因此而放弃。能做到哪步，就做到哪步。有市委书记、市长参加的座谈会，我照讲，只要不讲刺耳的话，只要言之有据，他们还是感兴趣的。与他们对话的时候，我一定讲真话，不讲假话。我想努力影响他，一定要有影响他的强烈的欲望，不能简单地来开个会，因为我对这种名誉不感兴趣。说到底，给我个政协委员，我只能说蛮好的，但我更感兴趣的是我可以参政议政。我可以提建议，让我用一切可用的场所，跟别人分享我的想法，我也从别人那儿受益。我自己既然有这样的信念，为什么不去努力？放弃努力是对自己的不负责任，但我不能让人觉得锋芒毕露。
>
> 是不是有作用，要从长远来看。三五年前你提的问题，他们有些在做了。这个影响绝不是来自我一个人，而是好多人。整个社会的发展是个合力的方向，而不是任何人想要的方向。

企业主张恩全在访谈中表达了作为企业家推动社会进步的

---

① 〔美〕大卫·理斯曼：《孤独的人群》，南京大学出版社，2002，第212~213页。

理想：

> 改革开放30年出现了企业家，我觉得和人类社会发展历史的不同阶段一样，它永远是时势造英雄，英雄造时势。这是永恒的规律。当形成一股浪潮的时候，是时势造英雄，你跟着浪潮就会成为英雄。而现在的形势，从2008年金融危机到现在，我觉得开始进入了英雄造时势的年代，因为大潮退下去了，不被淘汰、不被兼并的企业，是需要一批真的有思想、有奉献、能够站得住的企业家，重新带动新的大潮的兴起，这时候是英雄造时势。当这些英雄把时势造起来以后，跟进的就是英雄，是时势造英雄。总是这样，一浪接一浪。过去谁跟着做生意、炒股都发财。是一帮人把股市、经济形势带上去了，上去以后，大潮仍会退下去，退下去以后才能成就真正的英雄。他会重新带动一帮英雄再造时势。
>
> 社会为各种人提供机会和平台，像这样的人的出现会造新的时势。他们的行为被人们认可后，会追随他，学习和模仿他，把新的一轮浪潮带起来了。这新的一轮浪潮与过去的不一样了，社会就这样螺旋上升。

针对现实生活中民营企业主种种不诚实的做法，企业主岳翔表达了自己的观点：

> 劣绅一定是在其成长过程中受到许多挫折，他不是天生的恶劣。人之初，性本善还是性本恶，我认为天性中还是善的东西多，当他受到挫折、受到环境的打压，在他的人生体验中，受到别人对他的不善，那么他所概括出来的结论就是：人怕狠，鬼怕恶。有好多人崇尚暴力，崇尚对别人的奴役。但由于他事业后来的成功，所有以前强加给他的耻辱，通过他的努力都洗刷掉了，在这样的情况下，他的内心就光明起来，他善良

的天性又散发出来了。所以，好多企业在成长的过程中，在原始积累阶段与良性发展时期不一样。

目前，中国民营企业主阶层还没有形成独立的阶层意识，也没有形成真正属于自己的政治组织。在获得一定物质基础的情况下，超越物质层面的价值追求，在一定程度上也达到了参与国家管理的目的。企业主杨建民分析说：

> 我对那些推动社会进步的民间组织感兴趣，既然我们知识分子有懦弱的成分，不是那么有血性，那我就用自己的方式去影响社会，我的财富积累到一定程度，就是社会的。我要用这笔财富去影响社会，让这个社会更健康，让每个人的人权都能得到充分的尊重，大家都开心。

民主社会的道德理念坚持认为，就其本身而言，个人参与自治过程才是值得期待的目标。汉纳·阿伦特在描述始于18世纪末的美国民主试验时说，构成现代政治参与的假设前提是："一个人如果没有分享到公共快乐，他就不能被称为是快乐的；一个人如果没有分享到公共自由，他就不能被称为是自由的；一个人如果没有参与和分享到公共权力，那他就既不能被称为是快乐的，也不能被称为是自由的。"[①]

马克思主义和自由主义都从理性主义出发，认为人一旦有了机会就会自然产生关乎其利益的政治意识，无论这种意识是个人的还是整个阶级的。民营企业主政治参与履行社会责任也部分地反映了他们的个性特征。中上层阶级出身的大学生、年轻的专业人才和商人像对待高尔夫球或其他消遣一样对待政治，他们认为政治是履行

---

① 〔美〕安东尼·奥罗姆:《政治社会学导论》，上海世纪出版集团，2006，第103页。

社会角色的一种方式，是一件有趣的事情，而且还能认识很多有趣的人。① 在实地研究中，企业主喻文谈道：

> 既要做生意，又要参政议政，这并不矛盾。我觉得我是把参政议政当作一种兴趣了，公司已经程序化了，我会出去找一些事情来做，当作自己开发的兴趣去做。公司程序化，可以腾出很多精力去关心社会、关心政治，而且关心得越来越多。

企业主高平在谈到自己对党组织和党员作用的看法时，说道：

> 我感觉过去的党政理论，包括马恩列斯的理论，有些是教条式的理解，肯定有问题。社会主义初级阶段理论、"三个代表"重要思想还需要进一步探讨。包括党实现的目标到底是什么，我把党的目标分解到企业，应怎样认识这个问题？我感到一个共产党员的一个特征首先要对社会做贡献。你是社会的一分子，你应该成为社会中比较优秀的一分子，在企业里你的形象应该是怎样的，做什么，不做什么，很具体。我们企业中一些年轻人做得不错，很多人都积极要求入党，因为他有兴趣，觉得你讲的符合实际。我对他们讲，我是一个共产党员，我应该做什么，不做什么，大家可以看得到，因为我必须以身作则，做一个党员应该做的事情，不能做任何危害社会的事情。工作上应该刻苦钻研技术，做一个对民族、对社会有用的人。我感觉我的教育是有效的，大家在一起互相帮助、互相鼓励、钻研技术、克服困难，取得了技术上的进步，这就是团队精神。团队精神很大程度上要有凝聚力，党的队伍最容易形成凝聚力，没有这种感召力，一个企业很难形成良性的合力。大

---

① 〔美〕大卫·理斯曼：《孤独的人群》，南京大学出版社，2002，第185页。

家如果都为钱奋斗，这种态势一旦蔓延，这个企业就很难经营了。

随着改革的不断深入，中国共产党在政治体制中不断引入民主观念，加强了对民主的宣传和实际运作，经济上大胆地进行了民主化改革，这些都强化了民营企业主对民主的感性认识及认同，使他们逐渐认识到关心时局、提出建议是公民应有的权利，用自己的观念影响政治过程、以自己的实际行动介入政治过程是一种责任。

访谈中，企业主李云泉表示：

> 现在有一些企业家的做法，我非常认同。假如我有能力，我也会参与，这肯定是很有意义的事情。他很无私，不是为了自己得到什么，民主对他而言，无论有或没有，他都能把自己的生活安排得很自由。他实际上更多的是一种为理想、为信念去奉献的精神。

企业主岳翔分析道：

> 为什么有的企业家今天他可以高谈阔论自己的理想，那是因为他根本没有生存的压力了。他现在只不过是在回归到最本质的，即人类社会到底应该向什么方向走，怎么协调往前走。他的这种使命感被唤醒了，他不是虚假的一定要谈理想来显示自己的崇高。

访谈中，企业主高平也谈了类似的观点：

> 现在有思想高度的民营企业家已经不少了。企业规模有的做得很大了，这个企业主就有可能也是个有思想的企业家，他

们不是早几年那些小贩出身,虽然做大了,但文化程度不高,对自己行为意识不强的企业主,只要能赚钱就行了。现在很多企业家都是知识界的人,比如IT产业,还有一些高科技产业,自主意识很强,自主意识强了以后,他们就会联合起来要求社会提供某些属于他们的权利,国家没有在这方面做很多报道,为什么呢?国家可能感到这种姿态本身还存在一些问题,我个人是这么感觉的。因为企业家发展到一定程度后,也会带来一些负面的问题。他们会提出很多新的、现在还无法解答的问题。比如还政于民的问题,地方行政长官直选的问题,企业家能不能当行政领导的问题,假如某个企业在某个城市规模很大,这样的企业主能不能竞选市长?肯定逐步会提出这样一些问题。这些人觉得他有足够的资本能左右这个城市的很多事情。我感到,在中国,作为企业家目前还不宜调门很高地做一些事情。因为社会的基础还没有允许这样做,如果硬要这样做,就会带来一些问题。

很多人说,我不是共产党,但我是大企业家,我能左右很多经济上的事情,我应该当这个市长,应该参与决定很多事情。现在有很多地方实行直选,但我们很难做,如果直选的话,很多有规模的企业主就会作出一些承诺,拉人选他当市长。如果让他当市长,会给这个社会带来很多问题。当然不乏很多有思想、有社会责任感的企业家,但不是所有的人都这样。也有很多民营企业主在地方上为非作歹、为所欲为,甚至做黑社会性质的事,靠非法手段获取利润,反过来对政府采取一些措施。从更高层次看,我认为民营企业需要有一个比较稳妥的发展氛围,在这个氛围下合理地发展。同时,企业家应该有很强的社会责任感,共同扶助这个社会不断发展。

现在有思想的人很多。比方说,他对市长不满意,肯定想我当市长比他强多了。他凭什么当市长,他对社会的贡献不如我。他会认为这个市长应该让大家选,如果认为我合适,就应该让我当市长,这也是一种社会化的趋势,实际会涉及很多政治体制的改革。

尽管企业主是从事私人经营活动,但民营企业主内心深处折射出来的爱国情怀与国家推崇的价值还是基本一致的。实地研究中,我们了解到很多企业主身怀家国之志,追赶世界潮流,不断创新、勇于竞争的感人事例。访谈中,企业主常盛有过这样一段剖析:

> 其实,企业做到一定时候,每个老总都希望本地发展得更好,肯定会有这种心态。这是发自内心的。走出江苏,江苏发展得好,感到荣耀;走到国外,中国发展得好,感到自豪。
>
> 龙永图曾经说过,走出去的中国企业家是最有爱国心的。在国内也是这样。我们也希望人口素质提高一些,经常看到报道,说中国人在哪儿作出不文明的事情,感到脸上没光,心里难过。这是自然的一种心态。可能是人性本身的一些东西吧。不是说到了今天才有这种心态,我早就有这种心理了。
>
> 每个人的思维、想法是不一样的。每个人接触的东西、文化、群体不一样,就有不同的思维方式。我感觉这不一定有绝对的对与错的区分。
>
> 我身边像有我这个想法的人的比例不是很高,朋友之间交流的比例不高,但是爱国的热情大家都有。

我们能深深感到,中华民族是历史长河中所孕育的伟大民族,在人类文化史上从未断裂过的中华文明,孕育了中华民族强烈的历史意识和爱国情怀,并培养出不可分割的民族认同感与文化传统。

第五章
民营企业主履行社会责任追求合法性的困境

民营企业主在内外部利益相关者的需求和自身价值观及个性特征的驱动下,在经济领域、社会领域和政治领域承担社会责任,获得合法性,进而获取各种资源提高企业竞争优势,实现企业价值最大化,最终推动社会进步。但在其实际履行社会责任追求合法性的过程中会遭遇一些困境。

一 民营企业主履行社会责任追求合法性的外在困境

2008年后的国际经济危机给国内经济造成了很大的冲击,外需疲软、经济下行,国内经济结构调整、产业转型升级、提高集中度、淘汰落后产能,加之通胀难控,中国的民营企业也进入了一个转型和升级换代的阶段,民营企业主在履行社会责任追求合法性方面也遭遇到了一些困境。

(一) 制度未健全,政策不到位

在社会转型过程中,相关的法律、制度不健全,存在各种漏洞。实地研究发现,大部分民营企业面临着较大的生存压力,为了生存和发展,在用人、税务、工商、技术监督、卫生防疫等方面,都会发生不同程度的违规现象。即使经营态势良好的企业,在运行过程中，也不会完全循规蹈矩，严格按照国家的法令行事。因为那势必加大企业经营成本，降低竞争力。税负的沉重，对中小企业的发展造成了障碍；一些地区对民营企业的乱收费、乱摊派和乱罚款等现象屡禁不止，民营企业疲于应付，这些都在诱使民营企业违规。地方政府为了鼓励民营经济发展，也不可能完全按照国家法令对民营企业进行监管，因为那会影响地方的利益。有的舆论认为，新阶层的某些问题是属于该阶层的固有属性，但更多的则是由社会强加给他们的，而非阶层自身的问题。

实地研究中，企业主陈维儒认为：

> 重庆打黑抓的几个人，是新时代的"土豪"。我们这个制度要讲违规，几乎人人都有。比如，关于工资缴个人所得税。因为税制的设计线条非常粗。现在，我们的税法设计就是这样。如果用税务制度严格地去套企业，企业能过得了关。但是，如果都去那么缴的话，企业很难办。

企业主徐霆认为：

> 税赋设置不合理在于税率比较高，实际上是鞭打快牛，守法成本很高。大多数企业都不这样做。

企业主们认为，法制的模糊地带太多，如果全部遵守的话，根本就做不了生意。企业主彭庆钧认为，"偷税有善意的、恶意的"。企业主李荣德介绍说："土地增值税自愿缴纳，别人都不缴，我为啥缴？但是，一旦出了问题，就够得上犯法。"

实地研究中，一些企业主质疑国家的有关规定，企业主郑智直指养老保险问题：

> 养老保险要不要缴？什么人缴？我觉得城里的人应该缴，

因为没有土地，到晚年的时候，一生的积蓄都在工厂，每个月的工资仅仅够生存。而农民还有一块地，他晚年回去还是有的活的，他的子女还可以养他。我认为一些房地产开发商应该站出来，他把那么多的农田盖了房子，农民没了地，去企业打工，要给农民落实各种保险，增加了企业的负担。我知道，没人像我这么算账的。我们率领着农民大军去抗争日本。你能不能让企业喘喘气，我们企业30个缝制工一年保险缴了17万，我们企业从2007年到现在工资增长了97%。现在国家规定，企业职工每年工资要增长10%，去年企业亏损，但还得加，要不然我的企业维持不下去。我只有不停地增加银行贷款。我的心态好，反正是当作体验生活吧。

实地研究发现，我国现行法律和制度的规定与企业现实的用工情况产生的反差经常被境外非政府组织所利用。企业主陈维儒介绍道：

> 社会责任是一个非常复杂的问题，既是一个社会发展的正确方向，同时又被不良的势力——国外一些别有用心的，甚至是敌对组织，拿来作为攻击我们的工具。为什么这样讲呢？现在的贸易战已经不是说一个产品的铅含量多少，什么八大元素多少，应该提高到一个什么标准，现在提高到人权状况，这种攻击就是一种贸易战。对这些我们研究得太少了，企业付出的成本太高了。
>
> 国家是要有一些相关法律，但外国的所谓人权组织拿你的矛攻你的盾，他来中国拿中国的法律，比如按《劳动法》要求企业工资最低多少，加班多少。可以说，我们国家几乎没有一个企业做到的。所以，他拿这个来审核你，你只有作假。我们国家很多法律被人家钻了空子。他的意思是民企每天工作8小时，跟国企一样。但国企用工按那个都做不下来，要民营

企业怎么做得下来。所以，现在国企瞒天过海，正式职工都是每天工作8小时，但雇用了大量的临时工。这种现象非常普遍，法律非常健全，但是社会普遍都达不到。

更关键的是，国外商战组织得好。卖给他的产品，定的价格只有6~7个小时工作制的价格，又要你8~9个小时才能生产出来的产品。而拿来检验你的尺码是国家公布的法律。这个战争，我们是屡战屡败。我可以负责地说，这在所有出口企业都存在。其实，企业都是在走中间路线，在夹缝中求生存。一方面是法律的铜墙铁壁；另一方面是国外咄咄逼人的高压政策。

如今，中小企业实际发展过程中往往会遭遇"玻璃门"，即国家政策有规定，但就是无法落实到基层，制度安排与企业实际情况的落差较大。访谈中企业主杨彩云谈了她的看法：

往往国家的政策下来，是要扶持中小企业发展，但落实到企业是很困难的。最大的障碍在哪儿？比如，银行本身也是企业行为，而很多企业家认为银行是国有的，银行就应该落实国家政策。但银行也是企业运行的模式，企业运行模式的核心点就是风险意识第一。扶持中小企业是不错，但我扶持你的时候，把一千万元放给你，你得一千万元给我保障措施，比如，第一，企业规模够不够大，体能够不够大，保证措施是什么，房产土地还是担保。对于刚刚发展生产的小微企业来讲，对中小企业来讲，它之所以有困难，是因为它不具备这些保障措施，所以指望银行优惠贷款，要有足够的资金支持。可银行说，我也是企业，我一千万放给你了，收不回怎么办？政策与真正落到实处有很大的差距。

访谈中，企业主李荣德深有同感：

我们所有的政策，几乎都说要扶持中小企业、微小企业，但往往是政策在上面叫，下面不到位。中小型企业的税收很重，而获取的资源很少，如何善待中小型企业？而且，目前中小型企业很多领域是不允许涉及的。

由于制度的安排，中小企业发展遇到很多门槛，让民营企业主产生一些想法。实地研究中，企业主孙尚友谈道：

如果我们的制度安排上不合理，就会出现温州现象。温州为什么很多人不愿做实体，因为很累，因为制度安排不到位。大家都倾向于做房地产和搞一些金融投资，对国家来说，这是不合适的。我们都感到做实体很累。实体一步步地做下去，让人感觉有点无奈，大家都觉得越来越难。

访谈中，企业主方永健谈了他的看法：

政府说重视帮助中小企业发展，但心中是有杆秤的，什么样的企业该帮，什么样的企业不该帮，他们心里有数。会上讲扶持中小企业发展，但行动上抓重大项目、重大税收、重大GDP。国家是重视了，但地方上是口头重视。

访谈中，企业主常盛认为：

创业容易守业难。我做的是智能电网，是新兴行业，属于新能源，是国家重点支持的产业。对我们这个行业，从国家层面，包括省政府、市政府都是支持的，但是，支持体现在什么地方？到我们这个层面，支持只停留在口头上，并没有真正地落地。比如，国家对这个产业有很多扶持资金，但要花很多时间和精力去跟他们处理关系，才可能拿到这个钱。但是，作为我们来讲，特别是在公司规模不大的情况下，很多时间要放在公司自身经营上。长久地经营才能盈利。一两笔钱解决不了问题。所以，国家政策是一个方面，但现在创业，人力资本、社会环境、水费、电费等很多方面对企业压力越来越大。我们的毛利润比服装业好得多，但我们前期的研发费用投入很大，一旦失败，一分钱都不值。

实地研究中，企业主林斌谈道：

  我们现在的竞争对手很多是国有垄断企业，中国整个的政府采购极不公平。不是要价格低，东西好，而是要关系好。产品做不好，肯定不行；产品做好了，关系不好，还是不行。我的客户是电网公司，我的竞争对手（一家国家电网公司全资子公司）是他们的"亲儿子"，我与它竞争，从起点上，首先就输了一大截。我的东西比它好，价格比它低，它（国家电网）还是买它的，不买我的。所以，国有垄断机制导致创新能力下降，一个企业不创新是没有生命力的。社会要创新，企业更要创新。有一个统计报表，我国90%的创新来自中小企业。因为中小企业压力最大，它不创新，明天就垮掉了。大型垄断企业，它没有压力就没有创新的动力。所以，国家的创新能力就很弱。而真正创新的是压力很大的民营中小企业。这几年，"国"进"民"退。很多问题，其实责任都在政府。不把政治体制改革搞搞好，企业就没法做。

因此，企业主钱顺和认为应从制度层面思考和解决所遇到的问题：

  制度是根本，你对社会的奉献也好，对企业的支持也好，就是一种制度。我们制度没有完善，就很难发展。当然我们企业目前还没有遇到像有些企业遇到的乱七八糟的问题，把人弄得心力憔悴，我们还没有。我们公司的产值两亿元出点头，觉得还不错。我们也接触很多小企业，比如，一个老板去年赚了300万元，就不想做了，感到做企业很累。制度也好，体制也好，需要大家静下心来好好地理一理。现在到了需要对改革开放进行总结的时候，不总结不行。我们需要静下心来探讨。

现实生活中，民营企业主一方面是现行体制的受益者，另一方面抱怨体制。但企业主何京很坦然，他认为：

> 我们私下聊天的时候，认为虽然目前中国的体制不是很完善，但是，对于企业家来讲，是因为它有这样的体制不合理、不规范，甚至有不合法的地方，但正是这种体制有时找找人、打打招呼，问题就解决掉了。如果体制非常规范，像欧美那些国家，就没有这个可能……

实地研究中，企业主常盛表现出一种淡然的心态：

> 我不抱怨，我从不抱怨。我说要感谢国家给了我们这些机会，造就了我们。抱怨解决不了问题。而且，从国家到地方层面，也知道这些问题，也在积极地着手改正，但这不是一下子能做到的事情。
> 朋友在一起，经常谈要移民，因为社会不安定。应该说，我有些触动，有些感觉。但我认为任何一个事情都有它的两面性，不但是国家层面，其他事情也是这样。好事情也有负面的东西，有钱人的子女也可能变废人。所以，有阴暗面存在是合理的、正常的。对任何事情我都是这种心态。所以，对任何事情我都很淡定。既然发生了，就想着怎样去解决。
> 我希望体制改革能够往好的方向发展，但我们应该做的是

尽我的能力把企业的事做好。

（二）政府部门管理错位

中国的经济结构调整、产业转型与升级主要是在政府主导而非市场主体主导下进行的，这就容易导致政府权力部门的错位和越位。中国的民营企业主既要面对市场的不确定性，更要面对政府管理的错位和越位。民营中小企业面临着行政干预过多、地方保护主义普遍存在、谈判能力弱等机制问题。我国经济处于下行期，一定程度上对调整经济结构有利，一些企业本身实力微弱，进行力所不及的多元化将会遭遇出局。经济下行周期会让诚实经营、有实力的企业脱颖而出。有利于提升中国制造业，减少产能过剩，提升企业家素质。如果政府出手救市，大规模放松信贷，就会降低行业门槛，刺激新一轮产能过剩。访谈中，企业主林斌谈了自己的观点："2008年国际金融危机本来对中国经济冲击不大，可国家投资四万亿元刺激经济，反而搞乱了国内经济秩序，现在很多问题就是那时留下的。"访谈中，企业主常盛也谈了类似的观点：

做企业的、做民营企业的，实际上，不需要政府引导它做大做强，民营企业像我们内心里就想把它做好做大，不需要政府太多地去引导。政府只要把政府的事做好。我们有时心里着急的是什么呢？有时候心灰意冷的是什么？

我重新注册了公司，做新产品，两年没产生税收，税务局就要来查，甚至政府的这个部门或那个部门会来找点麻烦。因此，政府如果把政府的事情做好，哪怕不给我补贴也没关系，不要给企业找太多的事，我们心里就安逸得多，就好受得多。

我的真实感受是，我不需要谁来引导我，我肯定会努力地把企业做好、做强、做大。

访谈中，企业主李荣德认为：

我们的企业能做到现在这种的程度，应当说，环境还是好的，尤其小微企业。中国现在缺一个中小企业发展银行，因为现在都是商业银行。随着时间的推移，很多制造业都不做了。前几年投资都集中到房地产，因为地方政府不设门槛，什么样的钱来都能拿，不管做过没做过，都能拿地。为什么？政府是要把土地卖个好价钱，企业能做不能做无关紧要，只要能拿钱出来就好。结果，房价涨了，挨批挨骂的是房地产商。做房地产应该是有资质等级的，而不是过去做服装、做医药、做制造业的全来做房地产，形成了无序竞争，土地的价格涨得太快了，随着土地价格的上涨，开发商获得了暴利，做一个项目，赚几十亿元。

我国早期城市化进程亏欠得太多了，直到改革开放，把房地产市场放开以后，才进入商品房交易，这种无序竞争是房地产市场开发必然经历的。在市场的需求与供给没有达到平衡的时候，自然会产生这种现象。这种由投资产生的需求挡都挡不住，这是市场经济。

到目前为止，中央政府考核地方政府的方向没改，还是用地方的发展快慢来考核干部。

政府权力部门以政绩为标杆，企业以创新获取利润为导向，在实际的管理过程中，往往出现两种取向的冲突。实地调研中，企业主林斌叙述了一段亲身经历：

政府和企业在平行线上，两个游戏规则，很难融在一起。我们两年前引进了一个人才，这个人在英国读了博士，我们有个项目缺他这种人才，就把他请来。刚开始，他还是比较勤奋地工作，前年年底我们申报了国家千人计划，做了大量的工作，去年8月终于拿下来了，他成为本地唯一一个千人计划入选者，唯一一个自主申报成功的千人计划入选者，这是中国最高层次的人才计划。现在，本地已经有十几个千人计划入选者了。

　　计划拿下后，他跟我翻脸了："我现在是千人计划拥有者，怎么可能做你的小股东呢？"他要把我的分公司据为己有，他没投资一分钱，全是我投资的。我没理这件事，他就到政府威胁市长，政府给我很大的压力。后来，我妥协了。创业十八九年了，我第一次真正知道，在政府领导眼里根本没有法规。其实所有领导心里都明白，但是这个事情是他们的政绩，是市里的第一大工程。人才是我引进的，项目是我自主申报的，但政府说，这荣誉是政府的荣誉。那么多的市长、书记纷纷做我的工作，你说我怎么办？我不能公然与整个城市为敌。这件事搞得心里凉透了。

　　这说明政府的机制存在很严重的问题。我的社会责任感是比较强的，我通过自身遭遇的问题看到社会的问题，现在，我们的机制出现了严重的问题。

　　这件事对我的教训太深刻了，我没做错一件事，我没做一件违法的事情，没做一件违背道德的事情，甚至没做一件对不起别人的事情，但别人把我置于死地，我投资300万元成立的公司被莫名其妙地抢走了。所有的市长、书记都帮他。

　　在中国历史上，商人的地位一直处于矛盾之中，社会生活离不开商人，但我国长达两千年的封建社会中都倡导和实施"重农抑商"的政策，商人始终处于社会的较低层次，但同时政府对商人的存在及其活动也没有禁止，因为商品经济的繁荣对封建帝国的生存至关重要。对地方政府来说，当地市场的繁荣依赖于商人的活动。尽管今天商人的地位有所提升，但实际上，人们尊重的并非是商人本身，而是他们带来的对当地经济发展的贡献。当企业的发展遇上政府部门政绩需要，发生矛盾的时候，企业必须让路。面对一个有着几千年抑商传统的环境，企业主坚持抗衡显然是不现实的。

当然，妥协的结果也可能带来具有建设性的机遇。

企业主在经营中遇到更多的不是政策的不健全，而是地方政府官员的执行问题。企业主田思源认为："国家的政策是好的，关键是执行的问题，执行的人根本不是带着服务意识执行政策。"

民营企业主们很清楚，政府的政策不是普惠性的，而公关投入可以获得较好的优惠政策。一些追求"短、频、快"的企业主认为创新不如公关，公关可以少走弯路，陪领导比专心长期做技术对企业发展更有利。对这部分人来说，要想在这个社会中获得成功，主要不是依靠自己的经商才干，而是依靠通过权力获得资源的能力。

杨美惠把关系学称之为"礼物经济"，认为在城市背景中的陌生人的社会中，人们因为礼物的馈赠或者得到馈赠而欠下人情来维持着一种相互之间的依赖关系。这种关系可以因为人情债务的扩大而无限扩展开去，甚至这种关系的扩展会超越阶级、阶层以及地域的区分，以致可以"穿透"现代国家制度性的约束。①"人情法则"不仅是一种用以规范社会交易的准则，也是个体在稳定及结构性的社会网络下可以用来争取可欲性资源的一种社会机制。②

当一个官职被当作个人财产对待，其特殊资源在相对占优势的交易中被用来进行关系的交换时，作为一种社会集团和直接命令并影响社会的国家代理人，官员的集体权力由此得到了增强。因此，掌握在官员手中的关系的技巧就能被看作一种延伸的国家的统治的机制。③ 通过把权力的实施引导到礼物经济规则的束缚下，非职务拥有者能够对官方权力产生一定的支配权。④

中国的政治体制改革滞后于经济体制改革的进程，政府权力对

---

① 杨美惠：《礼物、关系学与国家》，江苏人民出版社，2009，第3页。
② 黄光国：《儒家关系主义——文化反思与典范重建》，北京大学出版社，2006，第4页。
③ 杨美惠：《礼物、关系学与国家》，江苏人民出版社，2009，第81页。
④ 杨美惠：《礼物、关系学与国家》，江苏人民出版社，2009，第189页。

于经济生活的干预还时有发生,这就使得本应只专注于企业发展的民营企业主不得不将很大一部分精力投入到与政治的亲密接触当中。这对于中国民营经济的健康发展并无益处,它会诱使一些在经营上成功的企业主产生对从政的盲目自信和攫取权力的欲望。显然,这样的政策扶持很不利于创新,同时降低了企业组织的合法性。在访谈中,我们也看到了不一样的追求。实地研究中,企业主常盛分析道:

> 我们的投入都是自己的,没有国家或什么项目的资金,但我们的产业是可以拿到国家扶持资金而没能拿到,与我个人的性格有关系。因为经常要陪吃、陪喝,不如踏踏实实地把东西做好,把经营做好。我们也希望国家的政策阳光能照耀到我们身上。

市场经济的主角原本是企业和民众,而企业的灵魂又是企业家。经济学者许小年认为,近年来改革停滞不前,在巨大利益的吸引之下政府从游戏规则的执行者变为游戏的参与者。不仅国有企业政策、法律、资金、资源、意识形态优势强力扩张,挤压民营经济的生存空间,政府各部门也对经济活动越来越频繁地进行干预。干预突出的案例就是房地产,几乎我们所知道的所有的行政干预手段都已经在房地产上使用过,而且是在很短的时间里。[①]

企业的发展一定要按照规律来做,企业主的思路要跟着市场规律走。实地研究中,企业主田思源认为:

> 政府有时是做做样子。我现在遇到资金困难只有找市场,

[①] 《许小年说强势政府导致企业家精神衰落》,《民营经济内参》2010 年 12 月 17 日。

找风险投资。要自己解决自己的问题。靠政府救，死的企业会越来越多。如果我们靠政府，早就死掉了。

企业的发展一定要按照规律，企业家的思路要跟着市场规律走，政府是推力器，借助它发展，但不能把企业放在政府的平台上，是借政府的力，不能完全靠它。有的企业家职务多了，思维与政府的思维接近了，思维改变了，企业的风险就很大。思维脱离企业本身的思维，他的思维没有独立性，会受到政府方方面面的影响：比如，社会责任、税收、员工的抚养会受很多政策的影响。企业家的思维改变了，就变成一个政府官员在经营企业，失败的就多了。企业与政府是两码事，企业经营就是市场经济，政府就是政府，企业应该是独立的，只不过是借助政府的政策把企业做得更好。用政府的思路经营企业死路一条。所以，我们参加政府的一些活动不能受它影响，说归说，但你不能那样去做。

政府对市场经济活动的过度干预会导致民营企业主放弃理想，加重民营企业的负担，打乱了市场秩序，破坏经济预期的稳定，增加了未来的不确定性，同时也降低了民营企业存在和发展的合法性。

（三）经营环境欠佳，公共资源匮乏

中国经济已经进入"刘易斯拐点"，依靠人口红利发展经济的模式无法持续，人力资源成本呈持续上升的趋势，市场萎缩，原材料价格上涨，政府对于企业的管制趋严，投资者和银行家的风险意识越来越强，信用交易成本居高不下，等等，使中小企业融资困难，这一切造成中小民营企业举步维艰。进入2012年，中小企业经营遇到严重困难，甚至有的企业主认为，"这是2008年金融危机以来最困难的一年"。

京都天华会计师事务所发布的《国际商业问卷调查报告》最新调查结果显示，伴随着中国经济的快速增长，国内企业家工作压

力加大。在被问及压力的来源时，国内企业家表现出与其他地区的明显差别。55%的受访者表示，其压力最主要来自竞争对手，大大超出全球平均压力水平21%。调查显示，76%的国内企业家表示，与去年相比今年的压力有所增加。他们表示，压力的其他来源为不确定的经济环境（36%）以及现金流的压力（18%）。国内企业家感受到工作与生活无法平衡带来压力的只占4%。而在全球平均水平比较中，不确定的经济环境居企业家压力来源之首（38%）。[①]

访谈中，企业主赵晨光认为：

> 目前社会最大的问题是，一个是企业家要增强社会责任感，要反思。另外一个，整个社会要营造亲商、爱商、富商的意识。要知道谁是纳税人，仇富很可怕。同时，要重视企业的发展，要为民营企业的发展营造好的环境。这是我在参政议政中的发言，因为我是十年的市人大代表，每次开座谈会，我都大声疾呼，要为中小企业、微型企业、个人创业营造更好的环境。只有创造了就业的好环境，就业才有渠道，就业才真正落到实处。现在，几千人报考一个公务员，这是很可悲的，优秀人才可以做公务员，但相当大一部分优秀人才应当去创业，现在创业者太少了。谁来养活公务员呢？惠民工程、民生工程要钱，钱从哪里来？我们的政府太浮躁，不做深入调查研究，一天到晚谈惠民，实际上党八股盛行，全是大话、空话。

创业者需要颠覆现有规则。创业就是干别人没有干过的事情，或者别人干过了但没有干成的事情。一个优秀的创业者往往是离经叛道的人。他有挑战一切的勇气。但这一切会造成企业经营可信性与可靠性低的缺陷，也即构成合法性门槛。企业发展到一定规模

[①] 《中国企业家压力加大，超出全球平均水平21%》，《民营经济内参》2010年4月16日。

时，需要整合很多内外部资源，从而获得利益相关者的认可与支持，提高合法性程度，提升企业的可信与可靠性，实现生存和成长。

企业合法性的重大意义在于获取外部相关者的支持，这种支持主要体现在外部资源拥有者将资源投入到新企业中，帮助新企业获得发展所必需的要素，但目前民营企业发展普遍遇到的问题之一是公共资源匮乏。

中国目前70%以上的就业问题是民营企业所解决的，50%的税收、60%的GDP是民营企业所创造的，但民营企业只占用了30%的公共资源。[1] 实地研究中，企业主李荣德谈道：

> 中国的民营企业占有的社会资源相当少，我估计也就是10%。这10%很多也是通过政府下放的，有的是通过市场化竞争得来的，更多的资源在政府和在国有企业手里。民营企业用这么少的资源解决了70%以上的就业问题，解决了城市化进程问题，成为从农民到居民、到市民转化的纽带，在整个社会起到的作用是非常大的。
>
> 中国的民营企业除了有的拿到国有资源，比如矿产等稀缺资源而获得了暴利，这样的企业是靠运气发的家，更多的民营企业是靠一点一点积累起来的。根据我们对全球民营企业的了解，中国的民营企业是做得最苦的。

原国资委主任李荣融认为，中国的问题就在于我们还处在转型经济中，在很多领域，资源配置是非市场化的，是行政方式的，是政府主导或者干预色彩很重的。在这些领域，掌握资源配置权的不是企业，或者决定资源额配置的不是效率高低，而是权力大小。[2]

---

[1] 冯仑：《市场效率降低最伤害民企》，《民营经济内参》2011年12月23日。
[2] 《李荣融说国进民退是伪命题》，《民营经济内参》2012年1月6日。

美国经济学家威廉姆森认为,政府对资源的控制和影响企业的能力,意味着政府(官员)有能力给企业带来不确定性,也可能提高企业的交易成本。

国家占有的资源与财富在一个社会中越多,民间就越要依赖于政府。国家经营经济,拥有财产和土地,给整个社会带来的影响不只表现在 GDP 的增长上。而且对整个社会,特别是对私人权利都有非常具体和深远的影响。国内经济学教授陈志武曾经对几十个国家的数据进行分析,发现国有经济比重越高的国家,其法制水平越低。①

胡润研究院发布的 2011 中国私人财富管理白皮书引起国内外媒体的一致关注,其中,"中国半数千万富豪准备移民出国"的标题被刊登在多家外媒的醒目位置。白皮书中指出,一半以上的受访者称他们想离开中国的原因是要让孩子获得更好的教育机会;1/4 的人进行海外投资是为了分散和规避风险。实际上,人身及资产安全才是富豪们选择财富和家庭移向海外的最大原因。

访谈中,企业主林斌介绍说:

> 现在形势很严峻,我现在好多朋友都离开祖国了,原因很简单,就是没有安全感。因为,我们不是法治国家。企业现在面临的不是法律风险,更大的是政治风险。

企业主刘君如则表示:"我们也知道共产党是打土豪分田地起家的,现在所有的老板都害怕共产党再来一次打老板分财产"。作为掌握社会多数经济资源的富豪群体,为什么在财产和人身安全上存在更多的担忧?政策不稳定,权力不受法律约束,地方政府部门对市场过多的干预,使企业主的未来具有不确定性,中国民营企业

---

① 陈志武:《"国有"之下难顾"全民"》,《民营经济内参》2010 年 1 月 8 日。

家们被迫长期处于较低的满足基本的生理和安全需求的层次。

经济学创始人亚当·斯密曾经说过,"资本所有人可以说是个世界公民",如果一个国家老是折腾他,查他的税收,找他的麻烦,他就会移往别的国家。随着他的迁移,他的资本与产业也会跑掉的。斯密的寓意是要创造适合资本与实业家生存与发展的环境。①

孟子是中国历史上第一个明确提出保障私有财产理论的思想家。他主张"恒产"即财产的永久占有,并强调为了社会秩序的安定,人们应有自己的财产,而那些无恒产的人易于做邪恶之事,有恒产者才有恒心。当民营企业主的产权未得到尊重的时候,不但社会将失去创造价值的热情,也不会有任何一个人会真正感到安全。访谈中,企业主郑智认为:

> 设想一家企业因为还不上贷款,管理层就得锒铛入狱,企业怎么能稳定发展,谁又还有心思创业呢?

在实地研究中,企业主何京认为:

> 要让民营企业还是在中国发展,就要解决好体制问题。要让发展起来的民营企业的资产留在中国,还是国家的资产,就必须解决体制的问题,很多民营企业发展起来后移民了,他有一亿元资产,其中八千万元转到国外去了,这是资产的流失。解决好这个问题,企业不管是国有还是民营,还是在中国,还是在为这个国家服务。企业做大了,会提供更多的就业机会,为员工提供更好的待遇,这些家庭就会生活得更幸福。国家要的是什么,要的是老百姓安康和生活幸福。企业做大了,国家

---

① 赵伟:《民资民企"双困局"源自制度供给不足》,《民营经济内参》2012年1月6日。

的税收就会增加。解决了就业问题后,没有游手好闲的人,社会稳定就不存在问题,社会就安定了。

当下中国的经济体制并不是完全的市场经济,中国民营企业的经营还处在一种非制度生存的阶段,民营企业在经济体系运行的过程中仍然处在弱势地位。在国家体制和社会道德对私人财产的尊重还没有达到应有的水平的情况下,中国民营企业只能依赖于企业主的谨慎经营。访谈中,企业主林斌说:

> 一个企业老总对我说,不能光埋头搞企业,得抬头望望天。你要跟着大势走,不能逆势而为。你的力量太薄弱了,要顺水行舟。看看身边这些事,就能感觉得这个氛围,为什么政府就不能把精力放在政治体制改革上,把这些关系理顺。

(四) 生存压力加大,实体经济受到冲击

技术进步是现代经济增长的必要条件,也是竞争力的重要来源。目前,我国民营经济的主体大都是中小企业,总体上还处于创业者个人的或家族企业的生存和发展阶段,大部分从事劳动密集型产业,技术含量低,产品和要素竞争都相当激烈,企业利润不高,难以形成多少积累。加之人才、资本等的约束,往往使它们在重大技术投入上望洋兴叹。中小企业生存遇到挑战,产业转型升级压力大。中国科学院和中国人民银行的数据显示,2004年中国民营企业的平均寿命为3.7年,而到2011年下降至2.9年。而日本企业的平均寿命为12.5年,美国为8.2年,分别是中国的4倍和2倍。社会是民营企业的生存环境,没有一个好的环境,民营企业也难以生存。

实地研究中,企业主常盛告诉笔者:

> 我们接触的一些企业纯粹是不择手段挣钱,我觉得这与企

业规模有一定的关系。企业很小的时候,是不择手段地挣钱,但有那个境界的老板,到了一定时候会考虑尽社会责任。这不是绝对的。相对来说,企业规模小的时候,可能考虑的是生存,迫不得已,违背良心的事也做。所以,第一桶金是血淋淋的,有一定的道理。但不是发自内心,因为最主要的考虑是怎么生存下来,生存放在第一位,责任放在第二位。

从事服装业的企业主郑智认为:

> 政府应该对这样的行业、这样的企业给予什么样的帮助?我觉得它们做得不够。要完成产业的更新换代,仅靠运作企业的企业主是无法完成的,一定要国家给他资助。这是比较重要的。还有整个国家行业的变迁。所以,我是顺势。我把一部分负担慢慢地减少,人员一点点地减少。把订单发出去做,外包。那些厂都在下面,人家不要养老保险。我们完成一件衣服的成本比如要10块钱,他们是5块钱,甚至更便宜就能做了。那些小厂永远不能规范,一旦规范就灭亡了。那些小厂离我们不远。所以,我是有良知的,但我也是聪明的,我不做堂吉诃德。我不仅是为我自己,而且我这么做很正常。国有大企业也这么做,那些外贸公司根本没有工厂,他们都下包到工厂去做,所有的责任下放到工厂。我觉得现在企业承担的社会责任多了,超过了它自身的能力,也超过了它能从社会得到的,它承担不起。

曾经有记者调查了北京一家典型的文化类中小企业,一般情况下,大约要缴纳如下税项:增值税、营业税、文化事业建设费、企业所得税、城建税、教育费附加、印花税、车船税等。以2010年为例,该文化企业总收入为3000万元,税前利润率大约在13%左右即390万元,扣除所得税100万元,净利润率在10%左右即290

万元。增值税、营业税、城建税、教育费附加、文化事业建设费、企业所得税的全年应缴税额应在 355 万元左右，扣除增值税退税 45 万元，实际税负 310 万元。实际税负略高于净利润。"已经到了不逃税漏税就无法生存的地步。"温州一个企业主向记者坦言，若严格按照纳税标准缴纳，像它们这样的中小制造业企业一分钱都没得赚。"所以，现在的中小企业所有的税收几乎都没有缴齐的。" 2%～3%是浙江大多数制造业的一个普遍利润。宁波一家塑料加工企业主刘星一直想不通的一个问题是：他的企业毛利润不到 10%，为什么国家要求缴纳 17% 的增值税？10% 的利润怎么可能付得起 17% 的增值税？"只能逼着我们逃税。"中共中央党校教授周天勇甚至断言："90% 的企业不偷税漏税可能会倒闭。"①

因此，企业主彭庆钧认为，"我们是发展中国家，很多事情想规范对企业发展是不利的。"尽管如此，企业主们还是充满信心。在访谈中，企业主张恩全谈了他的认识：

中国虽然成为世界第二大经济体，但它发展的速度过快，过快必然带有虚假的、泡沫的、不扎实的、粗放的因素，需要在持续发展过程中逐步挤掉泡沫，逐步地形成企业的社会责任感。现在的企业还是忙于生存，忙于不至于被关停并转掉。这是个维持生存的过程，你让他提高社会责任，不现实。有的企业家心态为什么那么好？因为他没有温饱问题。这些基本的生存问题解决了，所以层次高了。中国尽管发展很快，是千千万万的企业累积的结果。这千千万万个企业里，能做到华为公司那样的，还是很少的。需要几轮的折腾，优胜劣汰，逐步达到西方发达国家那种企业的境界。目前，中国刚刚从温饱中解脱出来，不可能要求企业都有很大的社会责任，这一代人可能完

---

① 郭芳：《中小企业的逃税生存》，《民营经济内参》2012 年 1 月 6 日。

成不了，中国企业在软件方面，在素质方面，甚至思想意识方面，乃至产品的细节方面，要与发达国家并驾齐驱，还得有30年、50年，甚至两代人的努力。我们去过很多欧洲国家，去过美国，尽管现在有欧债危机，希腊资不抵债，但你到希腊看一下，社会达到那样的程度，和我们的状况无法相提并论。发达国家整体的社会环境，我们得有很长的时间才能赶上去。

在世界经济一体化过程中，中国企业利用制度改革带来的政策空间以及市场开放造就的市场空间，凭借其成本和速度优势在与其他国家企业的竞争中占据重要的地位，形成"世界制造，中国第一"的格局，促进了中国经济的快速增长与民营企业财富的快速积累。但中国民营经济的发展逐渐出现实业空心化，令人担忧。这是因为，一方面，农业、工业等实体经济发展会刺激货币金融体系的发展，而金融资本的激增必然会带来实体经济的空心化。另一方面，由于政策的误导，不合理的经济结构，使得那些在主业以外从事投资的企业获利巨大，远远超过其主业的利润，导致整个社会对企业成功的理解就是资本运作，在一些人的观念里，老老实实做实业已经过时。

访谈中，企业主林斌表达了他对当前企业生产环境的认识：

工业企业是一个国家的基础，制造业是社会的基础，其他都是泡沫，金融本身不创造效益，流通领域也没有创造价值。大家都明白这个道理，但现在工业企业环境是非常差的。

访谈中，企业主钱顺和认为：

说到温州现象，国外的企业能静下心来做到上百年，为什么？制度安排很好，社会制度合理，它不会有大起大落、大喜大悲的过程。如果我们不是创立公司搞产品开发，而是拿去做房地产，那不是今天这样的财富。所以，做企业很累。但对我们制度奖励来说，会奖励那些搞虚拟经济的、搞房地产的，并且奖励得很多。翻开财富排行榜，前几名中做实业的几乎没有，除了三一重工的梁稳根和做IT的李彦宏，其他都是做房地产的。

企业主林斌谈了自己对这个问题的看法：

  民营企业的发展确实很难，特别是制造业。很多制造业老板不好好做企业，资金流到房地产和金融市场。房地产和金融市场收益高，速度快，但企业成空壳了。企业利润低，风险非常大。

  政府要调控，房地产和金融市场诱惑太大了，但政府知道制造业是国家的根本，如果不在政策上调整，还给房地产业和金融业留有很大的利润空间，而资本是向收益最大化的地方流动的，制造业就很容易空心化。

企业规模在业内排行老大的企业主赵晓芸谈了他的想法：

  我完全可以做得更大更好，但是我认为没必要。你看80年代、90年代国家是什么气象，进入21世纪以后，这个社会不一样了（没朝气了）。还有一个就是国进民退。你看央企都在干什么？我给它的评价是四个字：不务正业。本地几个房地产开发商，大的都是央企。银行贷款给"共和国的长子"是没有责任的，贷给民企是有责任的。这又衍生出另外一个问题，江浙一带的地下钱庄为什么这么发达？因为民营企业融资无望，只好自己去借高利贷。这些道理老百姓都明白，但媒体表达出来的就不是这么一回事。

实地研究发现，已经接班或准备接班的第二代企业主热衷于资本运作。受教育背景以及社会环境的影响，第二代企业主更热衷于能体现"华尔街精神"的资本运作。他们考虑得更多的是如何运作资本，在商言商的"务实"表现较之第一代更为突出。正如一位第二代企业主所说："我们对资本负责，对投资人负责，把钱赚好就是对国家和社会最大的贡献。"除此之外，第二代绝大部分是在没有选择的情况下无奈接的班，他们的社会责任感有待提高。即使打算接班，有些第二代由于长期生活在父辈的庇护下，因而缺乏发展国家实业的使命感。访谈中，企业主张恩全认为：

> 在这个浪潮下，好多企业会消亡，这与企业家的取向有关。消亡的消亡了，存在的继续发展。如果每个企业都不想卖掉，还在想拼命干，这不是好事，说明这个社会和企业界有问题。谁都想干、谁都能创业和发财，这个体制就一定出问题了。问题出在中国过去几年的一个偏向，现在觉醒了，才来调整，这就是过分偏重虚拟经济，忽视了实体经济。一帮职业经理人、经济学家，太多的财经、金融部门出来的人，他们造成中国虚拟经济的急剧膨胀。股市20年创造了若干个财富神话，但都是虚拟的。实体受到打压，有部分人会消亡。国家现在重视了，开始扶持了。因为实体经济才是解决社会问题的，虚拟经济解决不了社会问题。只会造成浮夸、不切实际的发财致富。
>
> 大浪淘沙，就像生物链，不去淘汰掉一批差的企业，都想发财，最后到顶点的时候，大家都发不了财，经济被拖垮。

（五）捐赠机制不完善，集体行动"搭便车"

我国民营企业对社会公益责任认知度较高，几乎所有企业都极为重视慈善捐助，但是由于捐赠机制不完善、机构运作不透明，慈善捐赠的用途缺乏监督管理以及行政劝募等，影响了企业主捐助的热情。过多注重形式使得企业主做慈善的积极性受到影响,捐赠企业很难善有善报,以及缺少税收优惠的激励,回馈社会变成了压力下的责任。

全国政协委员、恒大地产董事局主席许家印在2010年的政协大会发言中表示,目前,中国企业数千万家,有过捐赠记录的仅几十万家,也就是说绝大部分企业没有慈善行为。

近年来,民营企业主也逐渐参与社会公益事业,但参与面不广,社会影响力不大。据中华慈善总会的统计显示,中国大陆富豪拥有社会财富80%以上,可他们的捐出占整个社会捐赠的比例不到15%。民营企业主是改革开放的最大受益者,拥有较多的财富。但是,他们的社会责任并未与经济资源相匹配。

我们注意到,汶川地震发生后,一家企业绕过慈善机构直接向灾民发放现金。访谈中,企业主何京认为:

> 现在这个社会,很多搞企业的不相信一些机构,比如红十字会,有的企业比如福耀汽车,为什么直捐?因为整个社会比较浮躁,国家从上到下都是用金钱来衡量人生价值。包括做福利的,也是用金钱去衡量,拿的钱不是做福利,而是为自己享受。

注重形式,而不是基于本性,使得企业主做慈善的积极性受到影响。而企业主选择了自己认可的捐助方式。在实地研究中,企业主杨建民告诉我们:

> 我现在资助几个西藏孩子在江苏上学。佛教上有一句话叫做不注像。见像非像的时候就见到如来佛了。当你只图一种形式,出发点就不对了。而且做善事是顺其自然,而不能刻意去做。政府部门需要一种形式,比如成立光彩协会,他们希望把钱集中起来给他们自己去办事。企业家想把钱掏出来去对接那

些贫困生。企业家希望能对接贫困生,不愿意把钱给他们搞公务、搞虚的东西,有时搞活动都要浪费成千上万的钱。所以,做慈善这一定只能是随心随性随意的事。我觉得刻意去做,不是在积德,而且违背本意了。

同样,企业主喻文也认为:

> 现在头衔多,我觉得蛮累,刚开始觉得还不错,自己有一种积极向上的态度。可是,一段时间下来,这边找你,那边也找你,找你的目的是什么呢?捐款:见义勇为、孤寡老人、孤儿院、抗洪救灾。让人觉得成为一种负担,而且,成了一种模式,我不能接受。比如我想去捐,我就自己去捐,不要宣传。不要捐了点钱,政府就把你叫上,然后电视台亮相,我觉得很累,浪费时间。我后来对他们说,你们要捐钱,我开一点给你们,不要叫我这个那个,我不需要这些,就实实在在做点事。

随着对国家税收的贡献、对社会解决就业问题和财富的积累,过去经常遭受歧视的民营企业主感到受到一定程度的尊重,社会地位得到提高。人们期待着这个先富起来的群体对社会作出回馈。但民营企业主对此理解为,回馈社会变成了压力下的责任而非发自内心的感激。

尽管,做慈善要受制于企业本身的实力,做慈善获取合法性与基于市场效率的企业发展机会之间存在着悖论。但我们知道,效率机制和合法性机制是现代企业组织运行所遵循的两种主要机制,两种机制的功能对于企业的运行来说应该是互补的。为了使企业不断得到发展,经营活动能够得到内部员工和社会的认可,民营企业主必须一方面加大投入使自己的经营活动与众不同,另一方面又需要使经营活动基于社会公众现有的社会认知水平,服从于特定的制度环境。这就需要更多地进行社会投入,将企业的利润拿出一部分用于包括慈善在内的公益事业。民营企业主在发展的机会与合法性的紧张状态中必须作出一种权衡。

在实地研究中，企业主李荣德分析了自己对慈善捐赠的看法：

> 严格意义上，搞实业的人是不宜搞这些东西的。我们看问题不能只看一面，汶川地震搞募捐，我们企业去硬捐是不对的，这种救助应该是政府的事，应该政府去做。献爱心应该是本着自己的良心去做，我们做实业应该把利润放在做实业上，把实业做好做大，这种回馈社会是一样的爱心。社会上有很多人总认为：做了慈善有爱心，不做慈善没有爱心，这种观点是不对的。因为，首先要对自己的企业负责，作为一个企业负责人，特别是民营企业面对的市场竞争压力非常大，如何创造出我们的民族品牌、民族产品，这是属于大义的问题，搞这种募捐是舍大义取小义。把自己的企业做好，解决身边成千上万人的就业问题，解决了他们的家庭问题，解决了社会问题，这个钱放在企业里做要比放在慈善上做意义更大。一个企业拿出一亿元，首先要评估这一亿元对企业是大钱还是小钱，如果年收益是几十亿元，拿一亿元出去无所谓；如果一年的收益几千万元，拿一亿元就是大钱。你凭什么把企业全年的利润捐出去，这种做法是不负责任的。把利益、利润放在企业里，把企业做得更好，它会发挥更大的作用。做了募捐，那个钱就没有了，就不能更多地发展生产，增加对社会的回报。给我一亿元进行生产以对社会回报，与给一亿元做慈善对社会回报，不是一回事。同样献爱心，不是放在企业就不是爱心，捐赠出去就是爱心。

福建福耀汽车玻璃集团董事长曹德旺在北京大学民营经济研究院"第七届中国民营企业投资与发展论坛"上作"转变——民营企业家的责任"的主题演讲。曹德旺表达的意思是：我是企业家，不是慈善家,我从来不提倡裸捐,我觉得这是不负责任的。股东有十几万人,买我的股票是在捧我的场,我有责任为他们把企业做好。我的员工跟随我几十年,我也应该有责任把这个队伍带起来,继续往前走。我是贫困出身的人,认为人的价值关键是要负责任,要讲诚信。①

我们可以理解,不同社会组织的运行机制不同。民营企业是典型的追逐利润的组织,尽管其运行必须考虑合法性问题,也要遵循基本的社会规范与要求,但支配其运行的更多的是效率机制。效率机制崇尚理性消费、效率优先。于是,民营企业从事一些与其生产效率没有直接关系的公益活动,就会被一部分人理解为是形式主义,资源浪费,与效率机制相悖,最终会影响企业的发展。然而,当企业主以效率为基础而谋求企业的生存和进一步发展的竞争优势时,也同时引发了与合法性之间的潜在矛盾,而合法性的危机又会反过来影响到企业的生存。

经过改革开放30年的发展,中国实现人均GDP 5000美元,进入了中等收入国家的行列。从世界经济发展历史来看,一些发展中国家在人均GDP达到3000~5000美元之后,经济持续增长的动力顿失,进入"中等收入陷阱"。在未来的10年乃至30年,中国面临的最大问题是能不能跳出"中等收入陷阱",成功实现由中等收入国家向高收入国家的转变。我们国家现在面临的"陷阱"之一是私人产品相对过剩,公共产品严重短缺。中国社会基本矛盾在30年前是私人产品不能满足人们快速增长的生活必需品需求,而当前这一矛盾体现为公共产品不能满足人们日益增长的公共服务需求。随着收入的增长、生活条件的改善,公众对医疗卫生、教育、社会保障、环境等公共服务的需求越来越迫切。

迄今为止,全国绝大多数的社区,都是以社区服务中心为依托

---

① 王育琨:《企业观察家》2011年第6期。

来运行社区服务项目的。中心的投资主体和开办运营主体的主要提供者是政府，绝大多数中心决策权和管理权归街道办事处，由于缺乏足够的运营资金，绝大多数中心采取自负盈亏项目、出租场地等方式以盈补亏，勉强维持日渐萎缩的福利项目。

中国社区服务的商业化倾向相当严重，其深层原因与中国传统文化中缺乏公共意识有着密切联系。梁漱溟在《中国文化要义》中所指出，比之西方社会，中国社会既不是个人本位，也不是群体本位，而是一个关系本位的社会。费孝通在《乡土中国》中指出，在中国传统思想里所有的是自我主义，一切价值是以"己"作为中心的主义。而美国学者福山认为台湾和中国大陆同样属于"低信任度"的社会，对亲友以外的陌生人保持隔离，结社亦以血缘、地缘为主。①

民营企业主及其企业员工参与社区公共服务，如果从狭义的效率机制的角度来看，的确是浪费资源。但这种有悖效率机制的做法恰恰是合法性机制的产物，从企业生存和发展的角度来看，有益于满足制度环境的压力。事实上，社区志愿者活动以及企业对此的支持，被很多人看成是一种最真诚、最可信的企业社会参与形式。②

合法性是具有外部性和传递性的，在个体企业建立合法性的同时，与之相联系和相似的其他企业也会从中受益，这便带来了集体行动中的"搭便车"的可能性。奥尔森认为要解决大型群体的"搭便车"问题，不能单靠道德教化，或者如古典经济学所云："每个人追寻自己的利益便能达到整体的利益"。③

要克服"搭便车"问题，保证公共物品得以创造，奥尔森认

---

① 陈健民：《走向公民社会——中港的经验与挑战》，香港：上书局，2010，第163页。
② 〔美〕菲利普·科特勒、南希·李：《企业的社会责任》，机械工业出版社，2011，第195页。
③ 陈健民：《走向公民社会——中港的经验与挑战》，香港：上书局，2010，第27页。

为只有通过强制和选择性诱因两种方法。强制即通过法规及执行机关，强令群体的成员履行对生产公共物品的职责，例如对偷税漏税或破坏环境的人士进行惩罚。选择性诱因是向愿意参与创造公共物品的人士提供一些物质或名誉的奖赏。①

（六） 对参政议政有效性的无奈

每一种政治参与体制同时也是共产党和政府的政治治理体系的一环，并不单纯是为了满足公民的政治参与需求而建立。如果要通过现行体制下的政治参与渠道，则参与活动自始至终都处在国家机构强有力的控制之下，参与者在参与过程中基本上缺乏自主性，他们所表达的政治意愿必然是有限的，其参与过程中表现出来的态度也很可能是扭曲的。

实地研究中，企业主赵晨光表达了他的无奈：

> 参政议政10年，我每次都有议案，我们的人大代表，提多了以后，我们都觉得灰心了。你提了以后，各个部门糊你，要反馈，局长、副局长跑到你办公室，逼着你写满意，你不写满意怎么弄。真正能够重视和解决问题的还是体制问题。我们现在当官的，对上负责，不对下负责。一个区的区长、一个乡镇镇长应该民选，翻不了天，共产党只要把书记抓在手里。完全可以放开搞试点，要搞民选，我大声疾呼。

民营企业主在国家层面上的政治参与非常有限。访谈中，企业主陈维儒感慨：

> 我是区人大代表，从2003年到现在。我提的议案有融资、用工方面的，只能在这个层面上，在基层政府能解决的范围

---

① 陈健民：《走向公民社会——中港的经验与挑战》，香港：上书局，2010，第28页。

内。涉及其他很多方面的问题，不是我们能提的。别说法律了，关于条例，国家规定是省一级的政府和人大才能制定。所以，可操作的层面本身比较低。

实地研究中，企业主吉项华谈了自己的理解：

偶尔地提点反对意见是正常的，对政府、对党的自律非常有好处，现在还要把这么小的一点空间剥夺掉。我们做企业的一般不讲、不管这些。但没有一个企业家不关心政治，不过是不敢开口而已。每个企业家都必须懂政治，懂得方向，做得越大，越是要头脑清醒。

访谈中，企业主田思源介绍道：

我做的这块，不是龙头，政府不是很重视。你的税收、产值没达到一定程度，他们不会关心你。如果缴税几千万元甚至上亿元，那就不是随便安稳的日子了。我现在是适当的场合参加一些活动，说两句好话。周二省工商联来调研：中小企业的问题和困难，也是老生常谈，共性的问题就这么多，个性的问题你也解决不了。

访谈中，企业主彭庆钧谈了自己对参政议政改进政府形象的看法：

有的企业主进人大或政协，想改变政府形象，那不一定。他进了那个圈子不一定能改变政府形象，而且，进去以后会被墨染了。通过个人的力量改变社会是很难的，也是不现实的。

作为中产阶级主体的民营企业主的政治诉求在现行政治体制和

政策下，难以满足。实地研究中，企业主陈维儒谈道：

> 既然有了中产阶级，就一定有公民意识，有公民意识一定要维护它这个群体的权益，就要求有代言人，就会有政治上的诉求。

在谈到民营企业主参政议政的困境时，企业主喻文认为："中小企业主就是给他当个政协主席也没用，而是政府要有相应的政体，要让中小企业发展，政府一定要扶持。"实地研究中，企业主赵晓芸谈道：

> 政治上、制度上不改革的话，很多的问题是没有答案的。中国历来就是两个字：体制。体制不解决、体制不进步，其他也进步不了。它影响到千家万户，当然包括我这个企业。

针对参政议政中政府官员的不作为，实地研究中，企业主金翼介绍了自己的经验和感悟：

> 有些人的年龄接近退休，区人大副主任都是从区长、副区长位置退下来以后，还有两三年退休，安排在人大或政协，做一届就下来，都是这样的人。所以这样的人其心态不会是重新开创一番事业，或者有什么宏图大业来施展。我觉得人大和政协中的问题不仅仅是制度方面的问题，更重要的是人的问题。
>
> 人的问题是最重要的，市人大主任的位置如果让我坐的话，我第一件事就会改革，我会对政府提出这样的要求，做试验，成功了，继续当主任；不成功，辞职。而目前的人大主任有他的考虑，他心里想的是维持一种做法。我一直非常崇尚的一个观念是：什么样的人做什么样的事情，这个观念在我头脑里是很深的。如果一个40多岁的人做人大主任，他就会考虑

变革。这不是机构的问题，人大的权力大得很呢，国家宪法规定它有许多权力，它可以任免所有的局级干部，但现在它什么事都做不了，因为它老了。他觉得我得罪你得罪他干吗？

因为对地方经济的贡献，一些企业主被安排进入人大或政协，但政治安排与社会责任之间的被动联系引发了一些企业主的反感。在实地研究中，企业主喻文介绍了自己的想法：

> 我当了三届政协委员，刚被推荐进政协觉得是莫大的荣耀，进去后发现参政议政就是做做样子，但我现在不会这样看，我要尽自己的一份责任。另外，政府让你做政协委员，你要捐助多少钱。我后来对他们提，真的不能用这种方法。一用这种方法，就失去了它原有的意义，就让人反感。你别看民企老板，他省的时候非常省。但对捐款，只要他认为可以捐的，他可以不在乎自己的钱。所以，不能对民营企业主说，要做某事你捐款才能达到目的，我想有80%的人都不愿意这样做。

在现有的政治渠道范围内，一些具有一定影响和声望、经济实力较强的民营业主将会或已获得一些政治安排，进而享有较多的社会权利。权利与责任是统一的，但是，一些身为人大代表、政协委员的民营企业主，在享受了更多社会权利的同时，并没有更多的社会承担，参政议政的主动性和责任感都不高。甚至，有的轻视社会的公共利益，只为一己私利参政议政。

民营企业主参与政治的目的之一是获得政治保护，但这种政治保护的投资成本有不断加大之势，许多具有较强实力的企业主宁可把资产向海外转移，以求得安全。经济全球化进一步强化了他们的权力，也有了更多的选择机会。市场经济从本质上说是一种选择经济，客观上为民营企业主的个人发展提供了机遇，他们越来越重视个人价值的实现。个体意识的觉醒必然伴随价值多元取向的发展，导致了部分民营企业主政治参与热情的消退。

有的企业主是因为坚守自己做企业对社会的责任而忽略政治参与。在实地研究中，企业主李云泉谈道：

> 政协委员已经做了几年，到了换届就不想做了。政协委员和人大代表也就是个政治地位问题。其实这个地位也没什么，我根本不看重这些。当然，每个人的认识不一样，一门心思把企业搞大了就什么都有了。人们对你的尊重不是对一点头衔的尊重，是对你人格的尊重，我想这是最重要的。我认为我的企业现在最大的压力是一千多人要跟着我吃饭，怎么养活他们，把他们在我们公司工作的寿命延长一些，这是我们更多考虑的问题。如果说很好地解决了这些，也是无形之间对社会作出了巨大的贡献，也是提高了我的地位，受到人们的尊重自然而然会更多。企业做的再大我还是这个想法，任何时候不能忘了自己的主要职责。

社会学家罗伯特·奥尔福德和罗杰·弗里德兰指出，政治参与对社会中的权力运用并没有造成多大的影响。他们主要从新马克思主义参考框架的角度得出结论：美国的下层阶级和工人阶级的政治参与没有为他们带来任何权力，而拥有权力的中产阶级和上层阶级通常却并不参与政治。因此，政治参与并不能保证对社会物质利益进行更公正的分配。①

实地研究中，企业主赵晓芸评价道：

> 理想很丰满，现实很骨感。有的企业老总提出的带有政治色彩的企业发展口号，我觉得他作秀的成分大一些。我觉得还

---

① 〔美〕安东尼·奥罗姆：《政治社会学导论》，上海世纪出版集团，2006，第254页。

是朴素一点好，实诚点好。

我也是共产党员，有20多年的党龄，有句话我是相信的，共产党的自洁能力和自我纠错能力是全世界没有第二家的，他是会逐渐总结提高的。如果我们的党将来再发展的话，不是外人起作用，应该是来自他本身。所以，不要去做过多的奢望，把自己的事做好，一是符合国家法律，守法；二是，对得起自己的良心；三是，睡觉踏实，不要让人家戳脊梁骨。我就是从这三个方面要求自己的。

1993年诺贝尔经济学奖得主道格拉斯·诺斯曾提出一个非常重要的概念：路径依赖。这一观点强调一个国家在制度变迁过程中历史文化因素产生的影响。当今社会，一部分民营企业主表现出的政治参与热情不高甚至冷漠，与中国政治文化尤其与重农抑商的传统有直接的关系。传统社会的自耕农与半自耕农，对政治权力的渴求更多地表现为寻求政治保护。个体工匠和商人则长期被排除在政治权力、系统权力之外，从而形成了普遍的政治冷漠心理。尽管经济实力有了较大的增长，但在社会和政治活动领域还没有得到应有的尊重。

二 民营企业主履行社会责任追求合法性的内在困境

民营企业主在履行社会责任追求合法性的过程中，也会遇到一些内在的困境。

（一）信仰错位，创新乏力

企业做得好坏，要看企业主有没有信仰和素质如何，而不在于企业是什么性质的。现实社会中，许多共产党员随着企业的改制和非公经济的发展成了非公经济人士，对经济利益的追求使很多共产党员偏离了他们入党时的宗旨，还有不少人信教。访谈中发现，信教的原因各种各样，但主要还是追求内心的平静。

宗教信仰现象的广泛存在，证明一个社会已经出现一种与商品经济的残酷逻辑密切相关的文化变异,而这种变异在许多转型社会中都已经出现了。经过改革开放30年的高速发展,许多人变富了,尝尽了现代资本主义世界的物质生活,好像有钱就能买到一切。但是,在同一个过程中,人们也意识到富贵并非可以克服人生的灾难,避免各种风险。经营活动的特性、外部环境的变动性,以及对合法性的质疑,给民营企业主带来各种各样的风险,使他们对自己的命运感到无所适从。于是,人们转向神灵,期望从不断变异的社会中寻找他们的安全感。这并不意味他们完全信仰宗教的逻辑,反而是意味着人们想从一个未必可知的世界中求得可知世界中不可求得之物的世界的手段。中国人信教,不强调信仰,而是强调神秘力量的实用价值,是为了从中解决他们的现实问题。宗教只是他们宣泄期望的途径,借此减少个人的恐惧与忧虑。

中国的民营企业主普遍存在焦虑情绪,对企业发展没有积极性。首先,民营资本在整个经济增长中的趋势似乎越来越"轻";其次,全球经济危机后,国家在重大产业中实施了前所未有的垄断性控制,使民营资本的产业结构受到极大的冲击;再次,政府过多地干预,使得民营企业主感到未来的不确定性,对未来缺乏信心。访谈中,企业主赵晨光认为:"从企业发展的角度,我们应该反思:企业的指导思想和经营理念到底是什么,当然很多时候我也感到迷茫。"

实地研究中,企业主赵晓芸谈道:

> 我比较悲观的看法,这个群体(中小企业主)依照现在发展下去,它的出路并不是太好。现在据我所知,我们的社会未富先衰。这话怎么讲,你现在去看这些企业家,有了钱以后,都在干什么?第一,为自己和子女移民;第二,疯狂消费。买高档手表,出国旅游,买房子,搞古董字画。为什么?他不敢去扩大再生产了,这是我发现的与10年前相比最大的变化。为什么?20年前广东有句流行语:你这孩子不好好学,

将来做公务员。现在倒过来了：学而优则仕。最优秀的人才应该进工商界，这个社会和国家的基础才夯得实。现在不是这样，现在的大学毕业生到企业不积极，因为企业家自身都不积极。原因在哪里？对未来没有信心。

企业主刘君如分析谈了他的内心感受：

  企业现在面临的最大风险是政治风险。在这种条件下，很累，要为企业的经营负责任，要面临这么多的风险。值不值得？身边好多企业家都离开了。黄光裕圈子里的很多人都移民了，他没有移民，他的朋友说他傻，黄光裕无所谓，觉得在中国，自己要钱有钱，要背景有背景，黄光裕死就死在政治上。他被抓就是一个政治问题，队站错了。企业做得那么大，政治上必然要有保护伞，必须依附某些权贵和领导。这些权贵和领导倒台了，人家就打他了，你说他有什么罪呀？其实，我有时觉得政府做事太草率了，他是中国首富，把他给抓起来了，你说底下的人能不心寒吗？

实地研究中，企业主王奇谈道：

  现在这个社会，我觉得大家暮气沉沉，没有动力去搞科研，没有动力去扩大再生产，没有动力去把产业做大做强。所以，现在的产业导向是什么？第一，泡沫经济，LED、光伏、单晶硅、多晶硅，太多了，还在上。第二，虚拟经济，房地产、股票。企业有钱都去搞这些了，而不是搞产品的研发。为什么中国是"山寨"大国呢？知识产权得不到保护。所以，现在做企业大家是能得过且过，包括我，我也不想做大。你做大了以后，承担的风险更大。

苹果教主乔布斯身上具有一种世界唯我独尊的霸主精神，他永远认为自己就是最棒的，也永远不服输。尽管这种精神显得有些傲慢，但不无借鉴之处——永不言败，拼搏到底。中国的企业主，尤其是出身寒门的第一代，在改革开放的大潮中，为了生存和给后代创造好的生活条件，释放自己的能量。身怀"家国理念"和忧患意识，抓住改革开放所带来的种种机遇，脚踏实地、努力拼搏，创办了实业，也为国家和社会解决就业、创造税收，作出了一定的贡献。

当下，经济发展进入新的阶段，产业转型升级，企业需要以创新为动力。而我国的企业主，从创新能力来看，还是可圈可点的。华为公司 2010 年作为内地唯一的民营 IT 企业进入《财富》全球 500 强，成为中国电子百强之首，被《快速公司》评为 2010 年最具创新力公司全球前五名。但是，相当多的企业主不敢创新，缺乏冒险精神，一直在追随着国外品牌的步伐发展。其结果直接导致不能快速拿到市场，同类产品也缺乏话语权。问题的关键在于中国需要完善鼓励创新的法制环境，建立创新的鼓励机制，对创新进行定价，引导非公经济人士大胆创新。通过技术创新、管理创新和制度创新，使创新成为经济增长的新动力。

（二）认知偏差，共享缺位

《新教伦理与资本主义精神》有一个重要意旨：在任何一项事业背后，必然存在着一种无形的精神力量，这种精神力量一定与该项事业的社会文化背景有密切的渊源。在《新教伦理与资本主义精神》一书中，通过对西方资本主义发展史上的宗教构成、职业统计、产业地域分布、教育类型等诸多因素的考察，韦伯论证了新教伦理与资本主义发展背后的某种心理趋力（资本主义）之间的生成关系。韦伯认为，新教伦理中所包含的天职观念、命定说、禁欲主义等，是资本主义精神必不可少的内容和动力因素。[①] 天职观念和禁欲主义是新教伦理也是韦伯资本主义精神的核心内容。韦伯认为，资本主义精神具有以下含义：一是赚钱成为一种"合理的伦理原则"，成为一种"精神气质"；二是赚钱表现着一种"与一定宗教观念有着密切关系的情感"，是资产阶级必须完成的一项义务。劳动被视为天职，赚钱带有宗教"天职"的成分，这就把完成世俗事物的义务尊为一个人道德行为所能达到的最高形式。因此，赚钱的天职是资本主义社会伦理的最重要特征，某种意义上也是资本主义文化的根本基础。韦伯认为，通过天职观念和禁欲主义，人们把限制消费的行为与谋利行为结合起来，促进财富的增长，完成上天交付的世俗使命。

民营企业和企业主履行社会责任，需要一个内在的氛围——企业文化。企业创立和发展的逻辑是先有文化，后有企业。所谓今天的文化，明天的企业。企业的传承与发展，传承的是文化，发展的是企业。同时，企业文化也是在应付内部或外部的挑战时，其成员在互动过程中逐渐形成的。然而，组织中掌握有决策权的领导者对企业文化的形成却可能产生相当大的影响力。尤其是企业的创办人，其价值观和信念可能决定组织的目标、功能和经营理念。

许多第一代企业主当年的社会地位都较低，受教育水平不高，没有从商的经历，甚至没有启动资金，凭着一股艰苦奋斗的精神、冒险意识和对市场的敏感，抓住改革开放带来的机遇，发展了起来，财富的积累是创业的主要动机和企业发展的目标。所以，企业主认为企业发展关键靠自己的经验和对市场的应变能力，至于企业文化，是可有可无的事情。在这种意识指导下的企业行为，表现出极大的逐利性、投机性和随意性。企业更多地重视直接产生利润的过程，对企业文化的作用认识不足。在相当多的民营企业中，企业

[①] 〔德〕马克斯·韦伯：《新教伦理与资本主义精神》，四川人民出版社，1986，第170页。

文化只是手段而已。有的还把企业文化建设看成是劳民伤财的事，企业文化培育的意识淡薄。调查中发现，在许多第一代企业主身上，小农意识很浓，存在着种种观念误区，例如，一些企业主认为"企业传承的是资产，没经过二十年的发展，不可能形成文化"。"小企业就是分钱，没有什么传承"。除了少数企业自觉建设企业文化之外，大部分企业对企业文化认识不够深刻。因此，发展至今，很多民营企业的态势是不规范，也是不健康的。由于忽视企业文化的培育，很多企业属于先天发育不足的企业，这使得企业的发展缺乏底蕴，履行社会责任缺乏内在合法性的支撑。正如访谈中，企业主李荣德所表示：

> 每个企业都是靠企业文化凝聚大家，而不是靠企业制度，企业制度仅仅是管理大家。大家相互之间非常陌生，你不能形成一种完整的东方的企业文化的话，你的企业是没有生命力的，因为脱离了东方的实际。

美国社会学家奥格本（Ogburn）指出社会变迁是一种文化现象，是社会在一种发明打破旧的均衡状态后作出调节以寻求新的均衡的过程。由于调节并不是迅即发生的，因此常常会产生文化失调的现象。一般地，文化中的物质部分首先变迁，其次是文化的精神部分，最后是文化中的风俗、习惯发生变迁，这种现象称为"文化堕距"。这种文化严重失调现象是现代社会问题产生的主要根源。

中国民营企业的发展一直是"摸着石头过河"，不管涉及的产业如何不同，在面对改革开放后市场经济转轨和国际市场融入时，都走过一条近似的发展历程，企业发展初期都创造了无法预料的扩张和跨越式发展，随后便陷入企业发展的制度性危机中，这是一种因企业主对现有制度环境的认知存在的"认知堕距"而产生的对制度合法性转变的不适应。

访谈中，企业主周伟认为：

> 现在是市场经济，企业老板必须承担无限的责任。我的想法与别人不一样。好多老总认为不要政府，认为自己有的是钱，架子大大的，头仰得高高的。也有些人脑子僵化，跟过去一样，有事还是找政府。傻瓜，找政府干吗？企业本身就是无限的责任，应该负责到底，谁来给你挑担子。

近年来，中国民营企业在中外资本市场纷纷挂牌上市。在资本运作的层面上，它们和世界先进的理念接轨了，让资本市场指导企业发展，指导企业的战略投资。但是，很多民营企业是由创业者白手起家、一手建立、发展壮大的，这样的企业基本上是家族企业，采用的是家族式的管理理念和方式。显然，在稳定企业结构、迅速发展企业规模的同时，却在对整个社会制度合法性转变的理解中出现滞后现象，在国际级先进管理理念和中国民营企业主家族管理方式的碰撞中出现了不适应。

中国的民营企业到了转型和升级换代的阶段，真正应该探讨的不是企业的管理如何转型，而应该重新思考企业与社会、企业与公众的关系。今天我们需要重新审视民营企业和企业主的天职。从追求价值到共享价值，是市场经济发展过程中重要的和必然的转变。当前中国社会出现很多问题，根源就在于不懂得分享，这有必要让企业主重新定位自己的天职。

在"国美事件"中，尽管我们不愿看到土生土长的国美集团被国外资本所控制。但是，站在价值中立的立场上，从企业发展的制度合法性获得来看，在黄光裕和陈晓的争斗中，关键在于两人对于企业合法性的理解产生的根本差别。在黄光裕眼中，"家族企业"是对国美企业性质的最好理解，符合世袭和道德的意味，企业是自己创建的便永远是自己的。而出于对现代企业制度、产权制度的尊重，陈晓谋求按现代企业规则办事。在这次"国美之争"

中，相当多的国内企业主站在支持黄光裕的立场上。可见，如果缺乏共识，这种理解上的差异在中国还将继续下去。

企业的发展，个人抱负的实现，从根本上说，源于整个社会的进步。离不开个人与社会的相互作用。访谈中，企业主李云泉认为：

> 企业要想很好地发展，有待于企业家本身和社会的共同努力。本地的企业主队伍总体上处于一个比较低的水平，有很多企业是靠生产型劳动密集型产品发展起来的，不需要更多的技术和管理，只要让大家玩命地干活，给适当的报酬，一种简单的劳动和管理关系，这样的企业在当地很多。一个企业从创办滚动到自负盈亏这个平台，能够连续保持3年，意味着你这个企业还能活下去，就怕熬不过前3年，倒掉了。企业主队伍本身层次比较低，没有企业家的素养。企业家与其他人应该是不一样的，如果想成为企业家必须有企业家构建的基本要素，否则充其量是手工作坊主。

不可忽视的是，传统文化中消极的一些成分仍有很大的市场。访谈中，企业主高平认为："中国人的特点也确实很可怕，缺乏社会公德，只要给钱，什么都敢做，当牛做马，没有自由不要紧。中国人没有自我意识是个很大的问题，惟利是图，民营企业家队伍里有些人还保留着这种不良传统"。而拥有不良个人品行将阻碍着社会责任的履行，也难以获得利益相关者的认可。

（三）集权情结重，企业传承难

江苏省民营企业即将进入传承高峰期，以家族企业为代表的财富世代传承问题是一个世界性的难题，也同样困扰着江苏省民营企业创始人。2010年3月起，在江苏省工商联、省民营经济研究会的领导和组织下，我们在全省民营企业中进行抽样调查，共调查了省内1008家民营企业。这次全省抽样调查的1008家民营企业中，已完成交接班的有 74 家，占比为 7.3%。包括已交班和尚未交班的第一代企业主在对待子女接班上表现出各种心态，一是进退两难型：希望子女尽快接班，但不放心，也不愿很快放手。二是无可奈何型：不想放手，但年岁不饶人，精力不够，心里充斥着失落感。三是还没干够型：退休没有时间表，干到什么时候是什么时候。四是私家保姆型：退居二线也要替儿女把握方向盘。五是守财奴型：没有也不想考虑企业的传承，因为企业是自己的心血，财富是自己一手创造的。调查中，虽然有个别第一代企业主比较开明，放手交班，但绝大多数第一代企业主并没有真正放手，或者名为交班，实则并未真正让子女接班。上述心态对企业的传承来说都是不健康的，也反映了创业者的集权情结，对企业的传承是一种严重的障碍。

企业的传承，某种意义上是一场心理革命，它意味着第一代要敢于否定自己，直面第二代的挑战。一定的生产关系是与一定的生产力相适应的，第一代企业主创业时的生产力水平决定了当时与之相适应的生产关系以及相应的管理体制。在企业的正规化方面，包括决策、用人、管理方式、股权配置等方面有着很大的缺陷。第一代企业主的创业是在迷惘和探索中"摸着石头过河"。面对企业转型和产品升级换代，第一代的思维显然适应不了现在的形势，原有的企业管理体制所发挥的功能也已不适应创新产品的需要。但调查中发现，民营企业的第一代创业者可以称之为说一不二的"强势一代"。有的第一代企业主对第二代的业余时间支配也要过问，第二代离开自己的控制范围就不放心。"如果儿子接班，重大决策必须经过自己，因为公司是自己一辈子的心血。"第一代创业者"我的"观念很重，人、财、物三个重要因素都掌握在手里。即使交了班，已经形成明晰的组织架构，往往还会事实性地保持原来的"影子治理结构"。而无论接班人如何修炼，都无法破解这一难题。这种强势控制，加之沿袭原有的企业管理体制，严重束缚着第二代的创新和发展。

代际传承最重要的是要把治理结构、价值观和企业团队一代代传下去。访谈中,企业主张恩全谈到自己遇到的矛盾:

> 行使社会责任与我的身体、年龄是一个尖锐的矛盾。所以,开始尝试找职业经理人。2006年先从营销总经理找起,差不多是一年换一个,可能是两方面的原因同时存在,一方面,职业经理人和我们有十几年历史的企业的磨合不是很简单、很容易的,因为一个企业十几年下来,已经有它的固有的企业特点,作为企业文化也好,作为企业的风格也好,它已经逐步形成。一个完全的外来者,要想整合甚至驾驭这个企业,一定会有个磨合的过程。职场上叱咤风云的职业经理人,到了某个企业未必很强。"空降兵"很难融入一个企业。我的企业还有个性上的原因。所谓个性是指企业的个性,我这个公司也是个"夫妻店",尽管太太年龄和我差不多,也是60岁的人了,但她更未必能接受外来人对企业指手画脚。公司先后有五任职业经理人,没有一个人站住脚的,大都是和我太太闹得不欢而散。我太太是副总经理,分别管过采供、工程,抓过电动车产业部、真空管产业部,很强势。

中国社会家族观念深厚,往往缺乏家族以外的范围更广的一般性社会信任。而家庭成员之间坚不可摧的亲情和天然的信任与理解,使得一个创业者在创业时,很可能设法从家族中寻找创业伙伴,构成其企业的核心成员。随着企业规模的不断增大,他才可能考虑从劳动力市场上招聘员工。江苏的民营企业一直也没有完成像样的产权制度改革,目前基本以家族制企业的模式存在,开放度很低。

实地研究中,企业主高平认为:

> 没有一个企业家的情况是可以复制的。任何一个企业的发

展都离不开社会的基础,离不开一个企业家所能达到的境界,境界决定了企业的发展。企业的成功就是企业家的成功,企业家的成功就是企业的成功。一个境界很低的企业主很难把企业搞好,除非他什么都不管,把企业交给一批能人。但是民营企业主很少这样做,他要掌握权力,权力是决定一个企业命运的根本。中国社会的诚信程度决定了把自己的孩子交给别人养肯定会有问题。

家族企业的传承更多地具有自身的规律,职业经理人水平再高,也很难融入家族企业。中国人的个人性和个人认同并不是内在的、先天固有的人性所抽象地赋予的,而是持续地在特定的社会关系中被改造和分解的。不仅如此,个人性的界线是渗透性的,可以轻易地被扩大到生物个性以外的范围。结果,中国文化缺乏自我和他人的明确界线。"在中国文化里,双重关系,即你中有我、我中有你,大约就是'文化法则'。"[1] 而"空降"的职业经理人与企业主双方很难形成密切和融洽的你中有我、我中有你的互信关系。那些"打天下"的"老臣",资产创业的条件,很难让职业经理人存在下去,尤其在小企业职业经理人更难生存。

相当多的第一代企业主在选择接班人问题上固守着已有的观念:要求自己的子女接班,不愿接的也要接。调查发现,有81.97%的民营企业仍由企业主本人担任总经理,有7%的民营企业由家族成员担任该职务,只有9%的企业选择了职业经理人担任该职。没有聘用职业经理人担任总经理的企业,近期打算聘用的占15.9%,而84.1%的企业并不打算聘用。针对第一代提出的接班要求,55%的第二代表示愿意,有38%的表示通过承接并计划转型继续做强企业,但有3.1%的另行创业,无奈接班的占2.3%,

---

[1] 孙隆基:《中国文化的深层结构》,香港:泰山出版社,1983,第137页。

还有 1.6% 的人向往"过普通人的生活"（见表 5-1）。

表 5-1　第二代民营企业主对接班要求的选择

意愿	频数（人）	百分比（%）
愿意	71	55.0
承接并计划转型	49	38.0
另行创业	4	3.1
无奈接班	3	2.3
过普通人的生活	2	1.6
合计	129	100.0

实际上，职业经理人接班是企业发展的最终归宿，通过股权制子女也可以定位成职业经理人。按照意大利社会学家帕累托的观点，精英是无法世袭的。现实生活中，有能力接班的要接，没有能力的也要接班，这对企业的做大做强显然不利。

经过 30 多年的发展，以一般制造业为主体的传统产业内部，龙头企业的位次格局已基本形成，后来者的创新空间十分有限，导致第二代不愿意接受传统产业而另辟蹊径。而且，家族企业的传承是一种以责任传承为主、财富继承为辅的形式，在财富和荣耀背后意味着更沉重的责任，这对年轻的第二代企业主来说，是一个巨大的挑战。

（四）疏于沟通合作，缺乏共同意识

民营企业主经营企业追求合法性的过程中很重要的一点是沟通与合作，尽管意识到沟通与合作的重要性，却少有实际行动。民营企业主来自各行各业，没有业务纽带，彼此都忙于自己的事务，很少进行沟通与合作。不仅如此，职业、地位、受教育水平形成的"落差"还影响着彼此的看法。他们之间不仅缺少沟通，而且常常不相往来。我们发现，在民营企业主阶层中，平常来往的朋友多是过去的同学、同事和同乡，以及在经营过程中认识的业务人员和政府官员，限于有业务关系的范围之内。

另外，在资金流动和投资方面，民营企业主之间相互融通和相互投资也很少。尽管这种状况近年来有所改变，但是资金和投资仍然没有构成民营企业主之间关系的纽带。在能够延续和生存下来的合伙企业中，多是父子、夫妻、兄弟之间的合伙，而不是无亲缘关系的朋友之间的合伙。

具有不同社会来源的民营企业主不仅缺乏社会交往，而且由于客观上存在着的相互竞争，他们之间甚至处于一种相互对立的状态。这些民营企业主，按照马克思的比喻，就好像是一麻袋毫无组织的土豆。在此，我们看到了林语堂先生在20世纪30年代所描述的中国人的特征："家庭与朋友一起组成了一座有围墙的城堡。城内是最大限度的共产主义大协作，相互帮助；对城外的世界则采取一种冷漠无情，一致对抗的态度。"① 时至今日，家庭制度仍在阻碍着极端个人主义向一种新型社会意识的转变，阻碍着民营企业主合作精神的形成。

民营企业主对合作的价值取向很低，这与他们的传统观念和经历有关。访谈中，企业主岳翔认为："企业做大有个最重要的因素就是你中有我，我中有你，需要合作，但本地商人非常缺乏这一点，不容易抱成团，中国的企业特别是本省的企业缺乏这种合作精神。"企业主徐霆介绍道："企业老板之间妒忌心比较强，缺乏合作精神，不能共同投资把一个事情做起来。要控大股，自己说了算。"老百姓热衷的一种娱乐活动——打麻将。四人围坐在一起，没有任何协力配合。对每个游戏者来说，都要尽全力"吃着上家，防着下家，盯着对家"。这种"麻将哲学"，相当程度存在于民营企业主的观念里。

民营企业主对合作的价值取向很低，与他们的经历有相当大的

---

① 林语堂：《中国人》，学林出版社，2003，第185页。

关系。特别对创业者来说，他们早期生活经历种种苦难，曾经受到的白眼和伤害，使他们内心深处多少有些补偿心理，一旦自己做了老板，这种妄自尊大的领主意识就出来了。对于有些民营企业主来说，可能保持对企业的控制比企业的发展更重要。访谈中，企业主郑智介绍说："我的企业有个特点：生产技术型干部用得多，管理型干部没有。我最近聘的一个副总，是政府机关干部，不是太有企业管理水平，正符合我的要求，企业还是要以我为中心，都比你强了以后，你再干什么？"

民营企业主之间的联结较微弱，近年来，虽然各地商会和行业协会有了较大发展，由于缺乏独立性，服务和协调的功能难以实现，加之市场化的运作模式，商会和行业协会难以广泛吸引民营企业主的加入。民营企业主之间难以形成较强的联结纽带，形成共同的阶层意识。民营企业主之间往往建立以经济利益为基础的私人朋友关系，若彼此之间经济上互利的需求下降了，其作为朋友的交往和情感交流也随之淡泊。这个群体内部没有形成阶层意识和共同的利益表达方式，他们各自以其特有的行动方式追逐着他们各自的目标。

由于法律制度的不完善和管理制度的漏洞，地方官员有很大的政策解释和实施空间，一些政府部门既负责政策解释又负责政策实施。为了谋取政绩和地方保护，地方政府还常常对中央政府政策做些调整和变通。为了谋取更大的利益，民营企业主更倾向于与地方政府官员之间建立一种合作关系。

民营企业主尚未形成自觉的统一的阶层意识，虽然他们有大致相同的生产方式和生活方式，可能存在共同利益，诸如要求更多的法律保障和社会认可以及政治地位的提高，但并没有形成共同的心理和阶层意识，没有形成广泛的联系。除个别素质较高的民营企业主外，他们缺乏对所属阶层的共同处境与共同利益的共同认识。尽管民营企业主之间的联结在增长，民营企业主要形成一个有共同意识的阶层还需要走很长的路。

第六章
民营企业主履行社会责任获取合法性的目的

合法性对企业生存和发展至关重要，因为它是一种有效的资源，能够帮助企业获得成长所需的其他资源，从而提升企业的创造力，形成企业的竞争优势，使企业长期稳定发展。但是，合法性资源并不是企业天生就有的，必须采取有效的战略行动来获取。履行社会责任是获取合法性的重要途径，民营企业主通过在经济、社会和政治领域履行社会责任以获取合法性。

企业内部、外部利益相关者的需求和企业主的价值观及理想信念等共同构成民营企业主追求合法性的驱动因素。利益相关者与企业之间有着一定的依存性，利益相关者依靠企业来实现其个体目标，企业依靠利益相关者来维持生存和发展。满足了利益相关者需求的企业将获得大多数内外部利益相关者的认可，因而合法性很强，有利于企业的长远发展。在企业主价值观和理想信念的引领下，企业对不同利益相关者的关注形成了不同的社会责任观，并被不同的企业实践着。小企业往往更多地关注内部利益相关者，着眼于经济领域的社会责任，满足于企业的生存和发展。大企业由于涉及面广、影响大，需要得到广泛的认可和支持才能得以继续发展，因而往往同时关注内外部利益相关者，并致力于社会领域和政治领域的社会责任，追求企业长远发展，推动社会进步。

作为经营者，民营企业主的任务在于使企业创造最大化的社会总价值，而不仅是股东利润最大化。必须全面考虑企业内外部利益相关者的需要，企业需要积极承担各种社会责任。实际上，随着生产力的发展和社会文明程度的提高，企业承担社会责任的范围也在不断扩大。民营企业主承担社会责任，谋求利益相关者的支持，获得了合法性，才能实现企业的盈利目标，企业的价值也得以全面提升，企业将获得长期稳定发展，才能更好地促进社会的进步与和谐。

一 保持企业长期稳定发展

现代企业理论认为，企业是多边契约关系的总和，股东、债权人、经理阶层、一般员工等缺一不可。各方都有各自的利益，共同参与构成企业的利益制衡机制。企业经营目标应与企业各个利益集团有关，是这些利益集团相互作用、相互妥协的结果。新制度主义理论认为，任何一个组织必须适应环境才能生存，为了取得合法性与支持，组织必须遵守制度环境的规则与要求。因此，企业在制定发展战略时，必须正确处理各种内外部利益关系，最大限度地兼顾企业内外部利益主体的利益。在企业价值增长中满足各方的利益关系，不断增加企业财富，企业才能获得长期的稳定发展。

企业主为了获得更多的合法性，应在经济领域、社会领域和政治领域全方位履行社会责任。但是实地研究发现，绝大多数中小企业主履行社会责任主要停留在经济领域，一部分延伸至社会领域，政治领域就更少。主要原因在于：一是经济领域的社会责任要求更多的带有法律意义和强制性，而社会领域和政治领域的社会责任更多的具有一种道义上的意义；二是受制于我国生产力发展水平和中小企业的实际承受能力。民营经济经过30多年的发展，有了相当的规模。但是国际金融危机的冲击、国内产业转型升级的要求，加之劳动力、原材料成本的上升，使得绝大多数中小企业苦苦挣扎求生存。处在这样一种态势中的民营企业主，其所有社会责任活动势必围绕企业的经济利益而展开。

尽管处于较大的生存压力之下，总体上，目前我国民营企业正在超越原始资本积累时期片面追求利润最大化的时代而开始进入企业公民发展阶段。经营环境的改变使得我国民营企业评判已经走出了单纯以利润等财务指标为依据的时代，民营企业治理理念和经营目标正在发生转变。企业无论规模大与小，经营时间长与短，企业主们有着对企业社会角色的反思，他们理性地认识到履行社会责任、追求合法性是对企业营利性的一种完善，而企业合法性的提高又可以带来实际的利益。

（一）提升企业经营的竞争力

企业主承担社会责任符合企业发展的长远利益，是企业提高竞争力的需要。企业主积极主动承担社会责任，可以为企业赢得良好的社会声誉，获得社会的认可和尊重，提高其产品的品牌价值；可以打造优秀的企业文化，提升员工的忠诚度，提高企业的凝聚力；可以与投资者建立良好的合作关系，从而增强企业的持续经营能力。

民营企业主是可以将承担社会责任转化为企业竞争力的，这种竞争力来源于企业和企业主承担各方面社会责任的同时，也获得了社会各方面的认可和支持。民营企业主将社会责任纳入到企业的战略管理中，使投入的资本与经营战略密切相关，可以提高社会责任投入的效率和效益，强化企业的核心能力。企业社会责任活动本身的社会价值被利益相关者所认识，会给企业带来良好的社会声誉，增加品牌价值。通过降低企业社会责任行为的边际成本和增加边际收益，最终将促进企业的经济利益和社会利益的同步增长，为企业创造新的核心竞争优势。

当企业认真履行企业公民职责，自觉承担与之相关的社会责任时，可以提高获取经营资源和社会认可的能力。因此，企业主承担社会责任的行为将成为新的条件下企业竞争力的源泉。企业只有兼顾利益相关者的需要才能提升企业形象，增加产品经济附加值，促进产品的销售，而消费者则可以从社会责任意识强的企业产品中获得额外的满足感。因此，消费者越是把社会责任作为购买决策的重要考虑因素，越是对企业承担社会责任带来压力，也为企业实施社会责任战略提供了市场空间；企业越是可能采取社会责任行动，越是为企业持续经营提供了发展的空间。

在当今世界经济一体化的过程中，企业承担社会责任是参与国际竞争的必要条件，民营企业积极主动承担社会责任有助于提升在国际市场的竞争力，为快速进入国际市场提供有利条件。虽然，中国的民营企业主无论在社会责任的理念还是行动上都落后于发达国家，但是，我们应该看到，目前企业和企业主的社会责任已经成为继价格、质量、技术之后企业占据市场必不可少的一种软竞争力，构成了企业未来竞争力的核心。

承担社会责任的企业主将更多地关注长期的利润回报，由于与政府、社会及环境形成了稳定健康的关系，最终形成一个良性循环。在这种良好的关系条件下，企业的交易费用下降了，企业对社会责任的投入将导致企业竞争力和绩效的逐步提高。

合法性其实是企业主长期积累起来的一张社会"名片"，它是由一连串历史事件交织型塑的关于企业是否合理、适当与被渴求的主观评价构成。兼顾各利益相关者的利益，实际上也是一种综合素质的表现。经营企业除了个人的知识技能以外，更强调整合能力，强调亲合力，其实也就是要求在与各利益相关者相处的时候，洞悉人性事理，并对之因势利导。成全了各方的利益，也就成全了企业自身。

（二）获得企业发展的社会资本

企业主的经营理念和价值定位获得了社会的广泛承认，便可以获得资源，它的经济效益才会取得成功。而通过在其利益相关者中获得合法性，一个企业会更容易获得资源，对竞争压力作出更为有效的反应，并能吸引顾客赢得市场。"合法"的组织及其战略行为会被认为更有意义、更具预见性并更值得信赖。① 而如果缺乏合法性，一个企业获取资源的能力会降低，甚至会失去生存的基础。

通过研究科学史，美国学者默顿提出马太效应这一概念，用来概括如下社会现象："对已有相当声誉的科学家作出的科学贡献给予的荣誉越来越多，而对那些未出名的科学家，即使作出的科学贡献同样多，也不承认他们的成绩。"这一术语可以用来说明，经营者的相关经验和声誉对企业获取规范合法性有很大的影响。

当一项活动被人们所"广为接受"时，它就具备了合法性。合法性对企业的成长非常重要，外部资源拥有者只有在对企业有所了解、有所认识的基础上才会对其进行道德评价和价值判断，才会作出是否投入资源的最终决策。因此，合法性是企业获得资源的前提条件。

任何一个组织都必须取得合法性，适应制度环境才能生存，这也是制度学派理论的一个基本命题。在社会领域履行社会责任，参与慈善活动，从事与自己企业生产效率没有直接关系的活动，有时这种行为虽说劳民伤财，但对企业而言有莫大的功用，可以帮助企业树立良好的社会形象，得到社会承认，提高社会地位，进而更好地获取各种资源。

回顾民营经济的发展历程，中国的民营企业成长于体制外，资源匮乏，几乎都是充分利用各种社会资本发展起来的。当今社会，在国际金融危机的冲击下，在日益加剧的国内外竞争的情势下，在产业转型升级的压力下，当民营企业主深感融资困难、利润下滑、市场萎缩、经营出现危机时，投资以社会信任为核心要素的社会资本成为新的突围方向，自觉主动地履行社会责任可以使民营企业一定程度上获得社会的信任和组织网络。因此，投资以社会信任为基础的社会资本以提升企业竞争力，促进企业长期稳定发展成为一些

---

① Suchman M. C, 1995, "Managing Legitimacy: Strategic and Institutional Approaches". *Academy of Management Review*, 20 (3): 571-610.

民营企业主的理性选择。

美国社会学家科尔曼指出，社会资本是无形的，它表现为人与人的关系。社会资本的基本要素包括信任、合作关系、社会规范与规则和网络联系。其中，信任关系是社会资本的一种重要形式。根据美国学者福山的观点，"所谓信任，是在一个社团中，成员对彼此常态、诚实、合作行为的期待，基础是社团成员共同拥有的规范以及个体隶属于那个社团的角色。"

经济资本、社会资本及文化资本是资本的三种基本形态，而社会资本作为一种以信任关系为核心要素的资源，它存在于社会结构关系中，能够创造价值，可以使各种资源增值，能够通过推动协调与合作提高效率。因此，社会资本与民营企业的发展关系非常密切。

第一，社会资本影响企业的投资发展。人与人之间所形成的信任与互惠合作的关系和规范，以及结成的社会网络联系作为一种社会资本，影响着企业的投资与发展。我国许多民营企业创业伊始，依靠更多的不是经济资本，而是社会资本，是社会资本使它们从无到有，从小到大，发展壮大。

第二，社会资本影响企业的兴亡。在一个"伦理本位"、"差序格局"的社会，社会关系网络是一种根本的社会资源。但是，在中国传统社会，家族观念深厚，往往缺乏家族以外的范围更广的一般性社会信任，所以，社会资本主要存在于家族和狭小的私人朋友圈子里。目前，这一情形依然存在，导致许多民营企业发展遭遇瓶颈：找职业经理人是找死，不找职业经理人是等死。这一现象正反映出中国民营企业生存和发展缺少社会资本，亟待扩大社会资本。

第三，社会资本有利于民营经济组织健康发展。福山认为，一个社会的经济繁荣程度取决于该社会普遍的信任程度。以信任为基础的社会资本，能够带来组织网络与合作效益，在中国这样一个普遍重视血缘关系的社会里，有利于冲出家族这座城堡，打造非血缘基础上的大型专业管理型的民营企业。

美国政治学教授乌斯拉纳指出,"信任可能不会直接产生财富。然而,由于宽容,它将促进贸易,进而导致更大的繁荣。"作为社会资本的基本要素和来源——信任,会产生强大的拒绝投机行为的社会期待,会生成诱使或迫使组织采纳具有合法性的组织机构和行为的观念力量,使个人之间的合作和组织之间的交易超越纯粹的经济动机,促使人们能够在较大程度和较大范围内达成共同的观念,采取一致的行动。因此,信任程度的高低决定现代民营企业的发展状况,也决定着一个国家经济发展的态势。

第四,社会资本有利于提升民营企业的竞争实力。按照社会学的观点,市场是一种"社会结构",是将文化传统、社会力量、权力运作等非经济因素包含在内的"社会结构"。在一个利益本位、"团体格局"的社会,由于信息不对称和"结构洞"效应,社会网络资本是保持和提高个人竞争优势的有效资源。在美国学者博特看来,市场竞争就是某种社会关系结构或社会网络结构的生产和再生产。

对于企业来说,社会资本反映了一个企业的竞争实力。社会资本无论是作为人际关系资源,还是作为组织资源,都具有自我强化和增值功能。社会资本使用得越多,其供给越丰富,价值也越大。信任来自人们在社会行动中的反复博弈,而享有诚实守信和良好合作声誉的人会在市场竞争中得到更多。因此,社会哲学家赫希曼把社会资本称之为"道德资源"。这种资源会因为使用而不断增加,即使不使用,它也不会像物质资本那样消耗。

第五,社会资本能克服人类集体行动的困境。中国已经进入一个"利益博弈的时代",在社会转型期,利益格局调整的实际结果往往既取决于政府的宏观政策,同时更取决于围绕政府的宏观调控政策所进行的各种博弈,导致现实生活中普遍存在着理性的困境。社会资本能有效地建立人与人之间的信任关系,克服人类集体行动的困境。就社会资本投资而言,其根本目的在于建立社会成员彼此高度信任的合作关系，不同企业共同的社会资本投资则能构建一种使人们相互依赖程度较高的社会结构。依据美国学者林南的观点，社会资本的积累速度比人力资本要快得多，人力资本的积累速度呈算数速度增长，而社会资本的积累呈指数速度增长。

（三）获得企业发展的政治空间

民营企业主履行社会责任参政议政注重的主要是能够参与这一事实本身带来的荣誉或信任，通过参政议政提高自身社会声望和政治地位，为企业发展带来更多的机会，并获得政治保护。

民营企业的发展离不开企业外部的政治和法制环境。处理好企业与政治和法制环境的关系，需要有建立在基本的道义、制度、根本方向上的一致，这样才能赢得绝大多数政治家的认可和支持，民营企业才能发展得很好。执政党对民营经济和民营企业主的宽容和意识形态上的认可，对民营经济和民营企业主的立法保护与规范，为民营经济的发展提供了重要的合法性来源。

改革开放以来，民营企业主的素质已经有了很大的提升，民营企业主阶层的整体社会形象也有了较大的改善，但民营企业主没有因为其经济地位的上升而获得相应的政治地位和社会声望，社会上对民营经济还存在不同程度的偏见。当今社会，确立一个人社会声望和社会地位的标准一直在变，拥有一定的财富不一定能真正获得社会尊敬。历史的影响及现实的因素使其他社会群体对民营企业主阶层总体评价不高，这使民营企业主群体在心理上产生了一种失落感。作为社会先富起来的人，作为经济上获得了相对自由的群体，他们不一定愿意在既定的框架内寻求自己的存在点，谋划自己的生活，他们对自己的确认和理解，即他们的身份与现有社会机制之间存在紧张。

在中国市场经济体制还不完善的情况下，产权的保护制度及相应的投资和发展权还不是很规范，人为的因素在一定的范围和空间还能产生巨大的作用。在这种情况下，如果能提升自己的政治地位和社会声望，对自己各方面的权利是一种保护。中国现行法律中虽然规定了对公有财产的保护，而对私人财产的保护有很长一段时间却一直没有明确的规定。希望政府出台有关法律、法规，保护合法的私有财产，就成为民营企业主政治参与的重要目标。

民营企业主随着经济实力的增强、社会地位的提高和阶层队伍的扩大，已经产生了一定的政治要求和较低层次的阶级意识。但多数民营企业主在政治上是一种自我保护的反应，他们希望政治稳定、连续，并且落到实处；要求加强对私有财产的保护；要求进一步提高社会地位，希望能得到共产党和政府对他们在经济和政治上的全方位认可。通过政治参与这种方式而获取的社会声望满足了民营企业主作为政治人的要求，获得了政府的理解和社会的认同，也提高了企业的知名度，树立了企业的良好形象，这是进一步发展不可多得的有利条件。

民营企业主参与政治的首要目标是寻求保护，只有得到政治保护的财产才安全。因此，在这一阶段，民营企业主的政治参与，除了力求经济进一步发展外，主要需求都集中在已经取得的财富的合法化，以及自己的正当经营活动被社会所理解。这种追求政治和经济安全，保障权利的参与目标既是民营企业主追求经济上进一步发展的需要，也是其政治参与要求上升到更高级层次的表现，反映了民营企业主政治参与要求的演进规律。当然，民营企业主阶层对政治地位很敏感。在民营企业主政治参与的一定阶段，政治参与的经济目标基本实现后，其政治地位、社会声望等非经济目标会上升到政治参与需求最突出的地位。

政府尚未为民营企业营造一个公平的竞争环境，为了有个好的外部环境促进企业的发展，民营企业主们于是通过主动参与政治来为企业的发展营造较好外部环境。因为获得了政治安排，就具有了一定的政治地位和社会地位。而政治地位的提升可以为企业带来可观的利益。民营企业主往往通过多种渠道实现政治参与，其最直接的效应是拓展生存发展空间，获得经济利益，还可以使民营企业得到部分政治利益。

当前，政府掌握着中国最大的资源，与政治建立关系依然是最有价值的通道。通过政治参与，民营企业主和企业可以获得一种政治合法性，从而获取商业机会以及有利的政策支持。出于自身利益的需要，企业主通过参政议政的方式，可以进一步扩大自身的人脉，尤其是增加了和政府权力部门接触的机会。通过政治参与可以获得政府的保护，减少政府对企业的不利干预，得到社会和政府认可，提高对其他企业的权力影响。可以使政府听到他们的呼声，重视他们的利益要求，能更好地保护自己各方面的权利。

由于民营企业主尚未成为独立的政治力量，为了获得一定的政治资本以保护和扩大自己的经济利益，为了获得社会的认可，他们愿意被现有政治系统吸纳，而这实际上又是政府加强社会控制力的一种手段。因此，这样的政治参与所体现的是政府和得到政治安排的民营企业主之间共同的利益需要。在民营企业主政治参与的动机与行为中，利益连接占据了中心位置。一方面政府需要民营企业主的政治参与，以增强现行体制的合法性基础；另一方面民营企业主可以通过有限度政治参与达到自己的目的。

目前，我国各种法律和制度规定不断完善，与此同时，处于金融危机后的民营企业普遍存在生存压力，不得不越轨经营。造成与行政的、法律的或政治的力量的冲突，受到它们根本承受不起的压力。对于民营企业主来说，在尚不具备法律合法性和行政合法性的情况下，它们一方面用社会文化的合法性进行内部的诉求，另一方面则用政治合法性来回应行政和执法部门的压力。如果这种合法化努力取得成效，它们往往因此而免于被追究。

二　推动社会进步

在发展中国家，民营企业和企业主的社会责任所包含的内容，可能主要集中在对企业的生存、对社会经济发展的承诺，包括创造就业机会、增加税收、投资公共设施和教育等方面，它是作为一种经济附加值所产生的对企业和企业主社会责任的要求。而在发达国家，社会责任更多的是一种伦理道德意义上的承诺，是一种社会管理的参与行为。

中国共产党的十五大、十六大提出"非公有制经济成为社会主义市场经济的重要组成部分"。2010年9月16日，中共中央、国务院颁布了《关于加强和改进新形势下工商联工作的意见》。"团结、服务、引导、教育"新八字方针表面上谈工商联工作的指导思想，但实际上反映出党中央对广大非公有制企业和非公有制经济人士的重要作用有了新的认识，揭示的是党中央对社会主义市场经济机制的深刻把握及相应地对转变政府职能的迫切要求。在这个文件中，第一次明确指出非公有制经济成为"社会主义现代化建设的重要推动力量"。

民营经济的税收占据了我国财政收入的半壁江山，又是解决劳动力就业方面的主力军。民营经济对国家的最大贡献还在于它所倡导和践行的竞争、效率和利润观念上，以及它对人力资源的最大挖掘和所演绎的现代商业文明上，间接地也影响了社会观念的转变，推动了行政管理体制的改革。民营经济的发展以及民营企业主在经济领域、社会领域和政治领域的担当的确已经影响了社会的经济系统、社会系统和政治系统的改革，并且以难以预料的方式改变它们的进程，民营企业主有意或无意地成了一种变革的推动力。

(一) 解决社会问题

民营企业主履行社会责任既是企业自身发展的要求，更是源于社会整体的要求。民营企业追求利益最大化，而实现利益最大化，有赖于社会各方面的支持。民营企业的发展需要关注社会，将自身的发展融入社会发展之中。与此同时，企业和企业主履行社会责任对社会良性运行的作用也是不可或缺的。民营企业与社会良性互动，才能获取企业持续增长的合法性。

我国目前还存在着社会阶层分化、贫富差距较大、就业、资源和生态、公共安全、社会保障等方面的问题，这在很大程度与企业社会责任的缺失有直接关系。企业和企业主通过履行社会责任，保护利益相关者的利益，不仅可以获得企业的合法性，还可以逐步消除社会的不和谐因素，有助于建立一个充满创造力和各方面利益关系得到有效保障的社会。

在从计划经济向市场经济转型过程中，由于过多地强调效率，依靠市场进行调节，给予企业充分自主权等，从而引发了一系列社会问题：随意侵犯劳动者权益、忽视劳动安全、制售假冒伪劣产品、偷税漏税、破坏生态环境、损害社会公众利益等的行为屡禁不止，实际上反映的是民营企业主社会责任的严重缺失。

过去的发展模式已行不通，中国的民营企业实际上也到了一个转型和升级换代的阶段，对民营企业主来说，某种意义上应该探讨的并不是企业的管理如何转型，而应该重新定位思考企业与社会、企业与公众的关系。实际上，近几年来，很多民营企业在持续的大规模增长后，都在思考和实践着与社会的和解，通过公益、慈善的方式来达成与社会的良性互动，获取在中国社会持续增长的深层次的支持和发展的土壤。

从 20 世纪 80 年代以来，许多企业已经开始越来越多地从事一些与股东利益最大化目标无直接联系的活动。例如，成立基金会，资助大学或研究机构的研究项目，向社会公益项目捐款，自觉减少环境污染等，表明企业作为一个"社会存在"的理念。企业不仅是为股东利益而生存，也是为所有利益相关者服务的。

最近几年，有关企业承担社会责任中的捐献额在增长，针对社会责任活动的企业报告在增多，企业做好事的社会标准在确立，捐献在从一种义务向一种战略转变。民营企业近几年在公益慈善方面有了非常大的进步，私人部门的捐款已经超过了公有部门的捐款。一些企业主大规模地、高调地行善，表达自己与社会互动以寻求长期和解的愿望。而社区志愿者活动以及企业对此的支持，被很多人看成是一种最真诚、最可信的企业社会参与形式。①

企业社会责任要求企业对社会中出现的一系列问题作出积极的反应，美国"现代营销之父"菲利普·科特勒曾经说过，我心中伟大的企业是那些致力于挣钱并解决社会问题的企业。②

福特汽车公司董事长兼首席执行官小威廉·克莱·福特认为："好的企业与伟大的企业之间是有差别的：一家好的企业可以提供优秀的产品和服务；一家伟大的企业也可以提供优秀的产品和服务，但它还要努力地让这个世界变得更美好。"③

随着企业财富的不断增加，企业在追求利润最大化的同时，主动承担社会责任，可以为解决社会分配不公、地区发展不平衡的矛盾做贡献。企业主应积极主动地履行慈善责任，促进社会第三次分配方式的形成，为解决当前中国社会收入差距过大、分配不公的问题，为建设以公正为基础的和谐社会作出贡献。中国拥有"和为贵"的传统文化，更有"共同富裕"的社会目标，这为企业公民的发展提供了便利条件。把盈利作为唯一目标的做法违背了社会主义的核心价值理念。

民营企业主应充分认识到企业的发展离不开社会资源的支撑。因此，企业在制定发展战略时，必须考虑社会的制约性和受益性。履行社会责任不是简单地做慈善捐赠或是争当首善，而应该合理安排企业战略和产业结构，不能为了追求利润而不择手段。

无论是企业和企业主的社会责任都要求平等对待物质资本和人力资本。物质资本提供者的股东和人力资本提供者的职工，都为企

---

① 〔美〕菲利普·科特勒、南希·李：《企业的社会责任》，机械工业出版社，2011，第195页。
② 〔美〕菲利普·科特勒、南希·李：《企业的社会责任》，机械工业出版社，2011，封面语。
③ 〔美〕菲利普·科特勒、南希·李：《企业的社会责任》，机械工业出版社，2011，第6页。

业的发展作出了贡献，在企业发展中同等重要。企业主不仅要对股东负责，实现利润最大化，还要保护职工权益。与此同时，企业主社会责任要求重视社会成员的共同发展。企业主履行社会责任的目标同样是为了实现正义和公平。

(二) 推动体制改革

民营企业主阶层不仅是中国特色社会主义事业的建设力量，而且是社会全面进步的强有力的推动力量。企业主绝对不只是对企业的生产经营负责，因为政治发展和政治决策直接影响他们的经营活动，因此，许多企业主对在政治上发挥影响也非常感兴趣。因而，中国的民营企业主不仅是经济发展的代名词，同样也应该是社会变革的政治参与的代理人。

民营企业主是以利润为导向、为核心的经济人，其他事情则属于公共产品和政治的范畴。然而，企业主也是普通公民，也要担负起自己的社会责任，比如依法纳税，维护社会稳定，建立秩序与公平，积极投身环保，支持社区工作，关注社会弱小群体，扶危济困，支持社会教育，维护人类和平和正义等。

在一个每个人都被认为是平等的社会中，决定将取决于大多数人的意见——依据定义是他们具有最大的权重。但在托克维尔看来，工商业和大工业对平等构成了潜在的威胁，犹如欧洲的社会阶级一样，因为它们具有通过物质财富的不平等分配来逐渐削弱民主的潜能。托克维尔意识到，没有真正的屏障能够阻隔财富对政治运作的影响。[①]

万通董事长冯仑认为，中国现在企业家不断地投身到制度建设层面更重要，我们更注重在公益慈善当中建立一个独立的公益基金会和科学治理、透明诚信的公益制度，这样才能保证我们不断地捐献，不断地推动社会进步，不断推动社会公平正义，而不是不断地

---

① 〔美〕安东尼·奥罗姆：《政治社会学导论》，上海世纪出版集团，2006，第136页。

推动公权力持续往前走，否则会毁坏我们公平竞争的良好的市场经济体制。

利普塞特最早运用比较分析的方法来仔细考察一些社会中民主政府的特点，并得出结论认为，民主的主要条件是要有一个强大的中产阶级和一种繁荣的经济。哥伦比亚大学政治学教授力兹说：一个社会要实行民主，要有相应的社会环境、社会条件。

民营经济要进一步发展，需要推动体制改革，让市场发挥配置资源的基础性作用，需要政府放松和解脱管制，强化市场功能，弱化官员招租和寻租能力。减少民营企业成长过程中所要付出的制度博弈成本，让民营企业有专心做生意的环境。

当代社会中的主要制度之间是相互依赖的，也是相互矛盾的。例如，科层制政府要依赖于民主机制，以使它们的决策获得合法性并与外部政治环境相协调和适应；但民主程序的扩张又会威胁和破坏理性科层组织的内聚性，不管是在一致性政策的实施中，还是在与政府间关系有关的权力实施中，都是如此。[1]

推动制度方面的改革，改善政府形象，为非公经济的健康成长奔走献策，是民营企业主阶层参与政治活动的重要内容。事实上，想方设法打破非公经济发展中的壁垒，反对国家对商业过程的经常干预，拒绝国家分配结构的垄断和特权，是民营企业主政治参与的重要动机。民营企业主的政治诉求预示并要求经营过程中的自由决策权和财产支配权，以及更开放的、以竞争为目标的经济和社会体制。

我们的研究表明，总体上，民营企业主不仅对社会和政治变革过程感兴趣，而且也试图积极推动这一过程。他们既是经济行为体，同时又扮演了政治角色。根据实地研究，民营企业主的政治参与动机大多为谋求政治保护和谋取经济利益，真正拥有推动体制改

---

[1] 〔美〕沃尔特·W. 鲍威尔、保罗·J. 迪马吉奥主编《组织分析的新制度主义》，上海人民出版社，2008，第278页。

革和履行社会职责心态的，只有少数代表和委员，还未形成普遍态势。随着经济实力的增强和政治满足感的实现，民营企业主的参与动机已经出现从局部向整体发展的趋势。

改革已步入深水区，只有在更高层次和更大范围内思考改革，把握改革的总体目标和主攻方向，才能准确和合理地调整各种利益关系，克服改革的制度障碍，更有效地推动改革。应该说，当前推动改革比过去30多年任何时期都更加艰难。"摸着石头过河"改革的时代已逐渐过去，理性改革的时代正在到来。

在政治领域履行社会责任——政治参与，尽管在一些企业主看来流于形式，但即使是参与这些政治活动的"走过场"，也有其积极意义。正如迪尔凯姆所说，"仪式是促使社会群体不断强化认同感的手段"。实际上，仪式是人们经常地、定期地集中起来庆贺他们自己作为国家或社会一分子的活动。投票选举即可被视为这样一种仪式，它让人们感受到他们在民主制度下享有的自由。[1]

尽管经济实力在不断壮大，但从政治影响来看，民营企业主还是软弱无力的，即使他们在地方产生了明显的政治影响，作为现有体制的既得利益者，他们缺少进行体制变革的迫切愿望。然而在经济方面，他们是社会的示范性群体。他们的经济示范地位逐渐得到认可，他们对社会价值观产生深刻的影响，也影响着经济、社会和政治结构的变化。

20世纪90年代初以江湖方式到海南一起开发房地产的6位商人——万通六君子，曾经发表过一篇宣言式的文章《披荆斩棘，共赴未来》，里面有这样一段话："中国青年知识分子向何处去，成了摆在我们面前的一个严肃课题。我们认为，我们现在走的路（创办公司），是能够解决这一课题的道路，推动社会进步以报时代，创造财富以报人民，齐家敬业以报父母，利用所学知识在商品

---

[1] 〔美〕安东尼·奥罗姆：《政治社会学导论》，上海世纪出版集团，2006，第74页。

经济中锻炼自己",这段话表达了他们当时的理想,也可以代表一批创业者的心声。

民营经济发展最终需要法律保障,需要建立新的政治和社会联系,建立新的机构,实现行会的组织化,以有利于市场关系的扩大,促进非公经济的逐渐成熟。在某种程度上,民营企业主又充当了制度建设的推动者。

(三) 为公民社会建设创造条件

关于公民社会的定义,存在各种理解。邓正来和景跃进认为,公民社会"乃是指社会成员按照契约性规则,以自愿为前提和以自治为基础进行经济活动、社会活动的私域,以及进行议政参政活动的非官方公域"。[①] 陈健民将公民社会视为一个由自主、多元开放的社会团体所组成的公共领域。这里所谓的"公共领域",是指一种让公民就公共事务进行联系、沟通和集体行动的社会空间。此领域不受国家控制,亦有别于以争取控制国家为目标的政治社会(如政党)。构成这个领域的社会团体,主要功能是将个人利益整合为集体或公众利益,成为"公"与"私"的中介体。这包括志愿性服务组织、倡议性组织(如环保)、学术团体、宗教组织、联谊与兴趣团体、商会、专业组织和工会等。[②]

有别于中国传统下的"民间社会",西方的公民社会主要受两种政治思想影响。其一是自由主义传统,认为国家的权力必须加以限制以保障个人自由,而公民社会正是要制约国家权力,让公民在一个自主的空间中追逐自己的利益。此传统特别强调个体的自由和权利,亦容易置国家与社会于一对立面。另一个传统是共和主义,认为公民社会不单是防止国家侵害个体自由,参与公共事务更是个

[①] 邓正来、景跃进:《建构中国的市民社会》,载于罗岗、倪文尖《90 年代思想文选》(第 2 卷),广西人民出版社,2000,第 8 页。
[②] 陈健民:《走向公民社会——中港的经验与挑战》,香港:上书局,2010,第 11 页。

人"自我实现"的过程。此传统强调公民责任，视参与为美德。而在这两种传统之上，社会学家爱德华·希尔斯（Edward Shils）认为公民社会最重要的价值是尊重与宽容，平等看待差异甚至敌对的群体，尊重对方的基本权利。[1]

无论如何，公民社会的发育成长必须有其经济基础，这是公民社会发展必备的物质条件。作为社会主义市场经济重要组成部分的民营经济，在公民社会的成长中发挥着举足轻重的作用。民营经济支撑着公民社会的迅速发育与强壮。民营经济力量的强大为公民社会的成长提供了坚实的物质保障，支撑着公民社会的日益发展。民营企业经过30多年的快速发展，已经成为中国经济的重要组成部分。

今天，中小型民营企业为中国贡献了约60%的工业产值和高达75%的就业岗位。民营企业在以每年20%的速度扩张，并贡献了60%的GDP。[2] 这正是公民社会生根发芽的沃土。公民社会所要求的私有产权、平等自治的契约性关系、法治原则、尊重和保护社会成员的基本权利、个人的选择自由等基本特性，也正是民营经济的基本特性。

民营经济的发展既培育了独立自主的市场主体，也培育了自由独立的个性意识，有利于公民社会所需的自主性品格的形成。民营经济的发展催生了民间自我管理的需要和民间组织的建立。

中国民营企业的主体是中小企业，民营中小企业主构成了我国中产阶级的主体。作为改革开放以来成长最快的社会阶层之一——民营中小企业主阶层已经发展成为社会结构中具有相对独立的社会经济地位和政治要求的社会阶层。作为一个先富起来的阶层，他们对政治民主的渴望更急迫，对政治参与的要求更强烈，而随着市场

---

[1] 陈健民、蔡子强：《民主的小故事与大道理》，香港：上书局，2009，第86页。
[2] 《哈佛商学院院长：中国经济增长要靠中小企业》，《民营经济内参》2011年12月23日。

主体意识的增强，他们会积极寻求反映其政治愿望和利益要求的民主渠道及参与公众事务的方式，实现其政治愿望和经济利益。

追求权力和声誉的驱动力导致人们组建团体并且使他们逐步意识到自己作为一个阶级存在，然而，这种驱动力又进而使他们为了同样的权力和声誉而彼此竞争。由此产生的争论有助于造就中产阶级的阶级意识。①

亚里士多德在论述民主秩序的条件时认为，"很明显，最好的政治社会是中产阶级公民组成的，而且，很可能治理好的国家里，其中中产阶级为数众多……由此可见，公民拥有适量的、足够的产业是那些国家的大幸；若是有的产业很多，有的却一无所有，就可能产生极端民主，或者纯粹的寡头统治；或者从任何一极——最散漫的民主或寡头——产生专制；但这一切都不大可能产生于中产阶级或接近中产阶级组成的国家……民主国家比寡头统治更为安全和更为持久，因为它们拥有为数众多而且在政府中有较大发言权的中产阶级。如果没有中产阶级，穷人数目增大，麻烦百出，国家会很快崩溃。"②

我国社会主义现代化建设带来经济工业化、政治民主化、生活空间城市化、价值观念理性化等方面极大的发展。民营经济的迅速发展，加速了社会领域与政治领域的分化，要求减少行政权力的干预，按照市场规则配置资源解决问题。所有制结构的变化带来了职业群体的多元化，使社会结构从同质性社会向异质多元化社会转型。由于人们的参政议政意识和能力增强、法制建设步伐加快等原因，使得政治民主化力量大大增强。社会价值观念由传统的等级观念向平等、民主观念转变，这一切都将有助于公民社会的形成。

一个健康而有序的公民社会不仅是体现公民价值与权利的民主

---

① 〔美〕约翰·斯梅尔：《中产阶级文化的起源》，上海人民出版社，2006，第170页。
② 〔美〕利普塞特：《政治人——政治的社会基础》，商务印书馆，1983，第1页。

社会，更应该是倡导公民责任的主体性社会。民营企业主社会责任确立的逻辑前提是作为公民主体地位的确立，这是一个历史的过程。基于民营企业主的自主性地位，民营企业主才有权利和能力自由地选择公共生活的行为方式，并相应地承担每一种价值选择的善恶责任，民营企业主才能够以为自己负责的态度自主地参与政治活动及公共事务，承担起与其社会主体地位相适应的责任。主体地位的确立，是民营企业主运用权力、行使权利、承担责任的必然前提。正如恩格斯所说："一个人只有在他握有意志的完全自由去行动时，他才能对他的这些行动负完全的责任。"①

为公民社会建设创造条件，首先，必须成为一个合格公民，因为社会责任也是公民社会的要求和产物。通过实地研究，我们看到一些民营企业主的努力，注意到他们履行社会责任追求合法性的演变轨迹：

第一阶段，企业主仅仅关注企业自身发展和股东及员工利益，关注由此产生的企业社会责任，将履行社会责任视为获得经营合法性的途径，以获得参与市场竞争的资源和机会，实现企业的利润最大化。

第二阶段，随着企业规模的扩大、企业主境界的提高以及企业社会责任活动对企业经营所产生的积极影响，企业主对于社会责任有了进一步的认识和实践。企业主开始调整企业与社会的发展关系，参与社会各种事务，承担相应的职责要求，将企业的利益与社会利益结合起来，通过面向社会履行社会责任，使得企业的生存和发展得到社会的认可，获得社会给予的合法性。

第三阶段，民营企业主作为非公经济的利益代表，一方面，在经济实力扩大后需要并努力寻求保护其各项利益的政治后盾，进一步拓展企业生存和发展空间，获得各利益相关者的认可。另一方

---

① 《马克思恩格斯选集》（第4卷），人民出版社，1995，第78页。

面，随着市场主体意识的增强，一部分民营企业主基于推动社会进步的理想和信念，积极寻求实现其政治愿望和利益要求的民主渠道及参与公众事务的方式。在政治领域履行社会责任，参政议政。强调对财富的尊重和企业主自身权利的保障，关注政治体制改革，投身制度建设，从追求发展到博弈公平。

民营企业主履行社会责任追求的合法性包括经济合法性、社会合法性和政治合法性，三者是不可分割的。实地研究发现，并非每个民营企业主都遵循着这种发展轨迹。相当多的企业主社会责任停留在经济领域，办好企业是他们的最大追求。尽管如此，在努力经营企业的过程中，不少民营企业主在内外部利益相关者的需求和自身价值观的驱动下，在追求利润的同时，实践着兼顾责任的契约精神。

联系民营企业主政治参与的实际，我们注意到，"人们奋斗所争取的一切，都同他们的利益有关。"[①] 当前民营企业主政治参与的主要内容较多地指向与民营经济利益相关的政策法规，寻求的这种政治保护，主观上为自己，客观上为社会，最终增进的是社会利益。

尽管民营企业主阶层在企业发展过程中，对国家某些方面的控制和干预表示不满，但由于自身的软弱、组织能力和自组织体系的缺乏，以及长期政治国家影响下形成的国家至上的心理认同和客观社会现实，使得作为中国公民社会主体的民营企业主不得不把自己依附于国家框架之中。从政治参与来看，民营企业主对国家有很大的依附性，其自主性也是在政治国家的框架下有限的自主。

我们注意到，越来越多的民营企业主投身公益事业。他们表现出了两种不同的方式，一是传统的做法，直接给予现金和实物，这种情况多数是基于内在的道德觉悟。二是专业的、现代理性的做

[①] 《马克思恩格斯全集》（第1卷），人民出版社，1995，第187页。

法，成立现代公益组织，包括各种各样的基金会，使企业主与社会的良性互动纳入一种理性、专业和可持续的轨道，这种行为对于构造公民社会，使中国的社会改革步入健康轨道是一种长远的推动力量。

总之，对于个体企业来说，如何在整体合法性提升的过程中获得较竞争者更大的收益，不仅对于企业主有着重要的影响，也成为影响社会发展的重要因素，在未来的研究中值得更进一步探讨。承担社会责任不仅是民营企业主追求合法性的途径，也应成为民营企业主的自觉，我国民营企业主在履行社会责任追求合法性方面还有很长的路要走。

参考文献

〔法〕爱弥尔·涂尔干:《社会学与哲学》,上海人民出版社,2002。

〔美〕安东尼·奥罗姆:政治社会学导论》,上海世纪出版集团,2009。

陈健民:《走向公民社会——中港的经验与挑战》,香港:上书局,2010。

陈健民、蔡子强:《民主的小故事与大道理》,香港:上书局,2009。

陈迅、韩亚琴:《企业社会责任分级模型及其应用》《中国工业经济》2005年第9期。

《邓小平文选》(第3卷)人民出版社,1993。

〔美〕戴维·米勒、韦农·波格丹:《布莱克维尔政治学百科全书》,中国政法大学出版社,2002。

〔美〕大卫·理斯曼:《孤独的人群》,南京大学出版社,2002。

〔美〕丹尼尔·贝尔:《资本主义文化矛盾》,生活·读书·新知三联书店,2002。

邓正来:《国家与市民社会》,中央编译出版社,2002。

费孝通:《乡土中国》,生活·读书·新知三联书店,1985。

〔美〕菲利普·科特勒、南希·李:《企业的社会责任》,机械工业出版社,2011。

〔美〕菲利克斯·格罗斯:《公民与国家》,新华出版社,2003。

〔美〕凡勃伦:《有闲阶级论》,商务印书馆,2002。

黄孟复:《中国民营经济史》,中华工商联合出版社,2010。

黄光国:《儒家关系主义——文化反思与典范重建》,北京大学出版社,2006。

黄泽民:《基于总和生产力观点的企业家社会责任——实质与基本属性》,《生产力研究》2004年第6期。

胡鞍钢、王绍光、周建明:《第二次转型国家制度建设》,清华大学出版社,2009。

江泽民:《在庆祝中国共产党成立八十周年大会上的讲话》,《论三个代表》,中央文献出版社,2001。

江泽民:《全面建设小康社会,开创中国特色社会主义事业新局面》,《人民日报》2002年11月18日。

〔美〕加布里埃尔·A.阿尔蒙德等:《公民文化》,浙江人民出版社,1989。

贾生华、陈宏辉:《利益相关者的界定方法述评》,《外国经济与管理》2002年第5期。

〔美〕利普塞特:《政治人——政治的社会基础》,商务印书馆,1983。

〔英〕洛克:《政府论》(上篇),商务印书馆出版,1982。

〔美〕鲁思·本尼迪克特:《菊花与刀》,光明日报出版社,2005。

〔美〕理查德·康尼夫:《大狗——富人的物种起源》,新世界出版社,2004。

林语堂:《中国人》,学林出版社,2003。

李惠斌、杨雪冬:《社会资本与社会发展》,社会科学文献出版社,2000。

李学明:《邓小平非公有制经济理论研究》,四川人民出版社,2001。

龙文凤、王克稳:《基于社会责任和合法性视角的民营企业文化建设》,《武汉商业服务学院学报》2011年第2期。

《马克思恩格斯全集》(第1卷),人民出版社,1995。

《马克思恩格斯选集》(第4卷),人民出版社,1995。

《毛泽东文集》(第6卷),人民出版社,1999。

〔德〕马克斯·韦伯:《经济与社会》,商务印书馆,1997。

〔美〕米尔顿·弗里德曼:《自由选择》,商务印书馆,1982。

〔美〕莫里斯·梅斯纳:《毛泽东的中国及其发展》,社会科学文献出版社,1992。

马睿:《话说老子》,四川人民出版社,2007。

〔美〕欧文·戈夫曼:《日常生活中的自我呈现》,北京大学出版社,2008。

潘天群:《博弈生存——社会现象的博弈论解读》,中央编译出版社,2002。

《十二大以来重要文献选编》(上),人民出版社,1986。

《十三大以来重要文献选编》(上),人民出版社,1991。

《十五大以来重要文献选编》(上),人民出版社,2000。

孙隆基:《中国文化的深层结构》,香港:泰山出版社,1983。

史曲平、高伟:《民营企业政治关联及其效应研究》,《商业研究》2011年第9期。

〔法〕托克维尔:《论美国的民主》,商务印书馆,1996。

〔美〕托马斯·雅诺斯基:《公民与文明社会》,辽宁教育出版社,2000。

〔德〕托马斯·海贝勒:《作为战略群体的企业家》,中央编译出版社,2003。

陶文昭:《民营企业家的社会责任》,《中国特色社会主义研究》2010年第3期。

〔美〕沃尔特·W. 鲍威尔、保罗·J. 迪马吉奥主编《组织分析的新制度主义》，上海人民出版社，2008。

〔德〕马克斯·韦伯：《新教伦理与资本主义精神》，四川人民出版社，1986。

王保蘅：《乔布斯传》，电子工业出版社，2011。

王铭铭：《山街的记忆——一个台湾社区的信仰与人生》，上海文艺出版社，1997。

王育琨：《曹德旺的本分与非本分》，《企业观察家》2011年第6期。

徐上峰：《任正非背后看不见的财富》，《时代周刊》2010年4月20日。

〔美〕约翰·斯梅尔：《中产阶级文化的起源》，上海人民出版社，2006。

〔美〕约瑟夫·熊彼特：《资本主义、社会主义与民主》，商务印书馆，2002。

杨美惠：《礼物、关系学与国家》，江苏人民出版社，2009。

叶江、谈谭：《试论国际制度的合法性及其缺陷》，《世界经济与政治》2006年第12期。

姚大志：《哈贝马斯与政治合法性》，《同济大学学报》2005年第3期。

中共中央文献研究室：《十三大以来重要文献选编》（中），人民出版社，1991。

中共中央文献研究室：《十一届三中全会以来党的历次全国代表大会中央全会重要文献选编》（上），中央文献出版社，1997。

中共中央文献研究室：《中共十三届四中全会以来历次全国代表大会中央全会重要文献选编》，中央文献出版社，2002。

《中华人民共和国私营企业暂行条例》，人民出版社，1988年。

张仲礼：《中国绅士——关于其在十九世纪中国社会中作用的研究》，上海社会科学院出版社，2002。

张铭业：《国家利益至上——论企业家的社会责任》，《企业研究》2005年第7期。

张玉利、杜国臣：《创业的合法性悖论》，《中国软科学》2007年第10期。

周雪光：《组织社会学十讲》，社会科学文献出版社，2003。

翟学伟：《中国人行动的逻辑》，社会科学文献出版社，2001。

郑若娟：《西方企业社会责任理论研究进展——基于概念演进的视角》，《国外社会科学》2006年第2期。

Akos Rona-Tas, 1994, "The First Shall Be Last: Entrepreneurship and Communist Cadres in the Transition from Socialism", *American Journal of Sociology*, July.

Aldrich H. E, C. M. Fiol, 1994, "Fools Rush in? The Institutional Context of Industry Creation", *Academy of Management Review*, 19 (4).

Brown N, C. Deegan. 1998, "The Pubic Disclosure of Environmental Performance Information—A Dual Test of Media Agenda Setting Theory and Legitimacy Theory", *Accounting and Business Research*, 29 (1).

David L. Wank, 1995, "Private Business, Bureaucracy, and Political Alliance in a Chinese City", *The China Journal*, Vol. 33, Jan.

Dacin M T, Oliver C, Roy J. 2007, "The Legitimacy of Strategic Alliances: An Institutional Perspective", *Strategic Management Journal*, 28 (2).

Di Maggio P. J, W. W. Powell, 1983, "The Iron Cage Revisited: Institutional Isomorphism and Collective in Organizational Fields", *American Sociological Review*, (48).

Feldman, M. S, and J. G. March. 1981, "Information in Organizations as Signal and Symbol", *Administrative Science Quarterly*, (26).

Haunschild P, 1993, "Interorganizational Imitation: The Impact of Interlocks on Corporate Acquisition", *Administrative Science Quarterly* (38).

Kahneman D, Tversky. A, 1981, *Judgement under Uncertainty—Heuristics and Biases*, Cambridge University Press.

Klaus, E. M, 2001, "Institutions, Transaction Costs and Entry Mode Choice in Eastern Europe", *Journal of International Business Studies*, Vol. 32.

Meyer J W, Rowen B. 1977, "Institutionalized Organizations: Formal Structure as Myth and Ceremony", *American Journal of Sociology*, 83 (2).

Meyer J W, Scott W R. 1983, *Organizational Environment: Ritual and Rationality*, Beverly Hills, CA: Sage.

Maurer J. G, 1971, *Readings in Organizational Theory: Open System Approaches*, New York: Random House.

M. A. Zimmerman and G. J. Zeitz. 2002, "Beyond Survival: Achieving New Venture Growth by Building Legitimacy", *Academy of Management Review*, (27).

Matten D, Crane A, Chapple W. 2003, "Behind the Mask: Revealing the True Face of Corporate Citizenship", *Journal of Business Ethics*, 45 (1-2).

North D C. 1990, *Institutions, Institutional Change and Economic Performance*, Cambridge, MA: Cambridge University Press.

Oliver C, 1997, "Sustainable Competitive Advantage: Combining Institutional and Resource-Based Views", *Strategic Management Journal*, 18 (9).

P. J. DiMaggio, W. W. Powell, 1983, "TheIron Cage Revisited: Institutional Isomorphism and Collective rationality in Organizational Fields", *American Sociological Review*, (48).

Pearson, Margeret 1997, *China's New Business Elite*, London: University of California Press, Ltd. London, England.

Perrow C. 1970, *Organizational Analysis: A Sociological View*,

Belmont, CA: Wordsworth.

Parsons T. 1960, *Structure and Process in Modern Societies*, Glencoe, IL: Free Press.

R. E. Freeman, 1984, *Strategic Management: a Stakeholder Approach.* Boston: Pitman Press.

Scott W R. 1987, "The Adolescence of Institutional Theory". *Administrative Science Quarterly*, 32 (4).

Scott W. R, 1995, *Institutions and Organizations.* Thousand Oaks, CA: Sage.

Suchman M. C, 1995, "Managing Legitimacy: Strategic and Institutional Approaches". *Academy of Management Review*, 20 (3).

Singh J V, Tucker D J, House R J. 1986, "Organizational Legitimacy and the Liability of Newness". *Administrative Science Quarterly*, 31: 171-193.

Zucker L. G, 1987, "Institutional Theories of Organization". *Annual Review Sociology* (13).

后　　记

随着中国经济社会的变迁，民营经济的快速发展，2002年笔者开始了对民营企业主的研究，并于2006年由社会科学文献出版社出版了专著《私营企业主的政治参与》。此后，民营企业主的成长及与经济政治和社会发展的关系便成为笔者的主要研究领域之一。当听到一位知名的民营企业主在当选全国政协委员后说的一句话"政治参与也是在履行社会责任"后，更激发了笔者的研究信心，但需要研究的问题太多。于是决定对民营企业主的社会责任进行研究，需要厘清的问题有：民营企业主社会责任是如何定位的？履行社会责任的动因是什么？参与政治与履行社会责任之间的关系和内在机制怎样？研究的范式如何建立？等等。

研究遇到了一系列的困难和困扰：一是理论上，虽然国内关于民营企业社会责任的研究颇多，但总体上对于企业社会责任的认识存在着较大差异，尤其缺乏对民营企业主社会责任系统的理论研究。二是实践上，2008年以来，一系列突发的社会事件以及世界金融危机引起的经济危机，引发了社会各界对企业社会责任履行状况的关注。无论是对民营企业和企业主积极投身社会公益事业的肯定，还是所披露出来的社会责任缺失问题，它们是否能代表民营企业和企业主社会责任的现状？国内的民营企业以中小型企业居多，中小民营企业主在社会责任担当面前，他们是如何思考的？他们的行动如何？企业的发展、企业主的追求与社会责任之间真实的社会建构是什么？等等，都有待深入把握。三是研究基础和方法上，无论是民营企业主的政治参与还是社会责任的担当，都是敏感的话题，需要研究者有求真求知的探索精神和学术素养。以制度变迁和绩效为主线的研究方法，并不能真正把握民营企业主行动的逻辑。本书尝试从新制度主义关于合法性的论述和利益相关者理论的视角，对民营企业主社会责任进行实证研究。

围绕研究什么、如何研究、为什么研究等基本问题，在民营企业主社会责任研究的准备过程中，笔者承担了一系列相关课题，主要有：非公有制经济人士价值引领问题研究；江苏省民营企业传承与发展问题研究；新经济组织成员民族精神状况研究；江苏民营企业主政治利益的表达和实现方式，等等。这些课题的研究，为本书积累了重要的经验资料，也让笔者建立的关于民营企业主社会责任的理论分析框架和设计的研究方法日臻完善。

感谢江苏省工商界联合会和扬州市工商界联合会为我的研究提供了便利的实证研究条件，使我能跟踪并把握民营经济的发展和民营企业主的成长；感谢与本书有关的众多民营企业主的信任，你们真诚的表达和热情的合作，让我真切触摸并感受到了民营企业主承担社会责任的现实。感谢全国工商界联合会副秘书长、中国民（私）营经济研究会常务副会长王忠明先生高屋建瓴为本书撰写了充满学术思想和深厚功力的序文，序文中对于笔者在民营企业主社会责任研究方面所做工作的评价当视之为鼓励和鞭策。感谢我的家人对我的研究工作给予的充分理解和无私支持。还要感谢社会科学文献出版社的责任编辑孙燕生先生及同人，为本书的面世付出了细致入微的辛勤劳动。

王晓燕
2012 年 12 月

图书在版编目（CIP）数据

合法性与民营企业主的社会责任/王晓燕著.—北京：社会科学文献出版社，2013.6
（人文传承与区域社会发展研究丛书）
ISBN 978-7-5097-4592-2

Ⅰ.①合… Ⅱ.①王… Ⅲ.①民营企业-企业责任-社会责任-研究-中国 Ⅳ.①F279.245

中国版本图书馆 CIP 数据核字（2013）第 097737 号

·人文传承与区域社会发展研究丛书·
合法性与民营企业主的社会责任

著　　者 /	王晓燕
出 版 人 /	谢寿光
出 版 者 /	社会科学文献出版社
地　　址 /	北京市西城区北三环中路甲29号院3号楼华龙大厦
邮政编码 /	100029
责任部门 /	社会政法分社（010）59367156　责任编辑 / 孙燕生
电子信箱 /	shekebu@ssap.cn　责任校对 / 王翠荣
项目统筹 /	王绯　责任印制 / 岳阳
经　　销 /	社会科学文献出版社市场营销中心（010）59367081　59367089
读者服务 /	读者服务中心（010）59367028
印　　装 /	三河市尚艺印装有限公司
开　　本 /	787mm×1092mm 1/20　印张 / 14.4
版　　次 /	2013年6月第1版　字数 / 247千字
印　　次 /	2013年6月第1次印刷
书　　号 /	ISBN 978-7-5097-4592-2
定　　价 /	55.00元

本书如有破损、缺页、装订错误，请与本社读者服务中心联系更换
■ 版权所有　翻印必究